財閥経営と企業家活動

宇田川 勝 著

東京森山書店発行

目　次

第1部　財閥の形成と競争

第1章　政商から財閥へ ……………………………………3
　1　政商からスタート ……………………………………3
　2　財閥の成立 ……………………………………………6

第2章　財閥間競争とその帰結 ………………………11
　はじめに …………………………………………………11
　1　財閥間競争の時系列・比較史的考察 …………………12
　　(1)　初期条件の違い（日露戦後期）　(12)
　　(2)　ビジネス・チャンスの拡大（第1次世界大戦ブーム期）　(12)
　　(3)　危機の発生（1920年恐慌時）　(14)
　　(4)　危機の構造化（第1次世界大戦後の長期不況期）　(16)
　　(5)　事後対応とステーク・ホルダーの動向（金融恐慌時）　(18)
　　(6)　帰結―破綻・後退・再生・自立のプロセス（1930年代）　(20)
　2　財閥の組織と管理 ……………………………………21
　　(1)　財閥の組織革新　(21)　　(2)　同族コンツェルン形成の目的　(22)
　3　結びに代えて―日本経営史における財閥間競争― ……30
　　(1)　財閥間競争の帰結　(30)　　(2)　財閥の存在意義　(31)

第2部　財閥経営者の事業活動

第3章　財閥形成者の企業家活動 ……………………37
　　　　　――岩崎弥太郎と安田善次郎――
　はじめに …………………………………………………37

　　　　　岩崎弥太郎―三菱財閥の創始者― ……………………39
1　経済官僚への途 ……………………………………………………40
　(1)　地下浪人の家に誕生 (40)　　(2)　長崎商会と大阪商会に勤務 (40)
2　三 菱 と 海 運 業 ……………………………………………………42
　(1)　三菱商会の開業 (42)　　(2)　海運事業の制覇 (43)
　(3)　共同運輸との死闘と日本郵船の成立 (45)
3　三菱の多角的事業経営 ……………………………………………46
4　岩崎弥太郎の評価 …………………………………………………48
　(1)　社長専制主義 (48)　　(2)　「士流学者」の雇用 (49)
　(3)　弥太郎の遺産 (51)

　　　　　安田善次郎―安田財閥の創始者― ……………………52
1　「千両分限者」になる夢 …………………………………………53
　(1)　出　　　自 (53)　　(2)　奉公と独立 (53)
2　両替商から銀行家へ ………………………………………………55
　(1)　御用ビジネスの展開 (55)　　(2)　銀行家への途 (56)
3　非金融事業分野への多角的進出 …………………………………58
4　安田善次郎の企業家活動の特質 …………………………………60
　(1)　金融財閥の形成 (60)　　(2)　安田家中興の祖と大同族組織 (61)
お　わ　り　に …………………………………………………………64

第4章　財閥における専門経営者 ……………………………67
　　　　――中上川彦次郎と小平浪平――
は　じ　め　に …………………………………………………………67
　　　　　中上川彦次郎―三井の改革者― ………………………69
1　政商三井のディレンマと中上川の登場 …………………………70
2　中上川の三井改革 …………………………………………………72
　(1)　不良債権の整理 (72)　　(2)　工業化政策の推進 (73)
3　改革の挫折とその原因 ……………………………………………76

    (1) 工業部の不振と工業中心主義への批判　(76)
    (2) 三井同族の警戒と井上馨の反発　(77)
    (3) 三田閥形成に対する批判　(78)
  4　中上川改革の意義 ………………………………………………… 78

　　　　　小平浪平―日立製作所の創業者― ……………………… 80
  1　日立製作所の発展 ………………………………………………… 81
  2　オーナーとの対立と妥協 ………………………………………… 82
    (1) 創業問題　(82)　　(2) 独立問題　(83)
    (3) 久原の資金融通要求　(84)
  3　日立製作所の経営者企業としての発展 ………………………… 86
  4　専門経営者としての小平の立場 ………………………………… 90
  お わ り に ……………………………………………………………… 91

第5章　財閥系企業の発展 ……………………………………… 93
　　　　　――武藤山治と藤原銀次郎――
は じ め に ……………………………………………………………… 93
　　　　　武藤山治―「鐘紡王国」の形成者 ……………………… 95
  1　鐘 紡 入 社 ま で …………………………………………………… 96
  2　鐘紡の経営革新 …………………………………………………… 97
    (1) 拡大戦略と経営危機　(97)　　(2) 「現場主義」経営　(98)
    (3) 独立経営への途　(100)
  3　「鐘紡王国」の形成 ……………………………………………… 101
    (1) 経営者企業としての鐘紡の発展　(101)
    (2) 経営家族主義の提唱と実践　(105)
    (3) 福沢諭吉の弟子・武藤山治　(107)
　　　　　藤原銀次郎―「大王子」製紙の形成者 ………………… 109
  1　王子製紙入社まで ………………………………………………… 110
  2　王子製紙の再建と経営革新 ……………………………………… 112
    (1) 生産合理化計画の実施　(112)　　(2) 垂直戦略と水平戦略の展開　(113)

（3）「独立自尊」経営の実践　(116)
　3　「大王子」製紙の形成 …………………………………………………117
　　（1）　王子製紙の経営者企業化　(117)　　（2）　ビッグ・スリーの大合同　(118)
　　（3）　藤原工業大学の設立　(119)
　お わ り に ……………………………………………………………………121

第6章　財閥のオルガナイザー …………………………123
　　　　　──岩崎小弥太と鮎川義介──

は じ め に ……………………………………………………………………123

　　　　　岩崎小弥太─三菱財閥の組織改革者─ …………………125
　1　三 菱 の 多 角 化 ………………………………………………………126
　　（1）　弥太郎・弥之助・久弥の時代　(126)　　（2）　小弥太の時代　(127)
　2　三菱の経営組織 ………………………………………………………129
　　（1）「事業部」制の採用　(129)　　（2）　コンツェルン組織への移行　(130)
　　（3）　コーポレート・ガバナンスとその変容　(133)
　3　岩崎小弥太の経営理念 ………………………………………………136
　　（1）　財閥の社会的役割と株式公開　(136)
　　（2）　三菱の自発的解散に抵抗　(137)

　　　　　鮎川義介─日産コンツェルンの形成者─ …………………139
　1　戸畑鋳物の経営と共立企業の設立 …………………………………140
　　（1）　戸畑鋳物の経営　(140)　　（2）　共立企業の設立　(141)
　2　久原財閥から日産コンツェルンへ …………………………………142
　　（1）　久原財閥の形成と破綻　(142)
　　（2）　公開持株会社日本産業の設立　(143)
　3　日産コンツェルンの形成 ……………………………………………145
　　（1）　多角化戦略の展開　(145)　　（2）　コーポレート・ガバナンス機構　(146)
　　（3）　鮎川義介の持株会社観　(149)

お わ り に ……………………………………………………………………150

第7章　財閥経営の破綻
　　　　——金子直吉と松方幸次郎——　………………………153

　はじめに ………………………………………………………153
　　　　　金子直吉—鈴木商店の大番頭— ………………155
　1　鈴木商店の発足と成長 ……………………………………156
　2　鈴木商店の飛躍 ……………………………………………158
　　(1)　金子直吉の「天下三分の宣言」　(158)
　　(2)　製造事業分野への進出　(159)　　(3)　日米船鉄交換交渉　(160)
　3　没落への道程 ………………………………………………161
　　(1)　拡大戦略の蹉跌　(161)
　　(2)　借入金依存のコンツェルン金融の破綻　(162)
　4　金子直吉の評価 ……………………………………………164
　　(1)　「両刃の剣」的企業家活動　(164)　　(2)　「偉大なる失敗」　(166)
　　　　　松方幸次郎—川崎造船所のリーダー— ……………167
　1　川崎造船所の後継者問題と松方幸次郎の登場 …………168
　2　大戦中の飛躍的発展 ………………………………………169
　　(1)　ストック・ボート政策　(169)　　(2)　多角化戦略の展開　(171)
　3　「薩州財閥」＝川崎・松方グループの形成 ……………173
　4　没落への道程 ………………………………………………175
　　(1)　ストック・ボートの大量生産続行　(175)
　　(2)　財務操作と十五銀行　(177)
　おわりに ………………………………………………………178

第8章　財閥の改革者
　　　　——結城豊太郎と池田成彬—— ………………………181

　はじめに ………………………………………………………181
　　　　　結城豊太郎—安田財閥の改革者— ………………183
　1　安田財閥の拡大と苦悩 ……………………………………184

(1)　安田財閥の拡大　(184)　　(2)　後継者の離脱と創業者の横死　(185)
  2　安田財閥の改革 ……………………………………………………………186
  　(1)　結城豊太郎の起用　(186)　　(2)　同族との対立と結城の退任　(190)
  3　安田同族と専門経営者 ……………………………………………………192
　　　　　池田成彬―三井財閥の改革者― ………………………………194
  1　三井財閥の拡大と苦悩 ……………………………………………………195
  　(1)　三井財閥の拡大　(195)　　(2)　三井財閥に対する批判・攻撃　(196)
  2　三井財閥の「転向」 ………………………………………………………197
  　(1)　池田成彬の登場　(197)　　(2)　「転向」策の断行　(199)
  3　三井同族と専門経営者 ……………………………………………………202
　お わ り に ……………………………………………………………………205

第9章　新興コンツェルンの形成者 ………………………………209
　　　　　――野口遵と森矗昶――

　は じ め に ……………………………………………………………………209
　　　　　野口　遵―日窒コンツェルンの形成者― ……………………211
  1　電気化学工業のパイオニア ………………………………………………212
  　(1)　事業遍歴とフランク・カロー法の導入　(212)
  　(2)　日本窒素肥料の創業と発展　(214)　　(3)　新技術の企業化　(216)
  2　日窒コンツェルンの形成 …………………………………………………219
  　(1)　朝鮮への進出　(219)　　(2)　三菱との訣別　(221)
  　(3)　日本・朝鮮にまたがるコンツェルンの形成　(223)
　　　　　森　矗昶―森コンツェルンの形成者― ………………………224
  1　不撓不屈の企業家活動 ……………………………………………………225
  　(1)　総房水産の発展と破綻　(225)
  　(2)　東信電気への合併と独立の回復　(226)
  2　森コンツェルンの形成 ……………………………………………………228
  　(1)　余剰電力問題　(228)　　(2)　国産技術による合成硫安生産の成功　(229)

(3)　アルミニウム工業の国産化　(232)　　(4)　垂直統合戦略の展開　(234)
　おわりに……………………………………………………………235

第10章　戦後型企業集団の形成活動……………………239
　　　　──石黒俊夫と江戸英雄──
　はじめに……………………………………………………………239
　　　　　石黒俊夫─三菱グループのリーダー──……………241
　1　財閥指定時の三菱…………………………………………242
　2　三菱グループの再結集……………………………………244
　　(1)　商号・商標保全問題　(244)　　(2)　陽和不動産事件　(245)
　　(3)　三菱商事の大合同と金曜会の発足　(246)
　3　三菱グループの特質………………………………………247
　　　　　江戸英雄─三井グループのリーダー──……………253
　1　財閥指定時の三井…………………………………………254
　2　三井グループの再結集……………………………………256
　　(1)　商号・商標保全問題　(256)　　(2)　三井不動産事件　(258)
　　(3)　三井物産の大合同と二木会の発足　(260)
　3　三井グループの特質………………………………………262
　おわりに……………………………………………………………265

あとがき (269)
初出一覧 (271)
索　　引 (273)

第1部　財閥の形成と競争

第１章　現実の理解です

第1章　政商から財閥へ

1　政商からスタート

　これまで財閥については多数の研究成果が蓄積されている。財閥を研究する最大の理由は，財閥が日本経営史においてきわめて大きな存在であり，日本経済・経営発展のリスク・テイカーとして，先導的な役割を果たしてきたからである。表-1は明治中期から昭和初期の主要産業分野において，三井，三菱，住友の3大財閥がどのくらいのウェイトを占めていたかを見たものである。
　同表から明らかなように，3大財閥はこの期間の主要産業分野の30％前後を

表-1　財閥の位置

(単位：千円，％)

	上位100社の総資産額				3大財閥系企業の構成比			
	1896年	1914年	1919年	1929年	1896年	1914年	1919年	1929年
鉱　　業	21,930	127,617	369,360	519,500	90.1	64.3	57.1	63.9
金　　属	1,052	17,523	51,022	95,494	24.5	33.9	46.4	43.2
鉄　　鋼	0	36,367	237,669	275,879		84.5	41.7	51.4
輸送機械	2,951	72,736	433,295	537,936	69.7	15.5	30.7	20.9
電機・機械	0	8,798	78,004	188,280		58.5	28.4	28.7
石　　油	155	42,344	74,349	106,481				
化　　学	2,361	33,972	121,374	379,371			20.5	13.7
窯　　業	2,067	17,699	47,869	184,947	14.3	21.5	16.6	32.0
紙パルプ	3,239	34,570	141,400	481,902	38.0	40.4	41.0	35.8
繊　　維	40,471	233,072	610,005	1,158,256	8.1	17.3	13.8	14.6
水産・食品	2,910	163,882	356,829	869,128		20.3	17.5	25.6
土木建設	305	0	0	0				
そ の 他	1,628	10,556	28,805	0				
合　　計	79,069	799,136	2,549,981	4,797,174	34.0	28.3	28.5	28.3

(注)　3大財閥は三井，三菱，住友である。
(出所)　武田 (1995)。

占有していた。とくに3大財閥が顕著に進出したのは，鉱業・金融・電機・窯業・パルプなどの分野であり，彼らはこれらの産業分野の発展をリードする存在であった。この表には出ていないが，財閥は銀行・保険の金融事業と貿易商事業においても大きな位置を占めており，1929（昭和4）年時点で三井，三菱，住友，安田の4大財閥銀行は全国預金残高の20.6％，貸出残高の13.8％，有価証券保有残高の25.5％を獲得していた（森川［1981］）。また，第1次世界大戦によって貿易事業がピークに達した1917（大正6）年時点で三井物産一社だけで日本全体の輸出高の22.8％，輸入高の22.6％を取扱っていた（山崎［1981］）。

表-2は財閥が日本の会社企業全体の中でどの程度の資本金集中度を持っていたかを見たものである。同表によれば，敗戦時の1945（昭和20）年時点で三井，三菱，住友，安田の4大財閥は全国会社資本金の24.5％を占めていた。この4大財閥に日産（鮎川），浅野，古河，大倉，富士（中島），野村を加えた10大財閥で見ると，日本全体の会社資本金の35.2％を支配していた。10大財閥のオーナーは56家であったから，56家の財閥家族（同族）で日本全体の会社資本金の3分の1強を占有していたのである。

日本占領後，連合国総司令部（GHQ）は，戦前の日本経済に君臨していた財閥を軍国主義と封建主義の経済的支柱であると見なし，10大財閥の本社とその

表-2　4大財閥の傘下会社の払込資本金集中度（％）

	1938年	1941年	1945年
三井	3.5	4.4	9.4
三菱	3.3	4.3	8.3
住友	2.2	2.1	5.2
安田	1.4	1.3	1.6
4大財閥計	10.4	12.0	24.5
10大財閥計 [1]	—	—	35.2
9大財閥計 [2]	15.1	18.5	—

（注）
　1．10大財閥は4大財閥に日産（鮎川），浅野，古河，大倉，富士（中島），野村を加えたもの。
　2．上記から富士（中島）を除いたもの。
（出所）奥村（1976）。

56家族が所有している株式を放出させなければ，戦後日本の民主化はとうてい実現できないと判断して，戦後改革の重点課題として財閥解体方針を打ち出し，彼らが所有する傘下企業の株式を持株会社整理委員会に提出させ，財閥解体を断行したのである（森川［1978］）。

　次に財閥という言葉の由来とその使われ方について説明しておきたい。財閥という言葉自体は日本で明治時代につくられたジャーナリズム用語であるといわれている。今日，財閥は金持ち，資産家を指す言葉として一般に使用されているが，本来は出身地を同じくする実業家の共同的な事業活動を示す言葉として誕生した。明治中期以降，若尾逸平・幾三・璋八，雨宮敬次郎，根津嘉一郎，小野金六らの山梨県出身の実業家たちが東京財界に進出して電燈会社や鉄道会社などの株式を協力し合って買収し，それらの会社の経営権を取得する事態が進行した。また時を同じくして，関西方面では滋賀県出身の近江商人の流れをくむ実業家たちが，大阪財界で勢力を拡大した。当時のジャーナリズムは，そうした山梨県出身の実業家の一団を甲州財閥，滋賀県出身の近江商人たちを江州財閥と呼んだ。このように財閥の語源は実業家の仲間活動から出ており，同じ藩出身者の藩閥，同じ大学などの高等教育機関出身者の学閥，あるいは身近な例では今日の政党政治家の派閥と同義語であった。明治時代には三井，三菱（岩崎），住友などは単に富豪，大資産家，あるいはジャーナリズム的表現では「三井，三菱王国」「三井，三菱の金権」と呼ばれていた。しかし，時代が下がり，大正末期・昭和初期になると，甲州財閥や江州財閥の産業界での勢力が後退し，それに代わって家業集団である三井，三菱，住友などが事業規模を拡大して持株会社を頂点とするコンツェルン体制を構築し始めると，今度はジャーナリズムは三井，三菱，住友などを財閥と呼ぶようになり，社会もその呼称を受け入れた（栂井［1969］）。

　財閥についての研究は三井，三菱，住友などが財閥と呼ばれるようになった昭和初期から，財閥の日本経済支配の実態を明らかにすることを意図したジャーナリストの手によって始められ，第2次世界大戦後，研究者が学問的関心から財閥研究に着手した。財閥は本来ジャーナリズム用語であるから，財閥を学

問対象とするためには，それをいかに定義するかが重要な課題となる。財閥の定義については，時代あるいは論者によって多種多様であるが，財閥研究者の大方の意見を参考にして，ここでは「富豪の家族・同族の封鎖的所有・支配下に成立した大企業を中核とする多角的事業経営体」と定義しておきたい。この定義を用いれば，財閥の成立には①家族または同族の封鎖的所有・支配と②多角的事業経営体，の2つの要件が必要条件となる。それゆえ，近年では，従来からの財閥が日本経済に位置する実態，各産業分野における支配の解明などに加えて，財閥成立の上記の2つの要件に関わらせて，新たな資料発掘を進める一方，それらを活用して財閥資本の性格，多角的事業戦略，コーポレート・ガバナンス体制，オーナーと専門経営者の関係，財閥経営の職能分析，財閥とその後継である戦後型企業集団との差異，それらを含む各財閥経営の比較，などが研究の対象となっている。

2　財閥の成立

　財閥は2系列以上の事業を排他的に所有・支配する経営体であったから，それを維持・発展させるためには巨額の資本が必要であった。しかし，巨額の資本を所有する資産家が長期間にわたってその地位を維持することは至難だった。表-3は1849（嘉永2）年から1902（明治35）年の半世紀に長者・資産家番付表に登場した富豪の動向を見たものである。これによると，1849年時点に231名いた江戸期長者は53年後の1902年には20名しか残っておらず，彼らの「生存率」は10％を切っていた。この事実は，長者・資産家が幕末期から明治前半期の社会経済の激動時代に家業経営を発展させ，資産を保持することがいかに困難であったかを如実に物語っている。

　第2次世界大戦後，GHQが10大財閥に解体指令を出したことは前述した。この10大財閥の事業系譜を見ると，江戸時代の豪商から出発したのは三井，住友だけであり，三菱（岩崎），安田，浅野，古河，大倉は幕末・明治維新の激動期の中にビジネスチャンスを見出して事業経営をスタートし，日産（前身は

表-3　長者番付・資産家録に記載されている富豪

	(A) 嘉永2年 記載人数	(B) 文久2年 記載人数	(C) 明治8年 記載人数	(D) 明治21年 記載人数	(E) 明治35年 記載人数	合計 延数／実数
「江戸期長者」	231	102	89	34	20	476/231
「幕末新長者」		125	52	13	13	203/125
「維新期新長者」			129	20	6	155/129
「企業勃興期新長者」				210	35	245/210
「工業化期新長者」					279	279/279
合計	231	227	270	277	353	1,358/974

(出所) 宮本 (1999)。

久原），富士，野村の後発組は明治後期から大正前期にかけて起業している。ただし，後発の3財閥を除く，三井以下の7財閥は表-3の1902年の長者番付に名前を載せており，当時すでに有数の資産家の仲間入りを果たしていた（宮本［1999］）。

　最後に政商から財閥への移行について述べておきたい。財閥の主要な資本蓄積源泉は政商活動と鉱山経営にあったといわれている（森川［1978］）。ここでは有力鉱山の入手を可能にした政商活動について言及する。政商は一般に「政治権力者と関係を持って利権や情報を入手している商人」のことをいう。政商もまた明治時代に日本でつくられた用語で，造語者の山路愛山は著書『現代金権史』の中で「政商は自ら干渉して産業の発展を図るに連れて自ずから出来たる人民の一階級であり，我等は仮に之をなづけて政商という」と述べている。

　明治初期に政商が多く誕生した要因としては，政府周辺にビジネスチャンスが集中していたこと——たとえば官金出納業務の委託，殖産興業政策による官営工場・鉱山の経営とそれらの民間企業家への払下げ——政治家・官僚サイドに政策・法令・制度などに関する情報が偏在していたこと，政府による産業界における外国人排除策と日本人保護・育成策の実施，企業家的・経営者的能力を持つ人材の欠如，などが挙げられる。

　言葉を変えていえば，政府の側の政治家と官僚もまた，資本主義経済体制に必要な社会経済制度の確立やビジネスインフラ整備，近代産業を先進国から移

植し発展させるためには，有能な企業家や経営者を活用し，彼らと連携する必要があったのである。

　しかしながら，政商活動は企業家や経営者にとって「甘い汁」が吸える反面，大きなリスクもともなっていた。連携あるいは結託している政治家や官僚の要求は，事業経営にとって不利益を被る場合でも無下に断るわけにゆかず，それを甘受しなければならなかった。そのうえ，政策や制度改革が生じ，一蓮托生的な関係を結んでいる為政者が失脚した場合には，政商はそれまでの保護・助成策の特典を取り上げられ，逆に新たに権力を握った者たちから厳しい抑圧を受けるのがつねであった。それゆえ，事業経営体をゴーイング・コンサーンとして維持し発展させてゆくためには各政商ともどこかの時点で政商路線と訣別し，あるいはその路線から距離を置く必要があった。しかし，いったん採用した政商路線からの離脱や訣別は容易ではなく，明治初期に誕生した政商の多くは政変で没落し，あるいは結託した政府関係者の失脚と運命を共にした。幾多の政変を潜り抜け，ゴーイング・コンサーンとして成長できた政商は少数であった。その少数者の中で，最も成功を勝ち得たのが三井，三菱，住友を筆頭とする財閥であった。これらの財閥は明治中期までに政商路線から離脱し，ビジネスライクな事業経営体の構築を目指した。財閥はその多くが政商の後身者であったが，政商活動の延長線上に発展したのではなく，逆にそれと早期に訣別して近代産業を中心とする多角化路線の追求過程を通じて企業集団を形成していったのである。そして多くの場合，政商路線の訣別を決断し，それを果敢にリードしたのは旺盛な起業家精神を持つ「第二の創業者」「中興の祖」タイプのオーナー経営者や専門経営者であった。

■参 考 文 献
奥村宏［1976］『日本の六大企業集団』ダイヤモンド社。
武田晴人［1995］『財閥の時代』新曜社。
栂井義雄［1969］『日本産業・企業史概説』税務経理協会。
宮本又郎［1999］『企業家たちの挑戦』（日本の近代11）中央公論新社。
森川英正［1981］「戦間期における日本の財閥」中村隆英編『戦間期の日本経済分析』山

川出版社。
森川英正［1978］『日本財閥史』教育社。
山崎広明［1981］「1920年代の三井物産」同上，中村編。
山路愛山［1914］『現代金権史』服部書房。

第2章

財閥間競争とその帰結

はじめに

　日露戦争後から大正時代を通じて，財閥間で激い競争が展開された。競争は明治末期までに多角的経営体を構築し，同族コンツェルン形態を採用した三井財閥を目標に行われた。財閥間の競争は，1920（大正9）年恐慌の発生に始まる長期不況局面の中で帰趨を決し，昭和初期までに三井，三菱，住友，安田の先行財閥の覇権確立，浅野，古河，大倉，藤田の後発財閥の消滅・二流財閥化，鈴木，久原，川崎・松方，野村，村井，岩井の新興財閥の消滅・後退が進行した。

　本章では，次の3点を考察課題とする。ただし，紙面と史料の制約上，考察は各財閥のティピカルなケースの紹介・検討が中心となる。

　第1に，先行財閥の事業活動と比較しながら，後発・新興財閥のそれを，(A)初期条件の違い（日露戦後期）→(B)ビジネスチャンスの拡大（第1次世界大戦ブーム期）→(C)危機の発生（1920年恐慌時）→(D)危機の構造化（第1次世界大戦後の長期不況期）→(E)事後対応とステーク・ホルダーの動向（金融恐慌時）→(F)帰結：消滅・後退・吸収・再生のプロセス（1930年代），の6局面に即して考察する。

　第2に，後発・新興財閥の「失敗」は「経営者の資質」と「組織の欠陥」の複合によって生じたと思われる。ただし，本章では後者の「組織の欠陥」が主たる要因であったという仮説に立ち，後発・新興財閥が形成したコーポレート・ガバナンスのうち，持株会社を頂点に持つ①同族コンツェルン形態と②統轄管理機構の両側面について，先行財閥のそれと対比して検討する。

　そして第3に，当該期の財閥間競争を日本経営史の中に位置づけ，それが持

っていた含意を提示する。

　本章で考察対象とする14財閥のうち，三井，三菱，住友，安田，古河，浅野，大倉，野村の8財閥は第2次世界大戦後，GHQによって解体された10大財閥に入っており，残りの2財閥は久原の後身である日産と同大戦中に急成長を遂げた富士（中島）であった。また，本章で検討する新興財閥は一般に「新財閥」あるいは「大正財閥」と呼ばれる企業集団で，1930年代に台頭する新興コンツェルン（新興財閥）とは異なっていることを予め断っておきたい。

1　財閥間競争の時系列・比較史的考察

（1）　初期条件の違い（日露戦後期）

　先行・後発財閥の創業家族・同族は，明治前半期に近代的な事業経営をスタートさせた。彼らは政商活動と鉱山経営を主たる資本蓄積源泉とした。そして，彼らのうち1880年代に「初期的多角化」を開始した三井，岩崎（三菱），住友，安田が先行財閥となり，多角化の開始が日露戦争後にずれ込んだ浅野，古河，大倉，藤田が後発財閥となった。続いて，鈴木，久原，川崎・松方，野村，村井，岩井などが日清・日露両戦争ブームの中で本格的な事業活動を開始し，明治末期から大正前半期にかけて多角的事業分野に進出して，新興財閥群を形成した。

　表-1によれば，明治末期までに鉱業，製造業，流通業，金融業の4事業分野すべてに進出していたのは三井，三菱だけであり，住友，安田，浅野が3事業分野に進出していた。この5財閥，とくに三井，三菱は明治末年には他の財閥に大きな経済力格差をつけていたのである。

（2）　ビジネス・チャンスの拡大（第1次世界大戦ブーム期）

　第1次世界大戦ブームの出現は，財閥に絶好の成長機会を提供した。この時期の空前の市場拡大と高収益を利用して，各財閥とも積極的かつ多様な経営戦

1　財閥間競争の時系列・比較史的考察　13

表-1　第1次世界大戦後の各財閥コンツェルンの多角化

1908年以前の主たる事業基盤	コンツェルン名	鉱業 石炭	鉱業 金属	製造業 繊維	製造業 製紙	製造業 窯業	製造業 化学	製造業 製鉄	製造業 非鉄	製造業 造船	製造業 電機	製造業 その他機械	流通業 商社	流通業 海運	金融業 銀行	金融業 保険	金融業 証券	鉱業	製造業	流通業	金融業
総合	三井	△	△	△	△	△	○	○		○		○	○	△	△	○	△	△	△	△	△
	三菱	△	△			△	△	○		○	○	○	○	○	△	△	△	△	△	△	△
	住友		△				○	○	△			○			△			△	△		△
鉱業	古河	△	△				○				○			○		○			△	△	△
	久原		△					○	△	○				○		○			△	△	△
	藤田		△						△										△		
製造業	浅野	△	○			△	○	○				○	○	△	○	○		△	△	△	△
	川崎・松方							○		○		△		△	△				○	△	
流通業	大倉	○	○				○	○				○			○			○	○	○	○
	鈴木	○					○	△					○		○						
	岩井			△			○						○								
金融業	安田	×		△	○										△	△		×	△		
	野村				○										○		△				
	村井				○										○						

(注)　1．1909～23年の状況を示した。○は進出，△は継続，×は撤退を，それぞれ意味する。
　　　2．直系会社ないし傍系会社の子会社の動向も含む。
　　　3．各業界における影響力がきわめて小さい事業活動については，表示しなかった。
(出所)　橘川［2002］。ただし，藤田，村井は筆者が追加。

略を展開した。三井，三菱，住友は基盤事業分野の拡張を図るとともに，次世代の産業たる化学，製鉄，造船，電機，内燃機，通信機などの重化学工業分野への進出を開始した。そうした中で，明治期に多角化を追求していた安田は，第1次世界大戦時から戦後にかけて鉱山，製造業などの不採算部門から撤退し，主力の銀行業を中核とする金融業分野への集中戦略をとった。また，多くの財閥が貿易商事会社の拡充・新設を急ぐ中で，住友はあえて商社設立を見送った。

　他方，後発・新興の各財閥は基盤事業分野の拡大を図る一方，大戦ブームの中で花形産業となった貿易商事，海運，造船，鉄鋼業分野に果敢に進出し，同時に銀行業の兼営を計画した。彼らの目標は三井・三菱型の総合的多角事業体

の形成であった。そのため，後発・新興財閥は両者の収益源泉であった銀行業と外国貿易業への進出・拡充にとくに力を入れた。

　第1次世界大戦ブーム下における各財閥の多角化活動の結果，大戦直後には三井，三菱に加えて，浅野，古河，鈴木，久原が4事業分野への進出を果たし，大倉，藤田，川崎・松方，村井，野村が3事業分野に進出して住友と肩を並べた。3事業分野以上に多角経営を展開した財閥を総合財閥と呼ぶならば，明治末期の4財閥から，大戦終了時には12財閥を数えたのである（表-1）。

（3）　危機の発生（1920年恐慌時）

　第1次世界大戦ブームは1920年恐慌の発生で崩壊し，日本経済は一転して不況局面に突入した。大戦ブームの追い風を受けて急成長を遂げた各財閥は，戦後不況の中で経営苦境に直面した。彼らの基盤事業がおしなべて不振に陥り，業績を悪化させたからである。財閥の有力な収益部門であった炭鉱業は生産コストと労働賃金の上昇で不採算業種となり，産銅業は資源枯渇と安価なアメリカ銅の流入によって国際競争力を喪失した。また，大戦中に各財閥が経営を開始した銀行は預金の流出と貸付金の固定化に直面し，多くの財閥系貿易商社は国際相場商品の価格変動によって巨額の損失を計上した。貿易商社の経営破綻や業績悪化は彼らが経営する海運会社を直撃した。そして，第1次世界大戦ブーム時の花形事業であった造船，鉄鋼を含む重化学工業は経営基盤の固まらないうちに外国製品の再流入に直面し，さらに軍縮の影響を受けて，不況業種となった。

　こうした経営環境の激変と悪化の中で，後述するコーポレート・ガバナンス機能を十全に発揮した三井と三菱は1920年恐慌時の打撃を最小限に抑え，大戦中の利益を温存した。そして，慎重な経営判断で貿易商社設立を回避した住友と，不採算事業を整理し，金融事業に集中した安田が，三井，三菱に次ぐ地位を確保した。

　これに対して，後発・新興財閥は1920年恐慌の中で大きな打撃を受けた。打撃は大戦ブームの出現を先行財閥にキャッチアップする絶好の機会と捉え，拡

表-2　財閥銀行間の資本力格差　　　　　（単位：1,000円）

	1919年下期		1925年上期	
	払込資本金	預金総額	払込資本金	預金総額
三井銀行	60,000	351,130	60,000	439,999
三菱銀行	30,000	281,233	30,000	311,826
住友銀行	26,250	348,359	50,000	415,909
安田銀行	17,500	128,575	92,750	571,575
浅野昼夜銀行（日本昼夜銀行）	6,250	21,500	6,250	54,448
東京古河銀行（古河銀行）	2,500	63,488	6,250	60,129
藤田銀行	5,125	61,751	5,125	106,338
村井銀行	5,000	71,226	5,125	54,408
大阪野村銀行（野村銀行）	10,000	24,820	10,000	64,436

（出所）伊牟田 [2002]，その他から作成。

表-3　1920年恐慌時の損失額（推定）

（単位：万円）

	損失額	払込資本金
岩井商店	△256	1,000
三菱商事	△69	1,500
浅野物産	△100	100
大東物産	△150	50
古河商事	△6,000	1,000
久原商事	△8,000	1,000
村井貿易	△150	200

（出所）社史，伝記から作成。

大戦略に邁進した財閥ほど大きかった。とくに銀行と海外貿易を主要戦略チャンネルとした財閥は，まさにそのチャンネルゆえに，甚大な打撃を受けた（森川 [1978]）。大戦中にスタートした浅野，藤田，古河，川崎・松方，村井，野村の各銀行は先発財閥の銀行に比べて，規模が小さく，信用力も十分ではなかった。それゆえ，前者の各銀行は1920年恐慌に遭遇すると，預金者の信用を失って預金を大量に流出させ，そのうえ，自系列企業への貸付金の固定化と不良債権化が進み，深刻な経営難に陥った（表-2）。

古河，浅野，久原，野村，村井の新設商社はリスク管理組織が不十分のまま国際相場商品の投機取引や三国間貿易にまで手を拡げ，その結果，1920年恐慌時の相場商品の暴落で巨額の損失を出してしまった。また，鈴木商店も大戦中の拡大戦略が裏目に出て，多額の負債を抱え込んだ（表-3）。

（4） 危機の構造化（第1次世界大戦後の長期不況期）

第1次世界大戦後の長期不況局面の中で，三井，三菱，住友は大戦ブーム時に着手した重化学工業の育成に努めた。そして同時に，安田を含む先行財閥は金融業の各分野に進出し，資金力を拡充した。これらの4大財閥銀行は増資を行って，経営困難に陥った中小規模銀行を吸収合併し，あるいは支店を新増設して，自己資本と預金量を増加させた。また，4大財閥は1922（大正11）年に信託法と信託業法が制定されると，24年の三井信託の設立を皮切りに，相次いで信託会社を発足させ，さらに生保・損保業界において激しい競争を展開した。

他方，後発・新興財閥は1920年恐慌時に発生した経営危機を阻止し，経営を再建するため，各種の経営政策と金融操作を実施した。しかし，結論を先回りして言えば，そうした政策と操作は相次ぐ景気後退の中で，目的を達成することができず，かえって彼らの経営危機を増幅し，構造化させた。

古河，藤田，浅野，川崎・松方，野村，村井は自家銀行を通じた大衆資金の調達を企図した。しかし，各銀行の支店網の拡充，中小金融機関の吸収合併にもかかわらず，預金量は伸張せず，逆に1919年下期と25年下期の間で，古河銀行と村井銀行は預金額を減少させた（表-2）。この間，藤田銀行は預金額を増加させたが，その実態は高利貸業者からの借入金を預金に回した「粉飾預金」であった（佐藤［1999]）。

古河，藤田，浅野，川崎・松方，野村，村井の各銀行は不況の進行の中で自系列会社への貸出金が急増し，取引金融機関から自系列会社の借入金の肩代わりを強要された。そのため，各行とも自系列会社の運転・清算資金の確保と預金者への支払準備のために，高利資金の調達を行い，資産内容を急速に悪化さ

せていった。その結果，川崎・松方と浅野は銀行経営を断念し，1920年に神戸川崎銀行を十五銀行に合併させ，22年に浅野昼夜銀行を安田財閥の本社・保善社に譲渡した。

鈴木と川崎・松方はそれぞれ台湾銀行と十五銀行の「機関銀行」化を企図した。鈴木商店の大戦後の相次ぐ投機取引の失敗と支配下の工業会社の業績不振のため，鈴木商店とその子会社の台湾銀行からの借入金残高は増加を続け，1927年にはその額は3億5,229万円に達した。また同時点で，十五銀行の川崎造船所への貸付金残高は4,400万円あった。この貸付金残高は台湾銀行の全貸出総額の48.9％，十五銀行のそれの11％に相当した。鈴木は台湾銀行と，川崎・松方は十五銀行と一蓮托生的な関係を結んでいたのである（伊牟田［1977］，柴［1978］）。

久原の場合は，傘下の日立製作所を資金調達の道具として利用し，同時に久原鉱業株式の株価操作を行った。久原鉱業は1920年に専門経営者小平浪平によって創業された日立製作所を分離独立させ，資本金1,000万円の株式会社とした。日立製作所は大戦後不振に陥った久原財閥の中で唯一，業績好調な会社であった。久原房之助は久原鉱業の資金的窮迫を緩和させるために，日立製作所名義で金融機関から資金を借り入れ，それを久原鉱業の運転資金にしばしば流用した（宇田川［1991］）。また，1926年9月には「もとの久原鉱業のように盛大にしたいと考えた」専務取締役中山説太郎が東京，大阪両株式取引所の株式仲介人と計って久原鉱業株式の株価吊り上げ工作を実施した（久原房之助翁伝記編纂会編［1970］）。

さらに鈴木，久原，川崎・松方，村井の4新興財閥は日本銀行の震災手形割引による救済融資を利用した。1924年時点で，鈴木商店・鈴木合名は7,189万円（全債務額の16.7％），久原商事・久原房之助は2,220万円（同5.2％），川崎・松方系の国際汽船は804万円（同1.9％），村井合名・村井鉱業は742万円（同1.7％）の震災手形の債務者であった（安藤編［1975］）。

（5） 事後対応とステーク・ホルダーの動向（金融恐慌時）

　政府，財界とも第1次世界大戦後の度重なる恐慌・不況の発生と1923（大正12）年の関東大震災の勃発の中で，有効な経済政策や産業合理化策をとることができず，大戦ブーム崩壊で生じた銀行・企業の不良資産整理の先送りを続けた。

　昭和期に入ると，「金解禁」＝金本位制復帰が重要政策課題となり，1927（昭和2）年の第52回帝国議会で不良資産の最終的整理のために震災手形処理問題が集中審議された。この震災手形処理問題は政党間の対立や，元老院，枢密院の思惑もあって，政争の具として利用され，1927年3月，未曾有の金融恐慌の発生を許してしまった。金融恐慌の過程で，不良資産を抱えて不健全な経営を続けていた銀行の多くが取付けに遭い，あるいは預金量を激減させて休・廃業に追い込まれた。そして同時に，それらの銀行と取引を行っていた事業会社の多くも連鎖倒産した。

　そうした状況の中で，強大な経済力を有し，周到な統轄管理組織を確立していた三井，三菱，住友，安田の先行財閥は破綻・休業した銀行や事業会社を吸収合併し，逆に金融恐慌期に事業範囲と経済力を伸張させた。その結果，銀行業界では1919年と29年の10年間で4大財閥銀行の全国銀行合計額に占める預金残高，貸付金残高，有価証券保有残高は，それぞれ10.7％から20.6％，8.9％から13.8％，16.3％から25.5％に増加した（伊牟田［2002］）。

　これに対して，不良資産処理を先送りし，弥縫策に終始してきた後発・新興財閥は，金融恐慌発生時に有効な危機対応策をとることができず，経営破綻を引き起こし，あるいは事業経営の縮小や事業方針の転換を迫られた。

　1925年（大正14）時点で，藤田銀行には約1億円の預金があった。しかし，そのうちの5,000～6,000万円は藤田組とその関連会社に貸し出されており，回収不能の状態にあった。また，これとは別に約2,000万円の純損金があり，利子収入を生み出す貸付金は全体の3割にすぎなかった。それゆえ，金融恐慌が発生すると，藤田銀行から多額の預金が流出し，1927年3月から5月にかけ

て，その額は5,000万円に達した。藤田組内部では銀行経営の継続と整理方針をめぐって同族と専門経営者間に意見の対立があった。しかし，当主の藤田平太郎は，藤田銀行創立以来，無限責任を負うことを表明していたため，最終的に藤田銀行の収束を決断した。藤田組は預金者と債権者の要請を受けて，日本銀行に救済融資を要請し，約9,000万円の特融を受けた。こうして支払準備措置を整えると，1928年4月，藤田銀行は東京市内の店舗と営業業務を昭和銀行に譲渡したのを皮切りに，全国各地の支店・出張所を他の金融機関に譲渡し，収束した（佐藤［1999］，伊藤［2001］）。

村井銀行の場合も事情は藤田銀行と同じであった。1927年3月時点で，村井銀行は貸付金の25.8％を自系列の村井合名，村井貿易，村井鉱業，柏友社の4社に貸し出していた。しかし，その大半は回収不能であった。村井関係以外の大口貸付先企業の経営もおしなべて不振で，貸付金の63.9％が焦げ付いていた。そのため，村井銀行も金融恐慌の発生時に預金取付けに見舞われた。村井銀行は1927年3月に休業して1,442万円の日銀特融を受け，翌28年4月には資産負債いっさいを昭和銀行へ引き継ぎ，解散した（大渓［1964］，山崎［2000］）。

古河銀行も金融恐慌の中で預金を激減させ，1927年3月から5月にかけて，2,671万円の日銀特融を受けた。そして，古河合名への古河銀行の手形貸付の一部を帝国生命，東京海上保険に肩代わりさせ，古河合名と古河鉱業の新規資金需要を第一銀行に全面的に依存した。さらに古河銀行の経営苦境を救うために，古河合名は手持有価証券を処分して同行の借入金返済にあてるなど，「いわば，古河コンツェルンの総力を挙げて古河銀行の破綻を防いだ」（日本経営史研究所編［1976］）。

鈴木と川崎・松方の場合は，台湾銀行と十五銀行を「機関銀行」としていたがゆえに，金融恐慌の中での両行の休業と運命を共にした。金融恐慌の引き金となった震災手形を大量に保有していたため，台湾銀行東京支店は預金取付けに遭い，休業に追い込まれた。台湾銀行保有の震災手形の大半は鈴木関係のものであった。政府は台湾の中央銀行である台湾銀行救済方針を打ち出し，その

条件として同行と共生的関係にある鈴木との絶縁を要求した。そのため，台湾銀行は，1927年3月26日，鈴木合名と株式会社鈴木に対して貸出し停止を通知し，4月5日に両社は新規取引の休止を発表した（日商編 [1968]）。

十五銀行も放漫な経営ゆえに金融恐慌時に預金者から見放されて取付けに遭い，1927年4月21日，休業した。ただし，政府は宮内省金庫に指定されていた十五銀行を倒産させるわけにはゆかず，同行の救済措置をとった。その過程で川崎造船所との取引は全面的に停止されて，同社は倒産し，川崎・松方財閥も崩壊した。

久原の場合，上述の株価操作の失敗によって，久原鉱業は，1926年12月，すでに公表してある6％配当に必要な144万円の資金調達ができない事態を招いてしまった。万策尽きた久原房之助は退陣を決意し，配当金問題の処理と久原財閥全体の再建を義兄の鮎川義介に委嘱した。鮎川は実弟の養子先である藤田家（東京）の援助で配当金問題を処理すると，2,500万円にも達していた久原鉱業の累積債務を整理するため，親族と同社役員を集め，支援を要請した。その結果，1,400万円の資産を提供した九州筑豊の炭鉱財閥・貝島家を筆頭に総額2,000万円相当の資産が提出された。鮎川はこの提供資産を活用して，金融恐慌発生直前の1927年2月までに久原鉱業の債務整理を極秘に断行し，同社の破産を阻止した（宇田川 [1984]）。

銀行経営の失敗と海運・造船業不況の直撃を受けた浅野財閥の本社・浅野同族株式会社は1926年12月時点で5,824万円の借入金残高と900万円近い累積損失を抱えていた。その合計額は浅野同族の払込資本金の1.8倍に相当した。金融恐慌に際会すると，浅野同族と傘下企業はメインバンクである安田銀行にいっそうの金融支援を要請した。その結果，安田側も事業パートナーの浅野の破綻を恐れ，追加融資に応じた（齋藤 [1998]）。

（6） 帰結──破綻・後退・再生・自立のプロセス（1930年代）

1931（昭和6）年9月の満州事変の勃発と12月の金輸出再禁止措置を契機に日本経済は長期不況に終止符を打ち，30年代を通じて成長軌道を回復した。経

営環境の好転とビジネスチャンスの拡大の中で,三井,三菱,住友,安田の先行財閥は事業活動を活発化させ,彼らの経済力を肥大化させた。

他方,後発・新興財閥の事業活動と彼らの産業界での位置は,金融恐慌で受けた打撃とその対応策によって大きく異なった。まず経営破綻した藤田,鈴木,久原,川崎・松方,村井は,財閥として生き残ることができなかった。ただし,このうち,久原財閥自体は消滅したが,その事業経営は鮎川義介によって,1930年代に日産コンツェルンとして再生された。藤田,鈴木,川崎・松方,村井の傘下企業と事業は,先行財閥系の大企業に吸収され,あるいは独立企業としての途を歩んだ。

古河,浅野,大倉の後発財閥は総合的多角経営を断念した。古河は1931年に古河銀行を第一銀行に譲渡し,鉱業部門と重化学工業部門を両軸とする産業財閥としての発展を目指した。浅野の場合は安田財閥との関係をより強化し,安田と「共生」する途を選択した。大倉は第1次世界大戦中の炭鉱業と中国大陸事業への投資失敗が後遺症として残り,発展の機会をつかむことができなかった(森川[1978])。

新興財閥の岩井は支配下の工業会社を整理して事業範囲を縮小し,八幡製鉄所の専門商社として生き残る途を選び,野村は銀行,保険,証券の金融関連事業分野と南方事業に集中・専念した(作道[1997],三島[1983])。

2 財閥の組織と管理

(1) 財閥の組織革新

財閥は第1次世界大戦ブーム時から戦後にかけて形成・拡充した多角的事業体を所有・支配し,統轄管理する仕組みとして,同族コンツェルン形態を採用した。同族コンツェルン組織は財閥の多角化戦略に対応した組織革新であった。三井財閥がモデルを提供した。三井は1909(明治42)年に同族11家の全額出資による三井合名を設立する一方,三井銀行・三井物産・三井鉱山などの直

営事業部門を順次株式会社に改組して，三井合名が直系会社の株式を封鎖的に所有し，さらに三井合名と直系会社が株式所有を通じて既存企業を傘下に組み入れて支配する重層的なコンツェルン体制を構築した。そして，他の財閥も1912年から23年にかけて，三井財閥にならって持株会社を設立・整備し，あるいはそれと前後して直営事業部門を株式会社に改組し，また，傍系会社を支配下に組み入れるなどして，コンツェルン体制を形成した（表-4参照）。

財閥が構築・整備した同族コンツェルン組織はいくつかの共通点を有していた。

その第1は，財閥本社の持株会社は浅野の浅野同族株式会社を例外として，合名あるいは合資会社形態をとっていたことである。合名・合資会社に比べて株式会社のほうが節税上有利であった。しかし，浅野以外の財閥は持株会社の資産・事業内容の公開を嫌って，あえて税制上不利な合名・合資会社形態を採用したのである。

第2に，直系会社は株式会社の形態をとっていたが，一部の会社を除いて，その株式は本社の持株会社によって封鎖的に所有され，公開されなかった。

第3に，傍系会社の株式は，多くの場合，公開されていた。財閥は傍系会社網の形成に際して，株式会社本来の社会的資金動員機能を積極的に活用した。

（2） 同族コンツェルン形成の目的

① 財閥同族の封鎖的所有・支配

コンツェルンは，本来，株式会社の機能を活用して社会的資金を導入し，より少ない所有でより多くの産業の支配を目指す企業システムであった（橘川[1996]）。しかし，浅野を除く各財閥は持株会社を営業報告の公開が不要な合名・合資会社の形態とし，直系会社の株式公開を可能な限り回避しようとしたことからも明らかなように，コンツェルンの支配集中機能を活用する意図はなかった。財閥は自らの事業経営，とくに持株会社と直系会社を「家業」として位置づけており，その封鎖的所有・支配の保持に努めた。

財閥が2事業分野以上の「家業」を封鎖的に所有・支配するためには巨額の

資本蓄積が必要であった。この点，三井，三菱，住友，安田の先行財閥は基盤事業分野での「早期独占」による創業者利得の獲得，「初期的多角化」の実施，社会的資金集中機関としての銀行部門の兼営，あるいはリスキーな事業分野からの早期撤退などによって，明治末期までに複数の事業分野を排他的に所有・支配できる経済力を蓄積した。そして，彼らの経済力は第1次世界大戦ブーム下での高収益の獲得，慎重な選択と集中戦略の展開によっていっそう拡充し，1920年代には財閥同族・持株会社・傘下企業の3者間で資金配分を主体的に行うことができる，内部資本市場の形成＝自己金融体制の構築を可能にした（岡崎［1999］）。

しかし，後発・新興財閥は，まさに事業経営と多角化の後発・新興者であるがゆえに，先行財閥に匹敵する資本力を蓄積することができなかった。そうした後発・新興財閥にとって，第1次世界大戦ブームの出現は先行財閥との経済力格差を一挙に埋める絶好の機会と映った。それゆえ，後発・新興財閥は，前述したように，大戦ブーム時から戦争直後にかけて，多角化戦略と同族コンツェルンの形成を追求した。しかし，後発・新興財閥の自己資金能力を超えた多角的業種への投資は，彼らの財務内容を悪化させ，借入金依存体制を強めさせた（伊牟田［2002］）。

後発・新興財閥は過度の借入金依存体制を是正し，多角的事業経営と封鎖的所有・支配の両立を図るため，多様な資金調達方式を計画し，それらを組み合わせて実施した。まず古河，浅野，藤田，川崎・松方，村井，野村は第1次世界大戦中に銀行を新設あるいは買収して大衆預金を動員し，それを事業資金に活用しようとした。また，鈴木と川崎・松方はメインバンクの台湾銀行と十五銀行への依存度を深め，両行の「機関銀行」化を図った。

彼らの自家銀行経営と特定銀行への依存は，国民大衆の銀行預金の活用を意図した間接金融方式の追求であったが，久原，浅野，川崎・松方はさらに進んで中核企業の久原鉱業，浅野セメント，川崎造船所の株式を公開し，直接大衆資金を動員する株式金融を展開した。この3財閥は多角化戦線の拡大を優先し，同時に持株会社と他の直系会社の封鎖的出資を維持するために，あえて同

表-4　第1次世界大戦前後の

内　容	三　井	三　菱	住　友	安　田	浅　野	古　河	大　倉
持株会社の成立	09三井合名	17三菱合資の持株会社化	21住友合資	12㈴保善社	14浅野合資 18浅野同族㈱	17古河合名	18㈴大倉組の持株会社化
直系会社の株式会社化	09三井銀行 09三井物産 09東神倉庫 11三井鉱山	17三菱造船 17三菱鉄鋼 18三菱倉庫 18三菱鉱業 18三菱商事 19三菱海上 20三菱内燃機 21三菱電機	12住友銀行 15住友鋳鉄所 20住友電線製造所 23住友倉庫 23住友ビル	12安田銀行 12安田商事	13浅野セメント 16浅野造船所 17日本昼夜銀行 18浅野製鉄所 18浅野物産 18浅野小倉製鉄所 18浅野昼夜貯蓄銀行	17東京古河銀行 17古河商事 18古河鉱業	11㈱大倉組を経て 17大倉鉱業 17大倉土木組 18大倉商事
傍系会社網の形成	▶芝浦製作所 ▶堺セルロイド ▶王子製紙 ▶小野田セメント ▶鐘紡紡績 13北炭 15電気化学 19熱帯産業 19日本製鉄所	▶日本郵船 ▶東京海上 ▶明治生命 ▶旭硝子 ▶麒麟麦酒 17三菱製紙 17日本光学 18東山農事	19土佐吉野川水電 19大阪北港 20日本電気 22日米板硝子	▶東京建物 ▶帝国海上 ▶東京火災 ▶共済生命 ▶帝国製麻 09熊本電気 09京浜電鉄 19群馬電力 22日本紙器製造	▶東洋汽船 ▶磐城炭砿 14鶴見埋築 15大日本鉱業 17沖電気 18朝鮮鉄山 18庄川水電 19関東水電	12㈾日本人肥 17旭電化 17横浜護謨 19大阪精錬 20横浜電線を経て古河電工 20大阪日電 20尼崎伸銅	10本渓湖煤礦 20日本皮革 20新高精糖

（注）　原則として，1909～23年の状況を示した。企業名の左の年号は，その現象が生じた年次を表
㈴＝合名会社，㈾＝合資会社，㈱＝株式会社の略。

（出所）　橘川［1996］。ただし，藤田，村井は筆者が追加。

財閥コンツェルンの形成過程

藤田	鈴木	久原	川崎・松方	野村	村井	岩井
17藤田合名	23鈴木合名	20(名)久原本店	20(㈱)川崎総本店 20(㈱)松商会	22野村合名	22村井合名	16(㈱)岩井本店
17藤田銀行 17藤田鉱業	23鈴木商店	12久原鉱業 18久原商事 21久原用地部	川崎造船所 16神戸川崎銀行	17野村商店 18大阪野村銀行 18大東物産 21蝶矢シャツ	17村井銀行 17村井貿易 17村井鉱業	16岩井商店
11大阪亜鉛工業 16日本軽銀製造 17安治川土地 18梅田製鉄 18摂津ゴム 19太平興行 19南興殖産	▶東工業 11神戸鉄鋼所 16播磨造船所 17日沙商会 17浪華倉庫 18帝国人絹 19太陽曹達 21合同樹脂グリセリン 22豊年製油 22クロード式窒素	15日本汽船 16共保生命 18大阪鉄工所 18戸畑製鉄 20日立製作所	▶神戸瓦斯 12福徳生命 19川崎汽船 19国際汽船 19大福海上 20十五銀行 20九州電軌 20神戸新聞社	▶福島紡績	21柏友社	12白金莫大小 13亜鉛鑛 16大阪繊維工業 18日本曹達 18関西ペイント 19日本橋梁 21中央毛糸紡績

す（09は1909年の意味）。▶は，その現象が1908年以前に生じていることを意味する。

族コンツェルン体制の根幹である封鎖的所有の一部放棄に踏み切ったのである（春日［2000］）。

② 統轄管理機構

1）企業統治機関としての持株会社

　財閥の持株会社は傘下企業株式の所有機関であると同時に，統治機関でもあった。持株会社は第1に統治業務の目的，方法，範囲を「定款」「業務規定」などで定め，第2に統治組織を整備して傘下企業との間に権限の配分と監査システムを規定し，第3に経営管理スタッフを配置した。

　こうした持株会社による企業統治の仕組みを，三井，三菱，住友，安田の先行財閥は，コンツェルンの形成に先駆けて，あるいはそれと並行的に整備・構築した。ここでも，三井財閥のケースを紹介すれば，三井合名の業務は傘下各社の「監察，業務ノ連絡統一」にあった（春日［1987］）。三井合名の本部検査課が傘下企業の業務と会計の審査を担当し，財務部が三井合名自体と傘下企業の財務を監視した。さらに新規事業分野の調査は事業部調査課が所管した。そして，金融機関以外の直系会社が取締役会議案を正式決定するためには，三井合名の理事会，業務執行社員会の事前承認が必要であった。この直系会社取締役議案の事前審査は傘下企業が提出する財務諸表とともに，三井合名による直系会社の有力な監視手段となった（同上）。

　第1次世界大戦勃発時の1914（大正3）年には三井合名に高等工業・商業卒，大学卒以上の学卒社員が31名（文系27名，工系4名）が勤務していた。そして，1930年時点で三井合名の取締役メンバー8名のうち，5名は三井同族でない専門経営者であった。これらの本社スタッフは，しばしば傘下企業に役員として派遣された（Yonekawa［1984］，森川［1981b］）。派遣役員には「当該会社業務状況ハ随時之ヲ社長ニ報告シ重要ナル案件ニ就テハ予メ社長ノ指図ヲ乞フヘシ」という義務が課せられていた（春日［1987］）。

　これに対して，後発・新興財閥の持株会社による企業統治の仕組みについては，研究が進んでおらず，残念ながらその実態を明らかにすることができない。ただし，断片的な史料や記述を突き合わせて判断する限り，これらの財閥

の持株会社は1920年恐慌時に発生した傘下企業の経営失敗の後始末に追われて統治組織の整備にまで手が回らず，また，1920年の法人所得税法改正に合わせた節税目的の「法人成り」で設立された場合も少なくなかった。たとえば，1927年の金融恐慌で経営破綻を起こし，消滅した鈴木，川崎・松方，久原の持株会社の性格と企業統治機能については，次のように言われている。

鈴木では，「階層的な意思決定の仕組みを合名鈴木と傘下企業との間で形成できなかったこと」と，「独裁的な独走型の専門経営者（金子直吉——引用者注）をチェックしうるような出資者の組織を作れなかったことが鈴木商店破綻の重要な要因」であった（橋本［1992］，武田［1995］）。

川崎・松方には1920年に設立された合資会社川崎総本店と合資会社松商会の2つの持株会社があった。しかし，川崎総本店の「目的は，川崎同族が所有する有価証券を有利に運用してその資産を保持することにあり」，松商会も松方一族の「有価証券，動産，不動産の取得または譲渡を目的」としており，両持株会社とも川崎・松方財閥の統治機関機能を持っていなかった。（三島［1984］）。

久原の場合は，1920年12月，久原本店を合名会社久原本店に改組して傘下企業の持株・統治機関とした。ただし，合名久原本店は「組織や統制面において，責任や権限事項全般にわたって明確を欠くうらみが多分にあった」ことに加えて，破綻した久原商事の債務整理に忙殺されてしまい，傘下企業の統治機関としての役割を十分に果たすことができなかった（久原房之助翁伝記編纂会編［1970］）。そのため，傘下「事業統制の実務は久原鉱業が行い，当社（久原合名——引用者注）は単に関連事業に投資するに止まり，監督権限は依然として久原鉱業にあった」（明治大正史刊行会編［1930］）。

2）傘下企業のリスク管理

日本の財閥では，同族資産の総有制を維持するために，所有権は①同族と本社，②本社と傘下企業の2段階で「封じ込められ，それだけ事業会社の経営政策の自由度が高められていた」（橘川［1996］）。事実，財閥本社たる持株会社は傘下直系会社の専門経営者にとって安定株主であったと指摘されている（橋本［1992］）。そのため，財閥の事業会社においては，所有と経営の分離が進行し，

非財閥系企業に比べて早期に経営者企業へ移行した（森川［1981］）。

　財閥の同族コンツェルン組織自体が所有を制約し，意思決定の分権化を促進するメカニズムを内在させていただけに，財閥のコーポレート・ガバナンスにとって，持株会社レベルで企業統治の仕組みを整備するだけでは十分でなく，事業会社自体のリスク管理組織の確立が必要不可欠であった。この点，先行財閥の傘下事業会社は持株会社による企業統治の仕組みの下で，自らのリスク管理組織を整備し，機能させていた。しかし，後発・新興財閥の場合は，上述のように持株会社の企業統治組織と傘下企業のリスク管理を整備しておらず，そうした統轄管理機構の未整備が，彼らの貿易商社部門と銀行部門での経営失敗を惹起させる要因となった。

　貿易商事事業に長年の経験を持つ三井物産は第1次世界大戦ブーム時に国際商品の相場変動のリスクを巧みに回避する一方，投機商品の取引を極力控え，また，大戦ブームの終息を早めに予測して全商品取引にブレーキをかけた（山崎［1987］）。そのため，財閥系商社の中で，三井物産はやはり貿易業のキャリアを有する大倉商事と共に1920年恐慌に際会しても，損失を出すことはなかった。また，前述のように，住友でも第1次世界大戦中に若手社員の要望を受けて貿易商社設立計画が急浮上した。しかし，最終段階で，準備不足のまま時流に乗って貿易商事事業に進出すべきではないという鈴木馬左也総理事の決断で，商社設立を見送った（森川［1980］）。

　これに対して，古河，久原，浅野，村井，野村は高収益機会に幻惑されて，十分な準備もなしに貿易商社を設立し，しかも有効なリスク管理組織を整備しないまま，「常軌を逸した乱暴極まるガムシャラな投機思惑」取引を開始した（高橋［1954］）。その結果，これらの商社は，1920年恐慌発生の中で国際相場商品の取引失敗によって巨額の損失を計上し，浅野物産を除いて解散に追い込まれてしまった。

　久原商事の破綻原因は，貿易商事事業進出を承認した久原房之助の安易な意思決定とともに，貿易業に不可欠な暗号管理を整備しないままリスキーな投機商品取引の拡大に邁進した久原商事トップ・マネジメントの「暴走」と，それ

をチェックできなかった久原本店と久原鉱業の統轄管理機構の未整備に求められる。この点について,『久原房之助』は,「商事部門破綻の遠因近因も相当程度この管理体制の脆弱性に由来するものであったことは認めざるを得ない」と記している（久原房之助翁伝記編纂会編［1970］）。

また,古河商事の破綻は,中国・「大連出張所主任の本店の内規を無視した越権商行為」の豆粕投機取引の失敗が発端であった（日本経営史研究所編［1976］）。しかし,古河商事のトップ・マネジメントは,大連出張所の越権商行為を見過ごし,古河合名も適切な事後対応策をとることができず,損失が損失を生む大破綻を招いてしまった。

銀行業経営において,大衆預金を大量に吸収・運用する以上,慎重な与信管理と債権管理の実施は必要不可欠であった。しかし,第1次世界大戦ブームの最中にスタートした後発・新興財閥の銀行は,直後に大戦後の不況局面に遭遇したこともあって,有効な与信管理と債権管理を行うことができなかった。これらの銀行は大衆預金を吸収して,自系列会社にそれを供給する役割を負わされていた。しかし,自系列会社の多くは業績を悪化させていたため,彼らに対する貸出金は固定化した。その一方,信用力を欠くこれらの銀行は預金量を減少させた。そのため,各銀行とも資金操りの困難を乗り切るため,高利での預金集めを行わなければならず,「業績の悪化──→預金の伸び悩み──→高利での預金集中」という悪循環に陥った（山崎［2000］）。

その結果,多額の不良債権を抱え,大衆預金の減少を高利の預金と借入金で隠していた古河,藤田,村井の3銀行は1927（昭和2）年3月に金融恐慌が発生すると,不健全な経営が露呈して預金取付けと他金融機関のコールマネー引揚げに見舞われ,日本銀行の特別融資を受けざるを得ない事態に追い込まれてしまった。

3 結びに代えて——日本経営史における財閥間競争

(1) 財閥間競争の帰結

　1910年代の第1次世界大戦ブーム期から20年代の不況局面にかけて展開された財閥間競争は同質的競争の性格を有していた。各財閥とも三井財閥をターゲットとしており，競争は多角化戦略と同族コンツェルン形成活動の両面で展開されたからである。そして，多角的事業体に適合的な同族コンツェルン組織と統轄管理機構を整備して，有効なコーポレート・ガバナンスを形成した三井，三菱，住友，安田の先行財閥が，財閥間競争の「勝者」となり，主要産業分野での地位を確かなものにした。他方，多角化戦略と同族コンツェルン組織の適合性が悪く，コーポレート・ガバナンスの整備に失敗した古河，浅野，大倉，藤田の後発財閥と鈴木，久原，川崎・松方，野村，村井，岩井の新興財閥は「敗者」となり，1927年に発生した金融恐慌の中で経営破綻を起こし，あるいは産業界での地位を大きく後退させた。

　1930年代に入ると，財閥を取り巻く経営環境は大きく変化した。産業構造の重化学工業化が一段と進行する一方，財閥の肥大化と同族の封鎖的所有・支配に対する社会的な反感が高まり，また，新たなライバルとして事業資金を株式市場から直接調達する新興コンツェルンが登場してきたからである。

　そうした経営環境の変化の中で，財閥間競争で「敗者」となった古河，浅野，大倉，野村，岩井の後発・新興財閥は総合財閥化を断念し，それぞれの基盤産業や特定の地域に経営資源を集中する差別化戦略を追求した。他方，先行財閥，とくに三井，三菱，住友の3大総合財閥は重化学工業推進の重要な担い手となる一方で，同族による封鎖的所有・支配の続行は困難になっていった。重化学工業分野への本格的な進出には巨額の資金が必要であり，3大総合財閥とも自らの内部資本市場でそれをすべてまかなうことはできなかった。そのため，3大総合財閥は重化学工業分野への投下資金を調達し，同時に財閥攻撃の

嵐から自己を守るために，傘下直系会社の株式公開，持株会社の株式会社への改組，そして持株会社株式の公開というプロセスを通じて，公開コンツェルンへの脱皮を図っていった。1930年代以降，先行財閥においても多角事業経営と封鎖的な同族コンツェルン体制の両立は困難になっていたのである。

（2）　財閥の存在意義

　日本経営史における財閥の積極的な存在意義は，財閥が近代産業のリスク・テイカーとなり，日本の経済発展に貢献したことに求められる。その貢献は，前述のように，財閥の総有的資産管理から生じる同族所有権の制約と財閥系企業の経営者企業への移行によって可能となった。財閥は持続的な企業成長を企図して，非財閥系企業に比べて，早期に学卒者の採用に踏み切った。財閥に雇用された学卒者は時代を経るにつれて，ミドル・マネジメントから順次直系会社や本社のトップ・マネジメントに進出し，専門経営者になっていった。財閥の専門経営者はそうじて財閥の資産を日本の工業化の方向に投資したいという意思の持ち主であった。専門経営者は財閥家族や同族と協力して，あるいは彼らを説得して財閥の経営資源を近代的産業分野に投下し，財閥系企業をリスク・テイカーとした。

　財閥は主として2つのルートを通じてリスク・テイカーとしての役割を果たし，日本の経済発展に貢献した。その1つは直接的貢献と呼ぶべき経路で，財閥系企業の事業活動自体が日本の経済発展を導くルートであった。このルートは財閥の多角化戦略によって開拓され，財閥間競争を通じて拡張された。その意味で，多数の財閥が多角化戦略をとり，激しい財閥間競争を展開した1910年代から20年代初頭にかけての時期は，財閥が日本の経済発展のリスク・テイカーとしての役割を最も果たした時期であった。この期間，前述したように，各財閥とも主要産業分野に傘下企業を参入させ，企業成長と市場シェアの拡大を目指す同質的な競争を展開した。その結果，弱小企業は淘汰・退場を余儀なくされ，財閥系企業を中核とする競争的寡占市場が形成された。競争的寡占市場はメンバー企業の積極的な投資行動を促進させ，産業自立と競争力を向上させ

る要因となった。

　財閥は間接的なルートを通じても，日本の経済発展に貢献した。財閥は「テイク・オーバー・レーダー機能（「乗っ取り」を行う主体）」と「インフラストラクチャー機能（特定の財閥に所属する企業が遂行した，自己の財閥に所属しない企業の成長にとっての肯定的な機能）」を有していた（岡崎［1999］，橘川［2002］）。

　財閥はテイク・オーバー・レーダー機能を駆使して，業績不振企業を吸収合併し，傍系会社とした。被合併企業の多くは，財閥の総合経営の下で，業績を回復して再び成長を開始し，所属する産業分野の有力企業に発展した。換言すれば，財閥は「乗っ取り」の主体となって不振企業を再生させることで日本の経済発展に関与すると同時に，そうした不振企業を傍系企業として組み入れることで自らのコンツェルンの外延的拡張を図っていったのである。

　財閥のインフラストラクチャー機能は，とくに大規模な金融機関や貿易商社を有する財閥によって発揮された。三井，三菱，住友，安田の先行財閥は，自系列企業以外の「他系列企業」と鉄道，紡績，電力会社などの「独立系企業」に対する資金貸付業務や社債発行業務を行い，それら企業の自立・発展を促進させた。「他系列企業」の中には財閥間競争によって挫折し，解体あるいは弱体化した財閥の傘下企業が多数含まれていた。1920年から39年の間で，三井の金融機関は浅野系2社，大倉系1社，久原（日産）系3社，三菱の金融機関は浅野系1社，大倉系1社，住友の金融機関は浅野系1社，安田の金融機関は浅野系10社，大倉系1社，鈴木系1社，久原（日産）系2社の社債発行を引き受けていた（橘川［2002］）。

　先行財閥，とくに三井と安田の金融機関は経営破綻した財閥や弱体化した財閥の傘下企業を支援し成長させることを通じて，日本経済の発展に間接的に貢献したのである。

　さらにいえば，第2次世界大戦後，10大財閥はGHQの戦後改革によって解体された。しかし，朝鮮戦争の特需を足掛りとして日本経済が立ち直り，やがて高度経済成長期を迎えると，解体された3大財閥系企業は，住友，三菱，三井の順で社長会を設立して再結集し，戦後型企業集団の形成をした。また，他

の財閥系企業の多くも都市銀行を中核として芙蓉，三和，第一勧銀グループを誕生させた。そして，これらの戦後型企業集団・グループは高度経済成長の体現者となっていった。

■参　考　文　献

安藤良雄編［1975］『近代日本経済史要覧』東京大学出版会。
伊藤正直［2001］「藤田銀行の破綻とその整理」石井寛治・杉山和雄編『金融危機と地方銀行』東京大学出版会。
伊牟田敏充［1977］「両大戦間における日本の企業金融」『経営史学』第12巻第1号。
伊牟田敏充［2002］『昭和金融恐慌の構造』経済産業調査会。
岩井産業株式会社編［1964］『岩井百年史』。
宇田川勝［1984］『新興財閥』日本経済新聞社。
宇田川勝［1991］「日立製作所におけるオーナーと専門経営者」森川英正編『経営者企業の時代』有斐閣。
岡崎哲二［1999］『持株会社の歴史——財閥と企業統治』筑摩書房。
春日豊［1987］「三井財閥」麻島昭一編『財閥金融構造の比較研究』御茶の水書房。
春日豊［2000］「財閥論」中村政則編『近現代日本の新規点——経済史からのアプローチ』吉川弘文館。
橘川武郎［1996］『日本の企業集団』有斐閣。
橘川武郎［2002］「財閥のコンツェルン化とインフラストラクチャー機能」石井寛治・原朗・武田晴人編『日本経済史3　両大戦間期』東京大学出版会。
久原房之助翁伝記編纂会編［1970］『久原房之助』日本鉱業。
齋藤憲［1998］『稼ぐに追つく貧乏なし——浅野総一郎と浅野財閥』東洋経済新報社。
齋藤憲［2002］「浅野昼夜銀行の安田財閥への譲渡」『経済史研究』第6号。
作道洋太郎［1997］『関西企業経営史の研究』御茶の水書房。
佐藤英達［1999］「藤田銀行の収束」『帝塚山学術論集』第6巻。
柴孝夫［1978］「大正期企業経営者の多角的拡大志向とその挫折——川崎造船所の場合」『大阪大学経済学』第28巻第2・3号。
白石友治編［1950］『金子直吉傳』金子柳田両翁頌徳会。
大渓元千代［1964］『たばこ王・村井吉兵衛』世界文庫。
高橋亀吉［1930］『株式会社亡国論』万里閣書房。
高橋亀吉［1954］『大正昭和財界変動史（上）』東洋経済新報社。
武田晴人［1995］『財閥の時代——日本型企業の源流をさぐる』新曜社。
同和鉱業株式会社編［1985］『創業百年史』。
日商編［1968］『日商四十年の歩み』。

日本経営史研究所編［1976］『創業100年史』古河鉱業。
日本鉱業株式会社編［1956］『回顧録』。
橋本寿朗［1992］「財閥のコンツェルン化」法政大学産業情報センター・橋本寿朗・武田晴人編『日本経済の発展と企業集団』東京大学出版会。
三島康雄編［1984］『阪神財閥――野村・山口・川崎』日本経済新聞社。
三井物産編［1976］『挑戦と創造――三井物産100年のあゆみ』。
宮本又郎・杉原薫・服部民夫・近藤光男・加護野忠男・猪木武徳・竹内洋［2003］『日本型資本主義――どうなる どうする 戦略と組織と人材』有斐閣。
明治大正史刊行会編［1930］『明治大正史　第12巻（会社編）』実業之世界社。
森川英正［1978］『日本財閥史』教育社。
森川英正［1980］『財閥の経営史的研究』東洋経済新報社。
森川英正［1981a］「戦間期における日本財閥」中村隆英編『戦間期の日本経済分析』山川出版社。
森川英正［1981b］『日本経営史』日本経済新聞社。
山崎廣明［1987］「日本商社史の論理」『社会科学研究』第39巻第4号。
山崎廣明［2000］『昭和金融恐慌』東洋経済新報社。
Yonekawa Shinichi [1984], "University Graduates in Japanese Enterprises before the Second Word War," *Business History*, Vol. 26.

第2部　財閥経営者の事業活動

第3章 財閥形成者の企業家活動
―岩崎弥太郎と安田善次郎―

はじめに

　幕末から明治維新期にかけて，新旧企業家の交代がドラスティックに進んだ。幕藩体制と株仲間組織に依存し発展を遂げた都市特権商人の多くは，開港後の海外貿易開始による経済と流通機構の混乱の中で，次いで幕藩体制の崩壊とそれにともなう経済諸制度の廃止によって，大打撃を受けて没落・破綻を余儀なくされ，あるいは事業を縮小・衰退させた。彼らの大半は，家業専心と祖法墨守を最重視した経営に終始し，激動する社会経済に対する状況判断と対応能力を欠いていた。有能な番頭経営者を抜擢して危機管理と事業再編を担当させることで幕末・維新期の激動を乗り切り，のちに財閥に発展する基盤を整備することに成功した三井家，住友家などのケースは例外的な存在であったのである。

　他方，幕末・維新期の混乱と伝統的な商業制度や慣行の廃止・消滅は，自らの才覚と積極果敢な行動によって実業界での飛躍を夢みていた新興の企業家にとって，ビジネスチャンスの到来を意味した。彼らの多くは，地方から江戸（東京）や横浜に出て，経済変動と社会混乱を活用して冒険的で斬新な企業家活動を展開した。そして，そうした冒険的な企業家の中から，「富」と事業経験を背景に，有力な政府官僚・政治家と結託して政商活動を展開し，あるいは官営事業の払い下げを受け，それらを足場に日本の産業発展をリードする財閥を形成する者も出現した。

　本章は，そうした財閥を形成する企業家の中から，三菱財閥創始者の岩崎弥

太郎（いわさき やたろう）と，安田財閥創始者の安田善次郎（やすだ ぜんじろう）を取り上げ，両者の財閥形成者としての企業家活動を比較・検討することを目的としている。

岩崎 弥太郎
——三菱財閥の創始者——

岩崎弥太郎　略年譜

1834（天保5）　0歳　土佐国安芸郡井ノ口村の地下浪人の家に生まれる

1867（慶応3）　33歳　土佐藩営開成館長崎商会主任となる

1869（明治2）　35歳　開成館大阪商会に転勤

1870（明治3）　36歳　大阪商会を藩営より分離し、九十九商会と称す

1872（明治5）　38歳　九十九商会を三川商会と改める

1873（明治6）　39歳　三川商会を三菱商会と改称。岡山県の吉岡銅山を買収

1874（明治7）　40歳　社名を三菱蒸汽船会社と改める。台湾の役の軍事輸送を受命

1875（明治8）　41歳　上海定期航路開設。米国の太平洋郵便蒸汽船会社と競争し、勝利する。郵便汽船三菱会社と改称

1876（明治9）　42歳　英国のP&O汽船会社との競争に勝利する

1877（明治10）　43歳　西南の役の軍事輸送を受命、巨利を博す

1881（明治14）　47歳　長崎県の高島炭礦を買収

1883（明治16）　49歳　共同運輸会社との激烈な競争が始まる

1884（明治17）　50歳　工部省管轄の長崎造船所の貸し下げを受ける

1885（明治18）　51歳　弥太郎死去　三菱・共同両社合併し、日本郵船を設立

（年齢＝満年齢）

1　経済官僚への途

（1）　地下浪人の家に誕生

　岩崎弥太郎は，1834（天保5）年12月，土佐国安芸郡井ノ口村に岩崎弥次郎，美和夫婦の長男として生まれた。弥太郎の誕生時，岩崎家は郷士の株を売り払い，地下浪人となっていた。地下浪人は名字帯刀を許されていたが，村役人である庄屋の支配を受けていた。

　厳格な土佐藩の身分制度の下で生育した弥太郎は14歳の春に高知城下に出て，伯父の岡本寧浦の塾で歴史と詩文を学び，さらに19歳のときに江戸遊学のチャンスをつかみ，1855（安政2）年，儒学者安積艮斎の門下生となった。武家社会で立身出世を望めない弥太郎は，学者になる決意を固め，勉学にはげんだ。しかし，弥太郎の江戸での勉学は1年ほどしか続かなかった。父弥次郎が井ノ口村の庄屋島田便右衛門と喧嘩して大怪我をし，告訴した弥次郎が逆に入獄を命じられるという事件が発生したからである。帰郷した弥太郎は父親の無実をはらすため東奔西走した。しかし，その過程で血気にはやる弥太郎は奉行所の裁判のあり方を誹謗中傷したため，1856年6月，逮捕され，7ヵ月間の入牢を体験しなければならなかった。この訴訟事件は，結局，喧嘩両成敗の裁定がくだされ，島田，岩崎両家の家名剥奪と，島田の庄屋職罷免ならびに弥太郎の井ノ口村追放と高知城下4ヵ村の立ち入り禁止が命じられた（弥太郎は1856年12月追放赦免となり，岩崎家も家名を回復する）。

（2）　長崎商会と大阪商会に勤務

　不満と焦燥の日々を送っていた岩崎弥太郎にとって，1858（安政5）年に一大転機がおとずれる。それは吉田東洋との出会いであった。弥太郎24歳のときである。東洋は藩主山内豊信（容堂）の信任が厚く，1853（嘉永6）年に仕置役の重職に就き，藩政改革に取り組んだ。しかし翌年，江戸藩邸で事件を起こ

し，1858年まで高知城下の長浜村に塾居していた。この間，東洋が開いた少林塾に弥太郎は入門を許され，門下生となったのである。

　吉田東洋は，1858年暮，土佐藩の参政に復帰し，再び藩政改革をリードした。東洋は門閥にとらわれない人材の登用策を採用した。そして，弥太郎も東洋の推薦で1859年6月に郷廻りという藩職にはじめて就き，さらに同年8月には後述する長崎商会の開設準備のため長崎出張を命じられた。この長崎出張によって，弥太郎は世界の文明にふれ，同時に多くの知識人と出会い，視野を拡げた。しかし，弥太郎は外国商人との交渉ごとは苦手であり，藩の許可を得ないで，1860（万延元）年4月，勝手に帰国してしまった。

　弥太郎は無断帰国を咎められ，罷免された。これ以後，1865（慶応元）年8月に三郡奉行の下役に召し出されるまでの5年間，弥太郎は再び無聊の日々を過ごすことになる。この間，弥太郎の恩師吉田東洋は，1862（文久2）年4月に暗殺され，公武合体派と目されていた東洋の門下生は藩の要職から一掃された。しかし，東洋門下生は後藤象二郎（東洋の甥）を中心に結束を固め，藩内の権力闘争に勝利し，後藤は1864年に大目付に就任して藩政の実権を握った。

　後藤象二郎は東洋の政策を継承して国産品の奨励，貿易の振興，武器，艦船の購入などを主眼とする，殖産興業の建白書を山内容堂に提出した。そして，この建白書に基づいて，1866（慶応2）年2月，後藤を最高責任者とする開成館が開設された。東洋門下生の藩政復帰とともに，弥太郎も1865年に三郡奉行の下役となり，さらに66年には開成館貨殖局に勤務し，翌年3月，再び長崎出張を命じられた。開成館長崎商会の責任者は後藤象二郎が兼務していた。しかし，1867年6月，後藤は大政奉還の政治活動に専念するため京都に出発した。弥太郎は長崎商会の主任となり，商会のいっさいの業務を後藤から委託された。長崎商会の主要な業務は，土佐藩物産の販売・輸出と，武器，弾薬，軍艦などの買い付けであった。1回目の長崎出張のときとは異なり，弥太郎は今度はこれらの業務に真剣に取り組んで貿易業務に習熟し，多くの外国商人と親交を結んだ。

　明治維新後，長崎商会は閉鎖された。弥太郎は残務整理を行ったのち，

1869（明治2）年1月，開成館の大阪商会に赴任し，同年7月に開成館幹事心得となり，さらに12月には土佐藩権少参事（上士階層の地位）に昇格した。大阪商会の業務のほか，弥太郎は各藩の依頼を受けて艦船，機械，武器の買い付けと金融の斡旋を行った。

こうした業務を通じて，弥太郎は経営感覚をみがき，また，土佐藩大阪藩邸の財政責任者として藩札処分を担当し，同藩の経済官僚としての地歩を固めていった。

2　三菱と海運業

（1）　三菱商会の開業

明治政府は，1869（明治2）年に中央集権体制の実をあげるため各藩に藩営事業の禁止を命じた。土佐藩はこれに応じて，翌1870年10月，開成館大阪商会を藩から分離し，社名を九十九商会と改称のうえ，回漕業を営むことを通商司に届けた。しかし，これは便法的措置であり，九十九商会は依然として土佐藩の商業機関であった。1871年7月，廃藩置県が実施された。これによって，九十九商会も再編成を余儀なくされ，1872年1月，三川商会と改称し，旧藩船2隻を含む九十九商会の資産を譲り受けた。三川の社名は，商会の経営を担った川田小一郎，石川七財，中川亀之助の姓にちなんでつけられた。しかし，九十九商会，三川商会の最高経営者は岩崎弥太郎であった。九十九商会から引き継いだ三川商会の資産も，土佐藩の外商に対する債務のうち4万両を弥太郎が肩代わりする条件で出資されていた。ただし，弥太郎自身，当時，進むべき前途を決めかねていたため，両商会の表面には立たなかったのである。

熟慮の末，岩崎弥太郎は実業界入りを決断した。1873年3月，弥太郎は三川商会の社名を旧土佐藩主山内家と岩崎家の家紋に由来する三菱商会に改称のうえ，社主に就任した。三菱商会は翌1874年に本社を大阪から東京に移し，社名を三菱蒸汽船会社と改めた。

（2） 海運事業の制覇

　三菱商会の主力事業は海運業であった。発足当初，同商会は大阪―東京，神戸―高知，神戸―博多の3航路を開設し，11隻の汽船を運航させていた。
　三菱の最大のライバルは，日本国郵便蒸汽船会社であった。同社は，1872（明治5）年8月，三井，小野両組らの出資と，代金25万円を無利息，15ヵ年賦償還という条件で政府から払い下げられた，十数隻の汽船を持って設立された半官半民の会社であった。三菱と蒸汽船会社は，乗客と積荷をめぐって全国各地で競争した。しかし，両社の激しい角逐は，1874年4月に発生した台湾出兵事件におけるトップ経営者の対照的な対応によって終止符を打った。政府は，当初，台湾への兵員・軍需品輸送を日本近海に進出しているアメリカ，イギリスの汽船会社に依頼する予定であった。しかし，両国政府は日清両国間の紛争に巻き込まれることを避けるために，局外中立を宣言し，自国船の使用を拒絶した。そこで，政府は急きょ外国から汽船を購入する計画を立てる一方，郵便蒸汽船会社にこの軍事輸送を担当するよう命じた。しかし，同社頭取の岩橋萬造は，この軍事輸送に消極的であった。蒸汽船会社を支援していた木戸孝允，井上馨らの長州系政治家が台湾出兵に反対して，閣外に去っていたことに加えて，台湾軍事輸送に全力をあげている間に，国内の貨客を三菱に奪われることを恐れたからである。
　郵便蒸汽船会社の態度に激怒した内務卿の大久保利通と大蔵卿の大隈重信は，ただちに三菱に台湾への軍事輸送を命じた。すでに1874年2月の佐賀の乱の際，軍事輸送に従事していた岩崎弥太郎は，両者に命懸けで台湾軍事輸送にあたる決意を伝えた。政府は，1,567万ドルを投じて購入した13隻の汽船を貸し下げを決定し，台湾への兵員・軍需資材輸送のいっさいを三菱に委託した。
　3,658人の兵員を動員した台湾出兵事件は，1874年10月に完了した。これ以後，三菱と郵便蒸汽船会社の立場は完全に逆転した。三菱は政府の実力者，大久保と大隈の信頼と強力なバック・アップを得て，引き続き政府所有の13隻の運用をまかされた。他方，郵便蒸汽船会社は政府の信用を失って，1875年5

月，解散に追い込まれてしまい，所有汽船17隻は三菱に無償で交付された。

　明治政府は，台湾出兵事件の苦い体験を踏まえて，海運業の確立を殖産興業政策の一環に位置づける必要を痛感した。幕末から維新期にかけて，アメリカのパシフィック・メール社（太平洋郵便汽船），イギリスのペニンスラー・オリエンタル社（P&O汽船）をはじめとする外国の有力汽船会社が航路開設を求めて日本の沿岸・近海に進出した。1875年に政府は，日本近海から外国汽船を駆逐する方針を固め，その役回りを岩崎弥太郎の主宰する三菱蒸汽船会社に期待した。政府は，岩崎弥太郎に対して，貸与した汽船を用いて横浜―上海間の定期航路の開設を要請した。岩崎はこれに応えて，1875年2月から，わが国最初の外国航路である週1回の横浜―上海間の定期運航を開始した。この航路はそれまで太平洋郵便蒸汽船が独占していた。それゆえ，三菱の参入によって，両社の間に激しい競争が生じ，横浜―長崎間の上等乗船運賃は30円から8円までに引き下げられ，三菱は毎月2万円の赤字を余儀なくされた。

　政府は三菱を保護助成するため，1875年8月，上述のように，旧日本国郵便蒸汽船会社の所有船17隻を無償で払い下げると同時に，年間25万円の運航費助成金を支給した。そして，三菱は政府から郵便事業も委託され，社名を郵便汽船三菱会社と改称した。政府の助成によって，三菱は太平洋郵便蒸汽船との競争を優利に展開し，後者は1875年10月までに上海航路から撤退した。そして同時に，三菱は太平洋郵便蒸汽船所有の4汽船と各地の港湾施設を，政府から借り入れた8万円で買収した。

　1876年に入ると，三菱は今度はP&O汽船と激烈な競争を展開した。同年2月，P&O汽船は香港―上海―横浜間に航路を開き，また東京―阪神間の航路に進出した。P&O汽船との競争に際して，岩崎弥太郎は社内に冗費を省く決意を表明し，自らの月給を半限，管事の石川七財，川田小一郎らのそれを3分の1に減じて範を示した。そして，弥太郎は思い切った運賃切り下げ策をとる一方，1876年3月，大蔵省に為換店の設置を願い出て政府資金を年利7分で借り入れ，荷主に対して積み荷担保金融を実施した。この荷為替金融の効果は大きく，多くの荷主を三菱側に引きつけた。その結果，P&O汽船は，1876年8

月,上海航路から撤退し,日本沿岸航路も放棄した。

　両外国汽船会社との競争によって疲弊した三菱の経営を回復させ,さらなる発展を約束させたのが,1877年に発生した西南戦争であった。汽船の徴発命令を受けた三菱は,外国航路の汽船を除く全船舶を軍隊と軍需品の輸送に投入した。1877年2月に始まり,9月末まで続いた西南戦争の軍事輸送によって三菱は莫大な利益を入手した。軍事輸送収入は300万円にものぼり,1877年の三菱の利益金は120万円に達したのである。この間,三菱は,民間の貨客輸送のために,政府から洋銀80万ドルを借り入れ,7隻の新鋭汽船を購入した。

　西南戦争終了時,三菱は汽船61隻3万5,467トンを所有していた。これは全国汽船総トン数の70％に相当した。そして,三菱は西南戦争後,東北・北海道航路を次つぎに開拓して日本一周航路を完成し,日本近海の制海権を掌握した。

(3) 共同運輸との死闘と日本郵船の成立

　政商活動は危険なビジネスであった。政治権力者と密着して事業経営を有利に展開できる反面,政権の交代や庇護者の失脚にともなって,それまでの保護助成策から一転して厳しい抑圧策の下におかれる危険が存在していたからである。三菱もその例外ではなかった。三菱の庇護者であった大久保利通が1878（明治11）年に暗殺され,「明治十四年の政変」で大隈重信が失脚すると,三菱は厳しい批判にさらされ,同時に薩長閥で固められた政府の抑圧の標的とされた。三菱に対する批判は,政府の保護助成を受けていながら海運業の改善を怠り,さらに独占的利益を海運業以外の事業に投下して私腹を肥やしているという点に集中していた。

　政府は,1882年2月,三菱の海運業に対する規制と監督の強化措置をとる一方,反三菱の立場に立つ財界人と協力して,翌83年1月,共同運輸会社を設立し,三菱の海運業独占を打破する行動に出た。これ以後,三菱と共同は貨客の争奪戦と運賃の値下げ合戦に突入した。両社の競争は次第に泥沼化してゆき,汽船が海上で出会っても互いに航路を譲らず,衝突事故を起こす事態まで引き

起こした。その結果，三菱の利益は半減し，共同運輸は配当のできない状態に立ち至った。

　三菱と共同運輸が死闘を演じていた1885年2月，岩崎弥太郎は死去した。弥太郎の死後，三菱，共同の共倒れと日本海運業の混乱を恐れた政府は，両社に対して合同を勧告した。三菱の2代目社長となった岩崎弥之助は，これを機に政商路線に訣別する覚悟を固めた。その結果，1885年9月，三菱と共同は合併し，日本郵船が成立した。岩崎家は政商路線から脱出するために本業の海運業経営の放棄という犠牲を払わなければならなかったのである。

3　三菱の多角的事業経営

　岩崎弥太郎は事業の多角化にも熱心で，本業の海運業の周辺に各種の副業を多面的に経営した。これらの多角的諸事業は，1875（明治8）年以降，政府の指示に従って，郵便汽船三菱会社とは別組織の下で管理された。岩崎家が経営した海運業以外の事業は次のようであった。

　①　旧土佐藩事業

　弥太郎は，1872年3月，旧土佐藩所有の樟脳製造工場と高知県内の樟樹伐採権および原料集荷施設，さらに製糸工場の払い下げを受け，経営した。しかし，両事業とも採算が取れず，原料不足に直面したこともあって，1874年に閉鎖した。このほか，旧土佐藩から製茶業，薪炭業，原綿販売業も引き継いだが，いずれも早期に放棄した。

　②　吉岡銅山

　三菱商会は，1873年，1万円で岡山県下の吉岡銅山を買収した。吉岡銅山買収を弥太郎に強く進言したのは管事の川田小一郎であり，買収交渉も川田が担当した。

　③　海運付属事業

　（a）　三菱製鉄所　　同製鉄所は，1875年12月，上海のボイド商会と折半出資の資本金10万ドルで横浜に船舶修理工場として設置された。三菱製鉄所は，

1879年に三菱の全面所有となり，85年の日本郵船の成立の際，同社に譲渡された。

(b) 三菱為換店　弥太郎は1876年のP&O汽船との競争に勝利するため，大阪に為換店を設置し，荷主誘致の目的で荷為替金融を行った。1880年にこの為換店を資本金100万円の三菱為換店として独立させ，荷為替以外に銀行・倉庫業務も兼営した。その後，共同運輸との競争激化で業績が悪化して，1884年に閉店し，その業務を後述の第百十九国立銀行に引き継がせた。

④　高島炭礦と長崎造船所

高島炭礦は，1867（慶応3）年にイギリスの貿易商トマス・グラバーと鍋島藩の支藩深堀家の共同出資で開発に着手された。明治維新後，高島炭礦は一度官収されたが，1874年に後藤象二郎の経営する蓬萊社に払い下げられた。しかし，蓬萊社の経営は破綻し，後藤は外商のジャーディン・マセソン社に対し約100万円の債務を負った。資金難に陥った後藤は，福沢諭吉を通じて弥太郎に援助を求めた。弥太郎は後藤の放漫経営の後始末をするつもりはなかった。しかし，後藤は土佐藩時代の上司で，しかも弟弥之助の妻の父親であったので，弥太郎は周囲の説得を受けて，後藤の債務に等しい代価で，1881年に高島炭礦を買収した。

政府は，1884年，財政負担の軽減と造船所経営の改善を意図して官営長崎造船所の貸与を三菱に打診した。当時，三菱は共同運輸と死闘を展開している最中であり，同所の経営を引き受ける余裕はなかった。しかし，弥太郎は政府との関係がいっそう悪化するのを避けるため，長崎造船所の経営引き受けに同意した。

⑤　第百十九国立銀行

1884年，三菱為換店の貸出先の北海道函館の楽産商会が倒産し，同商会に出資していた第百十九，第百四十九国立銀行も連鎖倒産の危機に直面した。両行は，郵便汽船三菱会社管事の荘田平五郎の出身地である旧臼杵藩の藩主と藩士の出資によって設立されていた。そのため，旧臼杵藩関係者は荘田を通じて三菱に救済を要請した。両行は合併して資本金43万円の第百十九国立銀行にな

表-1　三菱創業期の専門経営者

	出 身 校	前　職	入社年	1885年当時の職位	最　終　職
※近藤廉平	大学南校中退		1872	横浜支社支配人	日本郵船社長
浅田正文	慶応義塾	大蔵省官吏	1874	本社会計課長心得	日本郵船専務取締役
豊川良平	慶応義塾		1875		三菱合資管事
※荘田平五郎	慶応義塾	教師	1875	本社管事	三菱合資管事
吉川泰二郎	慶応義塾	師範学校校長	1878	神戸支社支配人	日本郵船社長
朝吹英二	慶応義塾		1878		王子製紙会長
※末延道成	東京大学		1880	土崎出張所支配人	東京海上保険会長
※長谷川芳之助	大学南校 コロンビア大学留学		1880	吉岡銅山長	官営八幡製鉄調査委員
肥田昭作	慶応義塾	銀行員	(1880)	第百十九国立銀行頭取	
森島修太郎	慶応義塾		(1880)	本社副支配人	
※南部球吾	大学南校 コロンビア大学留学		1881	高島炭礦検査役	三菱合資管事
山本達雄	慶応義塾		1883	横浜支社副支配人	日本銀行総裁
※磯野　計	東京大学	会社員	1884	神戸支社勤務	明治屋社長
※小川鉶吉	大学南校	文部省官吏	(1885)	神戸支社副支配人	日本郵船取締役
※加藤高明	東京大学		(1885)	神戸支社副支配人	内閣総理大臣
※岩永省一	慶応義塾	内務省官吏	(1885)	高知支社支配人	日本郵船専務取締役

(注) 1．※印は海外留学・渡航経験者。
　　 2．入社年欄のカッコ内の年次はこの年にはすでに勤務していたことを示す。

り，弥太郎の死後の1885年5月，岩崎家は同行の全株式を買収した。

⑥　岩崎弥太郎の個人事業と大口出資会社

弥太郎は，1880年に千川水道会社を設立した。また，岩崎家は，鉄道（日本，山陽，九州），保険（東京海上火災，明治生命），商事（貿易商会）などの諸会社の設立に参加し，大口出資者となった。

4　岩崎弥太郎の評価

(1)　社長専制主義

岩崎弥太郎は，三菱の創始者として絶大な権力を保持していた。弥太郎は三菱の事業を岩崎家の家業として位置づけ，同家による三菱の排他的所有・支配を意図した。そして，弥太郎は，1875（明治8）年に制定した「三菱汽船会社規制」中の「立社体裁」の第一，第二条で，岩崎家による三菱の所有・支配と

事業経営における社長専制主義を，以下のように定めた。
「立社体裁
第一条
　当商会ハ姑ク会社ノ名ヲ命シ会社ノ体ヲ成スト雖モ，其実全ク一家之事業ニシテ他ノ資金ヲ募集シ結社スル者ト大ニ異ナリ，故ニ会社ニ関スル一切之事及ヒ褒貶黜陟等都テ社長之特裁ヲ抑グベシ
第二条
　故ニ会社之利益ハ全ク社長ノ一身ニ帰シ，会社之損失モ亦社長ノ一人ニ帰スベシ」(岩崎弥太郎・岩崎弥之助伝記編纂会編［1967］下巻)

　地下浪人出身者として，差別的待遇を受けて育った岩崎弥太郎にとって，自己の社会的名声と家名の隆盛を図ることが，最大の目標であった。弥太郎は実業界進出後，岩崎家の家業を軍事輸送や制海権の奪回という「国事行為」に参画させることで，その目標を実現しようと考えた。そして，弥太郎は政府官僚，政治家を困難な「国事行為」を遂行するうえでのパートナーと考えており，政府の保護助成は彼らのパートナーとしての当然の処遇であると見なしていた。それゆえ，弥太郎には政商にありがちな，政治家，官僚に対する卑屈な態度を取ることはなかった。

　政商活動の展開には，特定の政治家，官僚との排他的情報交換と迅速な共同作業が不可欠であった。弥太郎はとくに本業の海運業経営にあたっては，そうした情報交換や共同作業を可能にするために絶対的権限を掌握し，社長専制主義を貫いたのである。

(2)「士流学者」の雇用

　三菱の従業員は，土佐藩の事業を引き継いで発足したという経緯もあって，士族出身者が多かった。ただ，岩崎弥太郎は三菱の事業経営において，きょくりょく士族色を薄めて，サービスの向上に努め，民間ビジネスの姿勢を貫いた。そして，事業拡大に相応して，三菱商船学校 (1876~82年) と三菱商業学校 (1878~84年) を設立し，必要とされる人材を自ら養成する一方，将来の幹部候

補生として高等教育機関出身者を積極的に採用した。

　岩崎弥太郎は福沢諭吉と盟友関係にあった。福沢は著書『実業論』の中で，弥太郎が高等教育機関出身者を採用した理由を，次のように紹介している。

　「我輩曾て親しく故社長（岩崎弥太郎のこと—引用者）に聞たることあり。云く，汽船会社の業を企て，初めての程は唯通俗の俗子弟のみを使用して事を成さんと思ひ之を試みたるに，性質柔順にして常に唯々諾々当座の用は能く弁じて便利なるが如くなれども，何分にも此輩は無教育にして事物の軽重を知らず，過て大事を破るのみならず，時として非常に鄙劣にして犯す可らざるを犯すことあり，依て案を転じて近来は学者書生流の採用を始めたるに是亦困却せざるに非ず，無骨無情，これを店頭に置けば客に接しながら其言語顔色を追払ふが如し，実に堪へ難き次第なれども，一方より見れば，其気質美にして正直のみか，脳中多少の知見を蔵めて物を恐れず，イザ困難，談判文通などに当たりては必ず書生に限ることなり，左れば俗子弟と書生と一得一失なれども，俗物を養ふて之に学者の気象を得せしむるは難し，学者を慣らして其面を俗了するは易し……」。（『福沢諭吉全集』第6巻［1959］所収，岩波書店）。

　海運業は近代的技術で装備された船舶を各港に合理的に配置し，それらを時間通りに，あるいは物資の需給関係をいち早く把握し，迅速に運航させなければならなかった。そのためには，船舶の安全運航に従事する技術者のほかに，航路運営，本社—支社間および支社間相互の情報伝達，会計，荷為替金融，倉庫，海上保険などの業務に習熟した管理者を必要とした。そうした人材を当時の日本において，大量に雇用することは困難であった。そこで，弥太郎は事業の遂行に必要なそうした人材を自ら育成するため，三菱商船学校と三菱商業学校を設立したのであった。そして同時に，そうした技術者や管理者を指揮して会社全体の経営を担当する人材を高等教育機関に求め，彼らを海外留学させるなどの好条件で入社させたのである（表-1参照）。

(3) 弥太郎の遺産

 2代目社長の岩崎弥之助は，1886（明治19）年2月，三菱社を設立し，三菱事業の再建を企図した。三菱の再出発は，弥太郎時代に海運業の周辺に副業として経営した鉱業，造船，金融，倉庫，地所などの事業分野を中心に行われた。中でも，高島炭礦と長崎造船所は再建の中軸となり，その後の三菱財閥の多角的事業経営の母体を形成した。

 再建後の三菱の多角的事業経営は，弥太郎が登用した高等教育機関出身の専門経営者によって管理・運営された。とくに弥之助社長と荘田平五郎管事は絶妙のチーム・ワークを形成し，のちの「組織の三菱」の原型をつくり出した。

 1893年7月の商法実施にともなって，同年12月，弥之助は三菱社を廃止して三菱合資会社を設立し，弥太郎の遺言を守って，兄の嗣子久弥を社長に就任させ，自身は監務（後見職）に退いた。そして同時に，岩崎同族の範囲を本家久弥家，分家弥之助家の2家に限定し，両家の嗣子が交互に三菱合資の社長を務めることを定めた。こうしたシンプルな同族組織は，三菱財閥における所有者と専門経営者の意思疎通を容易にし，社長専制主義による陣頭指揮型の財閥経営を可能にさせた。

 三菱の創始者岩崎弥太郎の実質的な企業家活動期間は15年間であった。弥太郎は，この間に，のちの三菱財閥の発展基盤となる多角的事業経営，専門経営者の育成，そして，社長専制主義の経営体制を形成し，それらを次の世代に引き継がせることに成功したのである。

安田 善次郎
―安田財閥の創始者―

安田善次郎　略年譜
1838（天保9）　0歳　富山城下鍋屋小路に生まれる
1864（元治元）26歳　日本橋人形町通に海苔鰹節商兼両替店「安田屋」開業
1865（慶応元）27歳　両替町組の肝煎（幹事）に選任される
1866（慶応2）28歳　日本橋小舟町に移転、「安田商店」と改称して両替専業になる
1872（明治5）33歳　本両替商となる
1874（明治7）35歳　司法省為替方を拝命
1876（明治9）37歳　第三国立銀行を設立
1880（明治13）40歳　合本安田銀行を設立
1882（明治15）43歳　日本銀行理事に就任
1887（明治20）48歳　釧路硫黄山の採掘権を獲得。私盟組織「保善社」を創設し、同総長に就任
1897（明治30）58歳　深川製釘所を開設
1899（明治32）60歳　安田商事合名会社設立
1912（明治45）73歳　合名会社保善社を設立
1913（大正2）74歳　家督を養嗣子善三郎に譲る
1920（大正9）82歳　善三郎、安田家を離脱する
1921（大正10）83歳　東京帝国大学に対して講堂寄付を申し出る（1925年「安田講堂」完成）。大磯の別邸で凶刃に倒れ没す

（年齢＝満年齢）

1 「千両分限者」になる夢

(1) 出　自

　安田善次郎は，1838（天保9）年10月，富山城下婦負郡富山町鍋屋小路に生まれた。父親の善悦は，苦心惨憺の末，富山藩士の権利株を購入し，念願の士籍に列した。しかし，富山藩士としての身分は最末席で，安田家は半士半農の生活を続けた。善次郎も幼年の頃より父と共に農耕に従事し，さらに仏事用の生花を売り，家計を助けた。そして，5年間の寺子屋での学業を終えた善次郎は，12歳のときから野菜と魚介類の行商に専念し，夜間には書物の筆耕の内職を行った。善次郎がとくに好んで筆写したのは「太閤記」で，秀吉の出世物語に心を躍らせ，自身の出世への意欲を高めていった。富山藩士としての出世が期待できない善次郎は，最初職人の世界で，次いで商人の世界で「千両分限者」となる夢を抱いた。14歳のとき，大阪の蔵元商人が富山藩の勘定方役人から歓待を受けている現場を目撃し，都市商人の力を思い知ったからである。

　善次郎は江戸に出て商家に奉公し，商人としての立身の途をさぐろうと決意した。1854（安政元）年，16歳となった善次郎は江戸への出奔を企てた。しかし，途中で道に迷い，最初の江戸行きは失敗した。3年後の1857年，善次郎は2度目の江戸行きを敢行した。しかし，今度はせっかく入手した富山藩士の身分を継がせることを切望する父によって年内のうちに富山に引き戻された。しかし，商人になる夢を捨てきれない善次郎は，逆に周囲を説得して父の許しを得，翌1858年春，江戸での生活を実現した。

(2) 奉公と独立

　安田善次郎は，最初，江戸市街の地理と風俗・生活習慣を知るため玩具の行商に従事した。この仕事を1年半ほど経験したのち，善次郎は日本橋小舟町に新たに開店した銭両替商兼鰹節商の広田屋に手代として勤務した。読み・書

き・算盤の能力に優れていた善次郎は，複雑な両替業務についての知識や技量を短期間に会得し，広田屋主人や同業の銭両替商の信用を獲得した。そして，1862（文久2）年の夏，善次郎は玩具卸売商奥山市三郎の世話で，日本橋で鰹節商「玉長」を営む岡安長右衛門家に入婿し，広田屋に通勤手代として通った。しかし，翌1863年，善次郎は投機事業に手を出して失敗し，人生の転機を迎えることになる。

江戸市中と郷里の加賀・越中方面では文久銭（4文銭の寛永通宝）の流通価格が大きく異なることに着目した善次郎は，養家や知人から資金を集め，大掛りな文久銭の投機取引を開始した。しかし，翌1864（元治元）年に入って，この文久銭投機は失敗し，善次郎は岡安家から離縁され，奉公先の広田屋との関係も悪くなり，同店を辞めた。善次郎はこの投機取引の失敗を深く反省し，華美に流れていた生活態度を改めるとともに，「克己勤検」の初心に立ち返ることを誓った。

この間，安田善次郎は，1864（元治元）2月，玩具行商時代以来の知人の大黒屋山野弥兵衛らの支援を受けて，日本橋人形町通に銭両替商兼乾物小売店の「安田屋」を開業し，念願の独立を果たした。このとき，善次郎は26歳で，資本金は25両であった。そして，「千両分限者」となる夢を実現するため，以下の3つの誓いを立てた。

① 独立独行で世を渡り他人の力を信頼せぬこと。一生懸命働き女遊びせぬこと。遊び怠け他人に縋るときは天罰を与えてもらいたい。

② 嘘を云わぬこと。誘惑に負けぬこと。

③ 生活費小遣など支出は収入の十分の八以内に止め，残りは貯蓄のこと。住宅用には身代の十分の一以上をあてぬこと。いかなることがあっても分限をこえぬこと。不相当の金を使うときは天罰を与えてもらいたいこと。

善次郎はこの誓いを厳守し，文字通り，克己と勤検力行を実践した。その結果，安田屋の信用と業績は，善次郎の抜群の貨幣取引能力，とくに金銀鑑定力とも相まって向上し，善次郎自身も1865（慶応元）年には両替町組の肝煎（幹事）に選出された。そして翌1866年，善次郎は店舗が手狭になったので，日本

橋小舟町に土蔵付きの店舗兼家屋を450両で購入して移転し，安田商店と改称のうえ，事業を両替商専業とした。安田商店への改称時，善次郎の資産は1,000両を超えていた。善次郎は独立して3年目で早くも「千両分限者」の夢をかな得たのである。

2　両替商から銀行家へ

(1)　御用ビジネスの展開

　幕末から維新期にかけて，わが国の貨幣制度は大きく変革し，金融市場は混乱した。そうした変革と混乱の中で，休業や廃業に追い込まれた老舗の両替商も少なくなかった。しかし，後発・弱少な両替商にとって，逆にビジネスチャンスの到来期でもあった。

　幕府は，1865（慶応元）年，金貨の国外流出を阻止するため，天保以前に鋳造された金貨の通用を禁止した。そして，金座および本両替商に古金貨の回収と新金貨との引換え業務を委託した。しかし，彼らの多くは，治安が悪化していたこともあって，それらの業務の引き受けに消極的であった。そこで，幕府は，安田商店などの銭両替商に対しても新旧金貨の引換え業務を命じた。金銀鑑定力に自信のあった安田善次郎は，この業務を進んで引き受け，毎日4,000両から1万両を処理した。鑑定料と手数料は100両に付き6匁で，この引換え業務だけで安田商店は1867年に1,324両の利益をあげた。後年，善次郎は，「これで私は身代をこしらえた」と語っている（由井〔1986〕）。

　この新旧金貨の引換え業務が安田商店の政府御用ビジネス引き受けの発端となった。明治維新後，新政府は4,800万両もの太政官札の発行に踏み切った。しかし，多くの両替商は新政府の太政官札の引き受けと流通の協力要請に対して，面従腹背の態度をとった。そのため，1869（明治2）年に入ると，太政官札の市価は暴落し，4月には50％を割り込んでしまった。そうした状況の中で，安田善次郎は明治政府の権威が確立することを信じ，額面割れした太政官

札を担保とする貸付・借入業務を積極的に行った。

　事態を憂慮した明治政府は，1869年4月，「正金金札等価運用」の布告を出し，違反者の取り締まりを強化した。これ以後，太政官札の相場の下落は止まり，明治政府の基盤強化とともに市価は急速に回復した。かくして，太政官札を大量に保有していた安田商店は1869年1月から翌70年の間で約9,000両の利益をあげ，この1年間で同店の資産を5,263両から1万4,284両へと約3倍に増大させた。

　太政官札の取り扱いで巨利を稼いだ安田善次郎が次に目を付けたのが政府公債の売買であった。政府は1873年から藩債整理公債，金札引換公債，秩禄公債，金禄公債などを矢継ぎ早に発行した。これらの政府公債は巨額に発行され，それを手放す所有者が多かったため，いずれも市価は大きく下落した。しかし，多くの両替商は未だ政府の財政基盤を信用せず，これらの公債取引には及び腰であった。そうした中で，明治政府に信頼を寄せていた善次郎は政府公債を有利な投資対象と見なし，秩禄公債を中心に公債売買を盛んに行った。その結果，1877年には安田商店の公債所有額は20万625円に達した。この間，善次郎は，1875年8月の新公債元金払戻し抽選の際に，多額所有者12名の立会人の一人となり，さらに翌76年8月の新公債，秩禄公債の抽選償還日には，三野村利助，渋沢栄一，大倉喜八郎などと共に代表立会人に選出されている。

（2）銀行家への途

　安田商店は，上記の公債の売買に際して，官庁からの預り金を活用した。1872（明治5）年2月，本両替商の免許を受けると，安田善次郎は資金力の拡充と信用を高めるため，官金取扱い業務の引き受けを企図した。三井，小野，島田，第一国立銀行らの有力な為替方の間に新興の安田商店が割り込むことは容易ではなかった。しかし，善次郎の関係者への懸命な働きかけによって，安田商店は公債取引を開始した1874年に司法省，翌75年に東京裁判所と栃木県の為替方を拝命し，念願の官金取扱い業者となった。為替方となって以後，安田商店の預金量は著増した。総預金に占める官金預り高の割合は，1875年1月と77

年1月の間で，38％から78％に増大した。安田商店の所有する公債は官庁の預り金の担保として，そして，官金は同店の公債購入の資金として，それぞれ活用されたのである。

　安田善次郎は，こうして公債取引，官金取扱い業務を通じて金融業者としての地歩を固めると，両替商から銀行家への脱皮を意図した。善次郎は，すでに1873年暮，大蔵省から国立銀行の設立を勧奨されていた。しかし，慎重な善次郎は，この時点では，正貨兌換制を危険と見て固辞した。しかし，1876年の国立銀行条例の改正で，正貨兌換の条項が削除され，しかも資本金の8割を公債で政府に供託し，同額の銀行券発行が可能になると，善次郎は川崎八右衛門，松下市郎右衛門と共同して，1876年12月，第三国立銀行を開業した。同行の資本金は20万円で，このうち安田商店が9万4,361円出資していた。行員の大半は安田商店から移籍させた。

　しかし，安田家自前の銀行設立を念願する善次郎は，第三国立銀行の開業に満足せず，安田商店の金融業務をいっそう拡大し，それを1880年に分離独立させる形で，資本金20万円の合本安田銀行を設立した。

　銀行家としての安田善次郎の名声は，1882年10月の日本銀行設立によって，一気に高まった。金融実務に明るい善次郎は日本銀行創立御用掛心得を命ぜられ，日銀設立と同時に理事になり，割引，計算，株式の3局長を兼務した。善次郎の日銀理事の在職期間は1884年12月までであったが，この間に，彼は大蔵省，日銀関係者との間に太いパイプを築くことに成功した。

　善次郎は日本銀行の設立後，金融機関の未発達な東北，北海道などの地域への進出を開始し，そこで有力者と提携して銀行を設立，あるいは経営不良銀行を安田，第三国立両行の支配下に置いていった。この方針は，都市部での有力銀行との競争を避けると同時に，日本銀行の支店が開設されるまで，支配下の地方銀行を日銀の代理店として官金業務を取り扱いさせ，その後，これらの銀行を吸収あるいは系列化し，当該地域の経済界に金融的影響力を確保するという，善次郎の遠謀深慮に基づくものであった。

3 非金融事業分野への多角的進出

　安田善次郎は，本業の金融業（保険業を含む）の拡充・発展を図る一方，1880年代後半から90年代にかけて，非金融事業分野に多面的に進出し，そこで近代的諸事業を直営した。ここでは，そのうち，鉱山業，綿糸紡績業，製造工業分野への進出プロセスについて簡単に紹介することにする。
　① 鉱　山　業
　安田善次郎の最初の直営鉱工業は北海道釧路における硫黄鉱山であった。その発端は，1882（明治15）8月，第三国立銀行が，破綻した第四十四国立銀行を吸収合併したことにあった。第四十四国立銀行の支配人山田慎は釧路に硫黄鉱山を所有しており，善次郎に救済援助を求めた際，不良債権の担保として同鉱山の提供を申し入れた。善次郎は硫黄鉱山の経営に関心を持ち，1887年に同山の借区権を第三国立銀行から譲り受け，それを山田慎と共同経営することを決定した（ただし，同山の開発資金，スタッフはすべて安田側で負担した）。この硫黄採掘・製錬事業は1888年から96年まで継続された。この事業は経営的に大きな成功を収め，旧四十四国立銀行の債務をすべて償却し，安田家の1900年前後から本格化する多角的事業経営の資金源となった。
　このほか，硫黄鉱山経営の付帯事業として，安田善次郎は，釧路地方の春鳥，日糠両炭礦を買収して石炭事業に進出した。
　② 綿糸紡績業
　安田善次郎は綿糸紡績業にも関心を寄せ，西成紡績所を直営した。同紡績所の前身は，1891年，近江出身の紡績関係者の出資によって設立された浪華紡績（資本金50万円，5万7,400錘）であった。しかし，同社は操業後不振を続け，1898年に営業を休止した。そして同時に，浪華紡績の取引銀行である小田銀行もそのあおりを受けて破綻した。小田銀行と融資関係を結んでいた第三国立銀行は，前者の破綻後，担保流れの形で浪華紡績の株式を取得した。
　操業中止後，浪華紡績の工場は，一時，明治紡績の谷口房蔵によって借り受

けられ，新浪華紡績の名称で運営されていた。しかし，第三国立銀行は，安田善次郎の強い意向を受けて，浪華紡績を競売する方針をとった。1899年の浪華紡績の競売に際して，谷口房蔵も入札に参加した。しかし，結局，善次郎が一番札の25万6,500円で同社いっさいの財産を落札した。落札後，善次郎は安田商事合名会社を設立し，浪華紡績を西成紡績所（資本金40万円）と改称のうえ，前者の大阪支店とした。そして，元三重県勧業課長の日置藤夫を支配人として招聘し，西成紡績所の経営を担当させた。

③ 製釘業と鉄工業

製釘業経営は，安田善次郎が非金融事業分野の中で，もっとも力を入れた事業であった。製釘業経営は，1897年に善次郎の洋釘国産化の夢を実現するため，安田商事の安田深川製釘所（資本金50万円）として発足した。同製釘所の機械設備はすべて外国から購入され，外国人技師を雇用して職工を訓練した。同所長には養嗣子の安田善三郎が就任し，技師長に特許局審査官補の山口武彦を招いた。

安田深川製釘所は1901年から製品を出荷した。しかし，安価な輸入釘との競争に打ち勝つことができず，1905年から6年間操業中止を余儀なくされた。1911年のわが国の関税自主権確立後，同製釘所は操業を再開したが，経営が軌道に乗るのは大正時代に入ってからであった。

善次郎は，製釘業経営と並行して，リベット製造事業にも着手した。1897年，第三国立銀行がリベット製造工場である合名会社天満鉄工所を担保流れの形で所有すると，善次郎は，同鉄工所を安田商事合名の経営下に移管した。同鉄工所は1909年に安田鉄工所と改称された。安田鉄工所はリベット生産を縮小し，工作機械工場への転換を図った。しかし，第1次世界大戦によるブームが出現するまで，赤字経営を続けなければならなかった。

4　安田善次郎の企業家活動の特質

(1)　金融財閥の形成

　安田善次郎は，1909（明治42）年に経営の第一線からの引退を表明し，12年の合名会社保善社の設立を機に，安田財閥代表者の地位を養嗣子善三郎（長女の夫）に譲った。善三郎は1913（大正2）年に家督を相続し，保善社の最高出資者となった（出資比率18％）。にもかかわらず，安田善次郎は1921年に横死するまで，安田財閥のトップ・マネジメントの実権を依然として握り続けた。そしてこの間，善次郎は安田財閥の進むべき方向を決定づけた。それは，安田家の事業経営を金融財閥として発展させることであった。善次郎は，上述したように，一時，鉱工業分野への進出に意欲を燃やし，金融部門と産業部門を総合的に経営する方向を目指した。しかし，産業部門の諸事業の経営はおしなべて業績が振るわなかった。そのため，善次郎は鉱工業経営に自信と意欲を失い，明治末年には知人たちに「釘などの製造会社をひとつ自分でやってみたけれども，どうも失敗した。私は金を作ると言うことは出来るけれども仕事をする方のことは下手だ」と，反省の言葉をもらしていた（由井［1986］）。

　安田善次郎は，合名会社保善社の設立後，直営の鉱工業会社を漸次縮小・整理する方針を打ち出した。そして，この方針は第1次世界大戦の勃発によって鉱工業界がブームを迎える中でも厳守され，安田財閥は大戦中から戦後にかけて鉱工業会社を整理・売却し，産業部門から撤退していった。

　他方，この間，安田善次郎は安田，第三国立銀行両行の強力な金融力を武器に，経営困難な銀行の自行および系列行への合併と系列化を推し進めた。その結果，1923年10月には安田系銀行は22行を数えた（表-2）。そして，同年11月，安田財閥は第1次世界大戦後の銀行の大規模化に対処して，このうち11行を対等合併し，新たに資本金1億5,000万円の安田銀行を発足させた。合同後の安田銀行の預金残高は全国銀行中最大の5億6,765万円に達し，第2位の三井銀

表-2　安田関係銀行　　（1923年10月末現在）

府県名	銀行名	府県名	銀行名
東　京	安田※，第三※ 明治商業※，第三十六 安田貯蓄，日本昼夜 帝国商業	大　阪	百三十※
		京　都	京都※
		岡　山	二十二※
		兵　庫	日本商業※
神奈川	神奈川※	徳　島	高知，関西貯蓄
千　葉	第九十八	福　岡	十七
長　野	信濃※	熊　本	肥後※
栃　木	栃木伊藤	北海道	根室※
岐　阜	大垣共立	（外地）大連	正隆

（注）　※印は1923年11月の安田銀行の大合同に参加した銀行。
（出所）　安田保善社とその関係事業史編修委員会編［1974］。

行の4億1,745万円を大きく引き離した。また同時に，安田財閥は，生命保険業分野で共済生命保険（1894年設立，1929年に安田生命保険と改称），損害保険業分野で東京火災保険（1888年設立），帝国海上火災保険（1893年設立）の拡充に力を入れ，1925年には共済信託（翌年，安田信託と改称）を設立して信託業に進出し，金融財閥としての体裁を整備していった。

（2）　安田家中興の祖と大同族組織

　安田家事業の金融財閥化の方向は，安田善次郎が進めてきた企業家活動の必然的帰結であり，その所産でもあった。善次郎の企業家活動を動機づけた最大のエートスは，勤倹力行して資産を蓄積し，「安田家中興の祖」になることであった。そのため，善次郎はとくに安田銀行開業後，安田家の資産の維持・保全および増殖の制度化に腐心し，1887（明治20）年に資産管理機関である保善社を設立すると同時に，安田同族組織を整備した。安田同族は同家6家，分家2家（のち3家），類家2家（のち3家）の10家（のち12家）から成立していた。このうち善次郎家を除く9家の当主は，実子3人，養子2人，妹婿，妹，妹婿，

妻の姉であった。

　安田家中興の祖であり，東京安田家の初代と自らを位置づけた善次郎は，長子相続制と直系尊属の序列にとらわれず，恩義のある親戚や忠勤を励んだ番頭を養子にとりたて，あるいは彼らを親戚の娘と結婚させて，安田同族に加えた。その結果，安田同族は家の数が多く，しかも出自，閨閥を異にする集団となった。そしてさらに理由は定かではないが，帝国大学法科大学出身で安田銀行に勤務した伊臣貞太郎が1897（明治30）年に善次郎の長女と結婚して安田家に入籍させ，実子を差し置いて善次郎家の推定相続人とした。このことは，安田同族間の関係をより複雑にし，のちに善次郎の実子と善三郎が対立する原因となった。

　ところで，安田各家の当主とその子弟の多くは安田系の金融機関や企業に入社し，主要な役職ポストをほぼ独占した。その結果，主要財閥の中で，安田財閥は浅野財閥と並んで，傘下企業のトップ・マネジメントへの専門経営者の進出がもっとも遅れた財閥となった。そして，それは，安田善次郎の経営組織観と人事政策の反映でもあった。すなわち，善次郎は1911年刊行の著書『富之礎』の中で，次のように言っている。

　「……世間では安田の部下には人材が居らぬ，安田は人材を迎へぬ，などと酷評するとかいふ事であるが，之は誠にその評判の通りかも知れぬ。私は三井や三菱の如く『所謂人材』と云ふものを集むることには強て努めなかったのである。さりとて私は，固より人材不必要論者ではないことを断って置かねばならぬ。……私は元来自分で計画し，自分で実行することを主義として居る者だ。則ち自分から司令官となり，且つ参謀長になるのであるから，トンと幕僚の必要を感じたことがなかった。とはいへ何事を成すにも唯一人では仕事が出来るものではないのである。相当に部下を要するのは勿論であるが，其等の人は皆私の命ずることに絶対に服従して私の意志を確実に行ふものたるに限るのである。一言にて申せば，全く己を殺して私の手足となり，而して私の為に働くものでなければならぬ。頭脳が右のものを取らんとすれば，右の手は直ちに命に応じて働き，その間一刻の猶予もないのであ

る。……私は斯ういふ部下を要求したのである。私の云ふ事に対して何彼と反抗の傾きあるものでは私の事業は立ち行くものではない」(同上)。

　安田善次郎は自分の命令に忠実な丁稚上がりの番頭タイプの管理者を好み，彼らを自分の手足のように使用した。そして，そうした丁稚・番頭制度が十分に機能しなくなると，善次郎は1911年から安田銀行および第三国立銀行在籍の中等学校卒業生行員20名を選抜し，彼らを1年間教育して将来の中間管理職候補とする練習生制度を発足させた。以後，この練習生制度は忠実な子飼い行員の教育・選抜機関として，善次郎が横死した1921（大正12）年まで継続した。

　しかし，自分の銀行家としての専門能力と経営手腕に絶対的な自信を持つ善次郎は，大正期に入っても，高学歴者の採用については，「高い俸給を払って，英才を集めて仕事に従事させる必要は認ない」という姿勢を取り続けた（由井[1986]）。

　安田家の事業経営の金融事業への偏重と経営者的人材の不足を危惧した養嗣子の善三郎は，善次郎に鉱工業分野への進出を進言した。善次郎は善三郎の進言を受け入れ，一時，金融部門と産業部門を両翼とする安田財閥の形成を企図した。そして同時に，産業部門における経営者的人材を確保するために，安田家は1905年以降，善三郎の人脈を頼って高等教育機関出身者を採用し始めた。しかし，金融部門の経営は順調に拡大したが，産業部門のそれは不振で，赤字経営から脱却できなかった。その結果，明治末期には，善三郎と彼を支持する高学歴社員と，善次郎の実子および子飼いの古参社員の間に経営路線や人事政策をめぐって対立がしばしば生じた。

　そこで，安田善次郎はこのまま産業部門の経営を継続すれば，金融部門にも悪影響が及んで，安田家の財閥形成も困難になると考え，産業部門の整理と縮小を決断した。善三郎はこの決断に不満であった。しかし，善三郎には養父の決断を覆す力はなかった。その結果，善次郎の実子たちとの対立が激化したこともあって，善三郎は，1919（大正8）年に保善社の副総長を辞任し，翌年安田家を離れた。

　安田善次郎は，自分が中興の祖となって興した安田家の財産を銀行業を中核

とする金融事業分野に集中投下することで，安田財閥を 4 大財閥の一角に位置づけることに成功した。しかし，そのためには，いったん後継者と決めた善三郎の絶縁という犠牲を払わなければならなかったのである。

おわりに

　幕末・明治維新期の社会経済の激動の中に，ビジネスチャンスを見出し，新興の企業家として台頭した人びとは，従来の士農工商という階層的区分からはみだした，限界的な層の出身者が多かったといわれる。彼らは身分制社会の秩序や思想に拘束されることが少なく，自身の能力や向上心に基づいて，自由奔放に行動した。本章で考察した岩崎弥太郎と安田善次郎も限界的な層の出身者であった。弥太郎は地下浪人の，善次郎は半士半農の家に生まれた。両者は武家（士族）社会では叶わない立身出世を夢みて，商業・経済活動に従事した。両者にとって，立身出世は，つねに家の再興・創造・発展と結びついて意識されていた。そして，そうした「家」をエートスとする両者の企業家活動は，従事する事業を家業と見なし，その持続的な発展を志向する同族支配の事業経営体の構築，すなわち財閥の形成に向かって展開された。

　岩崎弥太郎も，安田善次郎もワンマンタイプの企業家であった。ただし，両者の企業家活動は次の 2 点で大きく異なっていた。第 1 に，弥太郎は三菱の創業当初から高等教育機関出身者の採用策を推進し，彼らを重用した。他方，善次郎は実践教育を重視し，自分の手足となって働く番頭タイプの子飼い従業員の育成に努めた。第 2 に，財閥同族の範囲と組織化に際して，弥太郎は岩崎同族の範囲を弥太郎家と弥之助家の 2 家に限定し，両家の当主が交互に財閥のリーダーに就任する体制を構想した（この構想は弥之助によって実施される）。これに対して，善次郎は安田家中興の祖と自分を位置づけ，実子，養子，親類縁者を含む12家から成る安田同族団を形成した。

　こうした創業者の企業家活動の相違が，三菱，安田両財閥の発展の方向性と特徴を決定づけた。

三菱の場合，弥太郎の時代に採用された高等教育機関出身者が専門経営者として順調に育っていた。そのため，弥太郎の死後，三菱の再建と経営の多角化を彼らが担当・推進することができ，三菱の総合財閥としての発展を可能にした。と同時に，財閥所有者組織がシンプルであったために所有者と専門経営者の意思疎通と協力が容易となり，環境変化に適合的な「組織の三菱」と呼ばれる経営風土を構築することができた。

　これに対して，安田の場合，善次郎の高等教育機関卒業者採用の軽視と同族の安田系企業のトップ・マネジメントへの大量進出の結果，専門経営者の育成・登用がもっとも遅れた財閥となった。そうした専門経営者的人材の不足と財閥所有者間の対立と利害調整の困難ゆえに，安田は総合財閥化を断念し，金融財閥としての途を選択しなければならなかった。

■参 考 文 献

○テーマについて

　J・ヒルシュマイヤー・由井常彦［1977］『日本の経営発展——近代化と企業経営——』東洋経済新報社。

　森川英正［1980］『財閥の経営史的研究』東洋経済新報社。

　安岡重明［1998］『財閥経営の歴史的研究』岩波書店。

○岩崎弥太郎について

　長沢康昭［1976］「岩崎弥太郎と三菱の発祥」宮本又次編『上方の研究』第4巻，清文堂。

　三島康雄編［1981］『三菱財閥』日本経済新聞社。

　岩崎弥太郎・岩崎弥之助伝記編纂会編・刊［1967］『岩崎弥太郎伝』上・下巻。

　小林政彬［2011］『岩崎彌太郎』吉川弘文館。

　三菱創業百年記念事業委員会編・刊［1970］『三菱の百年』。

○安田善次郎について

　浅野俊光［1978］「安田善次郎——異色の金融財閥形成者」安岡重明，長沢康昭，浅野俊光，三島康雄，宮本又郎『日本の企業家（1）』有斐閣。

　由井常彦編［1986］『安田財閥』日本経済新聞社。

　矢野文雄［1925］『安田善次郎伝』安田保善社。

　由井常彦［2010］『安田善次郎』ミネルヴァ書房。

　安田保善社とその関係事業史編修委員会編・刊［1974］『安田保善社とその関係事業史』。

第4章 財閥における専門経営者
―中上川彦次郎と小平浪平―

はじめに

　財閥は，第2次世界大戦以前の日本経済の中で大きなウェイトを占めていた。財閥は，多角経営体であった。財閥の多角経営は，財閥家族（同族）の資産を各産業分野に次つぎに投下することによって成立した。そして，多くの財閥は，そうした経営多角化活動の中で，工業化路線を積極的に追求した。後進国の日本が産業自立を達成するうえで，工業経営の育成・定着は必要不可欠であった。しかし，それは困難な課題であった。先進工業国からの輸入圧力と外国企業との厳しい競争の下で遂行されなければならなかったからである。財閥系企業は，そうした困難な産業自立課題に挑戦し，主要産業分野でリーダーとしての役割を果たした。多くの財閥系企業は，リスク・テイカーであったのである。

　ところで，財閥の多角経営構築の中で，工業化路線を志向し，リスク・テイカーとして意思決定を行った経営者は，多くの場合，財閥のオーナー経営者ではなく，財閥に雇用された専門経営者であった。専門経営者は，財閥家族の合意を得て，あるいは彼らを説得して，財閥の資産を利用して工業分野への進出を敢行したのである。財閥系企業は，財閥家族の封鎖的所有の下にあった。しかし，その内実は，専門経営者の進出とともに，経営者企業に移行していたのである。

　本章の目的は，最大財閥となる三井家の事業経営において工業化路線と専門経営者の登用を意図した中上川彦次郎（なかみがわ　ひこじろう）と，後発の久原

財閥において電気機械工業の国産化活動と日立製作所の経営者企業としての発展に取り組んだ小平浪平（おだいらなみへい）の専門経営者としての活動を比較・検討することにある。

中上川彦次郎
──三井の改革者──

中上川彦次郎　略年譜

1854（安政元）　0歳　豊前中津藩士中上川才蔵・婉の長男に生まれる。母は福沢諭吉の姉
1869（明治2）　15歳　福沢邸に寄寓して、慶應義塾に学ぶ
1874（明治7）　20歳　福沢諭吉の援助で英国留学に出発、ロンドン滞在中に井上馨と出会う
1877（明治10）　23歳　英国より帰国
1878（明治11）　24歳　工部卿井上馨の推薦で工部省に入り、その後外務省に転じる
1881（明治14）　27歳　「明治十四年の政変」に際し、外務省を辞す
1882（明治15）　28歳　福沢諭吉が創刊した『時事新報』の社主となる
1887（明治20）　33歳　山陽鉄道の社長に就任
1891（明治24）　37歳　山陽鉄道社長を辞任し、井上馨の推薦で、三井銀行理事に就任
1892（明治25）　38歳　三井銀行副長に就任、不良債権の整理に着手。三井物産・三井鉱山の取締役兼任、この年より「学卒」者を毎年三井銀行に採用
1894（明治27）　40歳　三井元方に工業部設置
1899（明治32）　45歳　病気のため静養を余儀なくされる
1901（明治34）　47歳　死去

（年齢＝満年齢）

1 政商三井のディレンマと中上川の登場

　三井家は，創業直後から，時の政治権力者と結びついて利権やビジネス情報を入手し，事業経営を発展させて来た。明治維新後，三井家の中核事業となる三井銀行もそうした政商活動の所産であった。幕末に三井家に雇用された三野村利左衛門は，維新後，大隈重信，井上馨ら政府高官に巧みに取り入って官金取扱い業務の拡大を意図し，1874（明治7）年に為換バンク三井組を設立，2年後それを母体にわが国最初の私立銀行である三井銀行をスタートさせた。

　政商は政治権力者と結託して特権を確保し，政策を自社に有利な方向に誘導できる反面，その見返りとして彼らから事業経営上不利な反対給付を要求される危険があった。また，庇護者の失脚や政策の転換によって，破綻する場合も少なくなかった。

　三井銀行も，政商であるがゆえのディレンマに直面した。1882年末の三井銀行の総預金額は1,221万円で，そのうち681万円は政府預金であった。また，貸付金は909万円あったが，そのうち350万円は取り立て不能であった。この不良債権の大半は，三井銀行の官金取扱い業務の反対給付として，官僚・政治家，その関係者が同行に貸し付けを要求し，その後，彼らが返済を怠ったために生じていた。

　三井銀行の経営は，三野村の死後（1877年），三野村利助，西邑虎四郎らが担当した。しかし，彼らは，政府関係者の貸付要求を拒否したり，債務の返済や追加担保を求める勇気がなく，不良債権の増加を放置し続けた。1882年に日本銀行が設立され，国庫金業務は同行に移管することになった。しかし，三井銀行の経営陣は，政策転換を図ることができず，従来の政商路線を継続せざるを得なかった。

　その結果，不良債権の整理も進まず，三井銀行の業容は悪化していった。そして，1890年に発生した日本資本主義最初の恐慌の中で，三井銀行は破綻の危機にさらされた。三井銀行の破綻によって日本経済が混乱することを憂慮した

山県有朋首相は、三井家の顧問であった井上馨に三井銀行の再建を要請した。井上は、三井銀行を再建するためには外部からの人材登用が必要であると判断し、1891年1月、慶應義塾出身で、「経済評論家」として活躍していた高橋義雄を入行させ、同行の経理内容の調査と不良債権整理策の作成を命じた。しかし、高橋の整理策を西邑らの経営陣は拒否した。その直後、京都分店で取付け騒ぎが発生した。そこで、井上はより強力な三井銀行の改革担当者として、山陽鉄道社長の中上川彦次郎に白羽の矢を立てたのである。

中上川は、1854（安政元）年、中津藩士の家に生まれた。母親は福沢諭吉の姉であった。中上川は慶應義塾卒業後、中津や宇和島などで洋学校の英語教師を勤めた。そして、1874年、叔父福沢の資金援助を受けて渡欧し、主としてロンドンで西洋知識を吸収した。この間、中上川は、政府から財政経済調査のためアメリカ、イギリスに派遣された井上馨とロンドンで出会っている。1877年に帰国した中上川は、福沢の刊行する『民間雑誌』の編集を担当したのち、工部卿に就任した井上に請われて工部省に出仕した。そして、井上が外務卿に転じると、外務省書記官、次いで公信局長に就任した。

「明治十四年の政変」で大隈重信参議が罷免されると、中上川は、多くの慶應義塾出身者と共に退官した。退官後、中上川は、福沢と『時事新報』を創刊して社主となり、さらに山陽鉄道会社創立委員総代に選出され、1887年から同社社長に就任していた。

以上のような華麗な経歴を持つ中上川の才能と手腕を高く評価していた井上は、中上川を三井銀行改革推進の最適任者と見なしたのである。中上川は、井上から打診を受けると、すぐに福沢に相談している。福沢は、中上川に三井銀行入りすることを強く勧めた。以下は、福沢からの中上川宛の書簡である（1891年6月24日付、カッコ内は引用者）。

「……この大伽藍（三井のこと）の掃除に高橋にて何の役に立つべきや、唯一個の書記たるに過ぎず。……差詰め足下（あなた）にこそ可有之、唯一つの気遣いは渋沢益田の輩がいやに思ひはせぬかと少々関心なれども、是れは井上の方寸を以て如何様にも取扱出来可申、其外は唯内部の故老若輩のみ、

之を怒らせぬやうにして御すること甚だ易し。極意は誠実深切に在るのみ。又業務におゐては方今三井の信用を以てすれば，天下の金を左右するに足るべし。唯これまでは世話をする人達に深切の心薄きと，又一方には政府の筋に対して無暗に恐れを抱き，随て種々様々のものを引受ること、為り，漸く不活潑の症に陥りたること、被察候。……兎に角いよいよ引受と決答して進退を御定め被成度，山陽杯顧るに足らざる義と存候」（日本経営史研究所編 [1969]）。

2　中上川の三井改革

　中上川彦次郎は，熟考の末，三井銀行入りを決意する。叔父であり師である福沢諭吉の「商工立国論」に共鳴していた中上川は，三井銀行を再建して同行の実権を握るとともに，三井家の資産と信用力を利用して工業の育成・発展に努め，「立国」，すなわち日本の産業自立に貢献しようと考えたからである。

　1891（明治24）年8月，三井銀行理事となった中上川は，井上馨に交渉して西邑虎四郎，中井三平ら旧弊の経営者を監事に退かせ，ひとり副長（のちに常務・専務理事）に就任すると，「中上川の改革」と呼ばれた以下の改革を強力に推し進めた。

（1）　不良債権の整理

　中上川は，三井銀行の不良債権の原因が同行の官金取扱い業務にあることを見抜いていた。そこで，1892年3月，官金業務辞退の方針を打ち出し，在職中に官金取り扱いのため全国に設置していた店舗のうち23店を廃止した。こうして，政府関係者との情実の源泉を断ち切ると，自ら先頭に立って不良債権の整理を断行し，94年までにそれを完了させた。

　中上川の不良債権の取り立ては徹底していた。たとえば，最大の不良債権であった東本願寺に対する100万円の整理にあたって，中上川は枳殻殿を抵当登記し，1ヵ年以内に債務を履行しないときは，それを差し押さえることを伝え

た。東本願寺は中上川を法敵視して非難の声をあげるとともに，管下の寺院に檄を飛ばして募金を集め，ようやく債務を返済したといわれる。また，政府高官に対しても厳しい処置をとった。桂太郎邸を差し押さえ，松方正義とその実兄が抵当として差し入れていた旧薩摩屋敷の処分を井上馨の反対を無視して断行した。

（２） 工業化政策の推進

　中上川は，三井銀行の経営再建と並行して，同行の資金を利用して三井の工業化政策を推進した。中上川は，日本の「立国」に不可欠な工業の育成こそが，三井家のような富豪が行うべき本来の仕事であり，責務である，と考えていたのである。中上川の工業化政策の要点は，次のようであった。

① 鐘淵紡績

　鐘淵紡績は，1886年に三越呉服店などの東京の綿製品業者の共同出資で設立された（創立時の社名は東京綿商社）。同社は操業直後，1890年恐慌に逢着し，三井銀行に融資を求めた。しかし，恐慌後も同社の経営は振るわなかった。そこで，中上川は三井銀行の手で鐘淵紡績の再建を意図し，92年に副社長に就任するとともに，妹の夫である朝吹英二を取締役に送り込んだ。そして，翌93年には中上川が会長，朝吹が専務に就任した。中上川・朝吹体制の下で鐘淵紡績の業績は好転し，同社は三井銀行の資金で第2次鐘淵工場，兵庫工場を完成させた。この間，三井銀行の鐘淵紡績に対する持株比率は増加し，98年には48％に達した。

② 芝浦製作所

　1875年，田中久重は東京の新橋に田中製造所を設立し，電気機器の製造を開始した。田中製造所は，その後，養嗣子二代目久重の時代に工場を芝に移転したが，業績は振るわず，三井銀行に対する債務が累積し，1893年までにその額は23万5,000円に達した。同社の累積債務は三井銀行の整理の対象となり，1893年11月に三井銀行は担保流れの形で田中製造所の経営を継承し，社名を芝浦製作所と改称した。

③　王　子　製　紙

　王子製紙は，1873年，洋紙輸入を阻止する目的で，三井，小野ら政商の共同出資によって設立された。創立時の社名は抄紙会社で，1876年に製紙会社，93年に王子製紙と改称された。三井家は創業以来の大口出資者であったが，王子製紙の経営は渋沢栄一会長と渋沢夫人の甥の大川平三郎専務によって担われていた。

　中上川は，1893年に王子製紙が株式会社に改組されると，同社の「乗っ取り」を企図し，藤山雷太を取締役として送り込んだ。そして，96年に王子製紙が資本金を50万円から110万円に増資した際，三井関係者の持株を増加させて株式の60％を支配し，藤山を専務に昇格させた。藤山は，1898年に渋沢，大川を辞任に追い込み，同社のトップ・マネジメントを掌握した。

④　絹糸紡績所と製糸場

　中上川は，1891年から84年にかけて，三井呉服店から新町絹糸紡績所を引き継ぐとともに，第三十三国立銀行の差し入れ担保を処分する形で前橋紡績所，大嶹製糸所を入手し，さらに官営富岡製糸所の払い下げを受け，三重製糸所と名古屋製糸所を新設した。

⑤　鉱山業への進出

　中上川は，鉱山業へも進出を図った。まず1892年，三井物産に属していた三池炭礦を同社から引き継いで，三井組直属の神岡鉱山と合体させ，三井鉱山合資会社を設立した。そして，三井鉱山理事の団琢磨の意見を入れて，三池炭礦の採炭用排水施設（勝立坑）の建設に三井銀行の資金を投入し，1893年に完成させた。また，1896年に山野炭礦，1900年に田川炭礦を買収し，1899年には北海道炭礦汽船の株式を買い占め，同株式の18％を握った。

⑥　工業部の設置

　中上川は，1894年に三井元方の下に工業部を設置し，芝浦製作所と上記の2つの絹糸紡績所，4つの製糸場の統轄管理機関とした。

⑦　人　材　の　登　用

　中上川は，三井銀行の再建と工業化政策を成功させるためには，広い学識と

ビジネス・スピリットを合わせ持つ人材の登用が必要不可欠であると考えていた。そうした人材を古い仕来たりと経験主義的な訓練の中で育ってきた三井家内部の番頭出身者に求めることはできなかった。そこで，中上川は，そうした人材を高等教育機関，とくに自分の後輩である慶應義塾の出身者に求め，彼らを高給で迎え入れ，責任ある職務に就任させた。「中上川の改革」時代に三井銀行に入行した主要な人物は，表-1のようである。

表-1　中上川彦次郎の時代に三井銀行に入行した主な人物

	出身学校	三井銀行入行前の履歴	銀行入行年	のちに主に活躍した企業
津田興二	慶應義塾	教員・新聞記者	1892年	富岡製糸所（所長）
村上定	慶應義塾	新聞記者・山陽鉄道	1892年	共同火災保険（専務）
藤山雷太	慶應義塾	県会議員	1892年	大日本製糖（社長）
小林一三	慶應義塾	新卒入行	1892年	阪急電鉄（社長），東宝（社長），商工相
野口寅次郎	慶應義塾	新聞記者	1892年	大嶹製糸所（所長）
和田豊治	慶應義塾	日本郵船	1893年	富士瓦斯紡績（社長）
武藤山治	慶應義塾	広告取次・新聞記者	1893年	鐘淵紡績（社長）
波多野承五郎	慶應義塾	外交官・新聞記者	1894年	三井銀行（理事），東神倉庫（取締役）
鈴木梅四郎	慶應義塾	新聞記者	1894年	王子製紙（専務）
柳荘太郎	慶應義塾	新聞記者	1894年	新町絹糸紡績所（所長）
小出収	慶應義塾	新聞記者・山陽鉄道	1894年	名古屋製糸所（所長）
矢田績	慶應義塾	新聞記者・山陽鉄道	1895年	三井銀行（監査役）
池田成彬	ハーバード大学	新聞記者	1895年	三井銀行（常務），三井合名（常務），日銀総裁，蔵相
藤原銀次郎	慶應義塾	新聞記者	1895年	三井物産（部長）王子製紙（社長）商工相
平賀敏	慶應義塾	教員・役人	1896年	藤本ビルブローカー（社長），阪急電鉄（社長）
日比翁助	慶應義塾	商店支配人	1896年	三越（専務）
林健	帝国大学	新聞記者	1896年	三井銀行（取締役），東神倉庫（取締役）

（注）池田成彬は1888年に慶應義塾別科を卒業し，同理財科に入学したが，中途退学し，ハーバード大学に留学した。

3 改革の挫折とその原因

　三井家における「中上川の改革」時代は長くは続かなかった。1897（明治30）年ころから，三井家同族，井上馨，三井物産・銀行の旧弊の経営者たちが反中上川派を結成し，中上川自身と彼の政策を批判し始めたからである。中上川は健康を害したこともあって，三井家の中で「四面楚歌」の状況に陥り，1901年10月，48歳の若さで失意のうちに死去した。

　中上川が三井家内部で孤立し，彼の政策が攻撃にさらされた理由として，以下の諸点が指摘される。

（1） 工業部の不振と工業中心主義への批判

　中上川は，三井家の経営方針を政商路線から工業化路線に転換した。しかし，工業経営の拠点となった工業部は，設立直後，日清戦争後の不況に遭遇し，不振を続けた。そのため，工業部は，1898年10月，廃止に追い込まれ，傘下の絹糸紡績所・製糸場は三井呉服店，芝浦製作所は三井鉱山の管理下に移された。このほか，鐘淵紡績も経営成績が向上せず，王子製紙も強引な「乗っ取り」策の後遺症からストライキが頻発し，不安定な経営を続けた。

　工業部門の経営不振は，中上川の工業中心主義に批判的な人たちにとって，中上川攻撃の格好の材料となった。反中上川の急先鋒は，三井物産を率いる益田孝と中上川によって退けられた三井銀行の守旧派経営者たちであった。

　中上川は，在職中，三井銀行の資金を三井の工業部門拡充のためにおしげもなく注ぎ込んだ。たとえば，1899年6月の三井銀行本店当座貸越の87％は，三井系会社，とくに工業会社に向けられていた。また，三井銀行の有価証券投資は，三井系工業会社の株式取得を目的としていた。

　こうした工業部門重視の融資・投資政策は，それ以外の三井家の事業分野への融資や投資を大きく制限させた。三井銀行は，三井物産取引品目のうち年間取扱高10万円以下のものを切り捨てることを主張し，物産への融資を引き締め

る処置をとった。また，三井物産の主要取引先である炭鉱業者，綿花商への融資額を制限し，彼らに対する貸付金の引き揚げをしばしば実施した。三井銀行のこうした方針に不満をつのらせた益田孝は，工業部門の不振が明らかになると，中上川の強引な改革を「やり過ぎ」と見ていた井上馨や三井銀行の番頭出身の経営者たちと連携を図って反中上川派を結成し，彼の政策を攻撃し始めた。先に紹介した書簡の中で，福沢諭吉が危惧したことが現実となったのである。

（2） 三井同族の警戒と井上馨の反発

　三井家事業の所有者である三井11家の同族は，当然のことながら，家産の保全と家業の安定的成長を強く望んでいた。当時，三井同族のもっとも重要な家業は三井銀行であり，彼らは中上川の同行再建策を支持した。しかし，その反面，三井銀行の資金を利用して，日本の産業自立に貢献することを目指す，中上川の工業化政策について，同族は家産を危うくするリスキーな政策であると見ていた。それゆえ，工業会社の経営が悪化するにつれて，同族の中上川に対する信頼は揺らぎ始め，彼らは益田孝が主張する三井銀行・物産を中核とする「三井の商業化路線」を支持するようになっていった。それに加えて，三井家の家憲制定（1900年7月発効）に際して，中上川が同族の事業経営への関与を制限すべきであると主張したことも，彼らが中上川に対して警戒心を強める要因となった。

　本来，中上川の支持者となるべき井上馨の反発を買ったことも，中上川の立場を苦しくした。中上川は三井銀行の不良債権回収にあたって，債権者と井上との人的関係をいっさい考慮せず，整理を断行した。また，井上と利害関係が深い毛利公爵家や九州筑豊の貝島家の懇請する融資についても，それを平然と拒否した。井上は，中上川の三井家改革の進め方に注意し，強引な経営手法を批判した。しかし，中上川はそれを無視し，自分の信念に従って三井家の改革を進めた。その点，益田は井上の機嫌を損なうような言動はいっさいしなかった。井上と中上川の関係は次第に疎遠となり，井上は益田の支援者となってい

（3） 三田閥形成に対する批判

中上川は，実力主義を基調とする適材適所の人事政策を推進した。しかし，結果として，中上川が登用した者の多くは，彼の後輩である慶応義塾の出身者であった。中上川の人事政策は三井家生え抜きの番頭たちから，三田閥の形成であると敵視され，彼らを反中上川陣営に走らせる要因となった。

4　中上川改革の意義

中上川の死後，1902（明治35）年4月，益田孝が三井家同族会事務局管理部専務理事に就任し，事業経営の実権を握った。益田は中上川の工業化政策を否定し，「商業の三井」を目指した。そうした政策転換の下で，三井銀行の商業銀行化が図られ，中上川が育成しようとした絹糸紡績所・製糸場は売却された。また，芝浦製作所は1904年にアメリカのゼネラル・エレクトリックス社と資本・技術提携し，独立の株式会社となった。鐘淵紡績，北海道炭礦汽船，王子製紙各社の株式についても売却が決定された。

このように，益田によって中上川の工業化路線は否定されたのである。しかし，中上川が推進した三井家の諸改革は同家の歴史にとどまらず，その後の日本経営史に大きな足跡を残した。

その第1は，三井家が財閥に発展する基盤を築いたことである。三井家が財閥化するためには，早晩，リスキーな政商路線から離脱しなければならなかった。中上川はそれを不退転の決意で断行し，三井家が財閥としての途を進む地平を切り開いたのである。

第2に，中上川は，財閥の事業展開の方向と財閥に雇用された専門経営者の果たすべき役割を明確に示した。財閥の事業展開の方向は，その巨大な経済力を活用して，日本の産業発展に貢献する途を進むことであり，専門経営者の役割は財閥経営において「所有と経営」の分離を実現して，財閥系企業を経営者

企業化し，各産業分野のリーダーに発展させることであった。

　この2つの課題の実現を目指した中上川の「三井改革」は，あまりにも結果を急いだために，中途で挫折を余儀なくされた。しかし，中上川の示した方向は正しかった。その後の財閥経営史が示すように，財閥関係者，とくに専門経営者は中上川の挫折に学び，あるいはそれを教訓として財閥系企業の経営者企業化を慎重に進め，それら企業を各産業のリーダーにすることで，日本の経営発展に大きく貢献した。その意味で，中上川の挫折は，財閥経営者，とくに専門経営者にとって「反面教師」の役割を果たしたといえる。

　第3に，中上川が「三井改革」の担い手として高学歴者を大量に採用し，彼らを専門経営者として登用したことである。中上川のこの人事政策は，三菱の岩崎弥太郎による専門経営者登用策と並んで，高等教育機関出身者のビジネス界流入の大きな契機になり，以後，財閥系，非財閥系大企業とも有為な学卒社員の採用に努めた。中上川の人事政策は，その意味で，日本のビジネス社会における専門経営者進出の端緒を開くものであったといえる。

　事実，中上川が採用した高学歴者の中から，三井の内外を問わず，後年の日本経営史上光彩を放つ指導的経営者が多数輩出した。このことは，中上川の人材を見抜く目が確かであったことの左証でもある。

小平 浪平
―― 日立製作所の創業者 ――

小平浪平　略年譜
1874（明治 7 ）　 0歳　栃木県下都賀郡家中村に小平惣八・チヨの次男として生まれる
1896（明治29）　22歳　第一高等学校卒業
1900（明治33）　26歳　東京帝国大学電気工学科を卒業し，藤田組小坂鉱山に電気主任技師として入社
1906（明治39）　32歳　東京電燈を退社し，久原鉱業所日立鉱山に工作課長として入社
1911（明治44）　37歳　日立製作所主事となる
1915（大正 4 ）　41歳　日立製作所所長となる
1920（大正 9 ）　46歳　株式会社日立製作所設立，専務取締役に就任
1929（昭和 4 ）　55歳　日立製作所社長に就任
1933（昭和 8 ）　59歳　電気学会会長に就任
1934（昭和 9 ）　60歳　日立製作所株式上場
1936（昭和11）　62歳　大阪鉄工所（現日立造船）会長に就任
1939（昭和14）　65歳　日立航空，日立兵器，日立工作機の会長に就任
1941（昭和16）　67歳　重要産業協議会理事となる
1943（昭和18）　69歳　日本工業倶楽部理事，評議員に就任
1947（昭和22）　73歳　日立製作所社長辞任，公職追放の指定を受ける
1951（昭和26）　77歳　死去

（年齢＝満年齢）

1 日立製作所の発展

日立製作所の歴史は，1908（明治41）年，電気機器の国産化を意図した久原鉱業所日立鉱山工作課長の小平浪平が，同課に電気機器修理工場を付設したことに始まる。同修理工場は1910年に製作工場に発展し，名称を日立製作所とした。1912年1月，日立製作所は日立鉱山工作課から分離独立し，同年9月，久原鉱業所が久原鉱業株式会社に改組されると，同社の一事業所となった。

「国産技術開発主義」を旗印として出発した日立製作所は，創業以来種々の技術上の困難に遭遇するが，それらを順次解決し，第1次世界大戦の勃発による外国電気機器製品の輸入途絶と受注増加の中で経営基盤を確立した。そして，日立製作所は，1918（大正7）年に久原鉱業の機械製作工場である佃島製作所を吸収して亀戸工場とし，電機・機械製作一体化の多角経営を開始し，さらに20年2月，久原鉱業から分離独立して資本金1,000万円の株式会社となった。

日立製作所は，1921年に久原家傘下の日本汽船が経営する笠戸造船所を買収し，それを機関車製造工場に転換させた。こうして，日立，亀戸，笠戸の3工場体制を確立した日立製作所は，第1次世界大戦後の不況進行下で久原系各社が不振を極める中で，ひとり順調な発展を遂げ，1920年代末までに外資提携会社である芝浦製作所，三菱電機，富士電機製造と並んで重電4大メーカーの一角を占めた。

1928（昭和3）年12月，破産の危機に直面した久原財閥が，久原房之助の義兄鮎川義介の手によって公開持株会社日本産業を中核とする日産コンツェルンに再編成されると，日立製作所も同コンツェルンの傘下に移行した。

この間，日立製作所は，1918年に佃島製作所を吸収したのを機に本社を東京に移転し，そこに営業業務を集中した。そして，1920年に久原鉱業から分離独立すると，職制を改正して本社に業務，庶務，販売の3課を置き，それを29年から順次部に昇格し，31年には内部昇進者からなる常務以上の役員をメンバー

とする要務役員会（現在の常務会）を発足させた。

2 オーナーとの対立と妥協

　日立製作所の発展過程は決して平坦ではなかった。同社は小平浪平によって創業され，彼のリーダーシップの下で発展した。しかし，小平は専門経営者であった。小平は，日立製作所の発展過程で，オーナーである久原房之助との間で対立や妥協を繰り返し，あるいは久原を説得して，同社のオートノミーを守り抜かなければならなかった。

　以下では，日立製作所の発展のエポックを画した意思決定過程をケースとして取り上げ，そこで小平と久原の間に生起した対立と妥協のプロセスを考察することにする。

(1) 創業問題

　小平は，1900（明治33）年，東京帝国大学工科大学電気工学科を卒業すると，ただちに藤田組に入社し，久原房之助が所長を務めていた小坂鉱山に勤務した。当時，小坂鉱山は不振を極めており，それを自溶製錬法の実施と鉱山電化によって乗り切ることを企図していた。小平は製錬課長の竹内維彦と共に，それらの業務に従事した。その結果，1902年に自溶製錬法が完成し，鉱山電化も進み，小坂鉱山は危機を脱出した。しかし，小坂鉱山の経営回復後，藤田組の同族間に対立が生じ，1904年1月，久原は所長を辞任した。そして同時に，小平も藤田組を退社する。

　その後，小平は，広島水力電気を経て東京電燈の送電課長となるが，1906年10月，前年藤田組取締を退任して久原鉱業所日立鉱山を開業した，久原房之助の誘いを受けて同所に入社し，工作課長に就任した。小平が東京電燈の送電課長の椅子を捨てて，あえて無名の日立鉱山に勤務したのは，工科大学時代から抱いていた電気機器国産化の夢を久原家の資金援助を得て実現するためであった。

日立鉱山の電化事業の責任者となった小平は，発電所を次つぎに完成させて久原の期待に応える一方，彼に進言して東京帝大出身の工学士を中心に多数の技術者を採用し，工作課に勤務させた。そして，小平は，これらの若い技術者に自主技術開発による電気機器国産化の抱負を語り，彼らの賛同を得ると，1910年，工作課の修理工場を電気機器製作工場に転換する計画を立て，久原に承認を求めた。しかし，久原は，電気機器の内製化には反対であり，日立鉱山の鉱山技師たちも小平の計画に冷淡であった。

　そうした中で，小平の小坂鉱山時代の同僚で，当時，日立鉱山所長に就任していた竹内維彦は，小平の計画を支持した。そこで，小平は，尋常な手段では久原の承認を得ることは難しいと判断し，竹内の暗黙の了解の下に，電気機器製作工場建設資金を含めた，9万円の修理工場増設の予算書を提出して久原の承認を取り付けると，1910年11月，強引に製作工場を建設してしまった。

　製作工場完成後，予算上の「トリック」を知った久原は立腹し，小平を叱責した。しかし，小平が不退転の決意で久原を説得し，竹内が小平の計画を全面的に支持したこともあって，久原は小平の電気機器製作事業計画，すなわち，日立製作所の創業を承認したのである。

(2) 独 立 問 題

　日立製作所は，1912（明治45）年，日立鉱山から分離し，独自の職制を定めた。しかし，分離後も，久原房之助と社内の製作事業に対する消極的態度は変わらず，日立製作所は日立鉱山などの鉱山事業所に比べて予算面で不利な取り扱いを受けた。そこで，小平は日立製作所の自主経営を実現するためには，久原鉱業からの分離独立が必要であると考えた。そして，第1次世界大戦による好景気の中で日立製作所の経営基盤が整うと，久原に同所の久原鉱業からの分離独立を要求した。しかし，久原は，日立製作所の独立経営は時期尚早であるとして，小平の申し出を退けた。

　そこで，小平は方向を転じ，日立製作所の経営に理解を示す久原鉱業専務取締役の竹内維彦に独立問題を相談し，支援を取り付けた。そして，両者で独立

の時期と方法を協議したのち，小平は久原に対する交渉役を竹内に一任した。竹内の強い働きかけにより，1919（大正8）年1月，久原は日立製作所の独立を認めた。ただし，その条件として，久原は，当時，日本の重電メーカーとの合弁事業を計画していたドイツのジーメンス社との提携を指示した。しかし，自主技術の開発を目指す小平は，久原の指示を拒否した。そして，1919年9月，小平と竹内は再度協議のうえ，①独立後の日立製作所の資本金を1,000万円（半額払込み）とする，②払込み資本金をもって久原鉱業の日立製作所財産を買い受ける，という同所独立案を久原に提案し，この案を久原財閥の経営者会議で審議，決定することを申し入れた。

経営者会議は，1920年1月に開かれた。その席上，出席者から日立製作所の独立は時期尚早で，資金・技術の両面で不安が残る，独立するならば外国企業と提携すべきである，などの意見が相次いだ。しかし，竹内が同所独立を強く主張したため，最終決定はオーナーの久原に一任された。その結果，久原は，後述する久原鉱業の業績悪化が日立製作所経営の足かせになることを懸念し，独立を承認した。

（3） 久原の資金融通要求

第1次世界大戦後，日立製作所の親会社である久原鉱業は，産銅不況のあおりを受けて業績を悪化させ，1920（大正9）年上期以降連続5期，さらに23年下期以降連続3期無配を続けた。そのため，久原鉱業は未払込み資本金の徴収や増資を行うことができず，しかも久原房之助が，1920年3月恐慌の中で破綻した久原商事の巨額の負債を個人で肩代わりしたことも影響して，深刻な金融難に陥った。

一方，久原関係各社が第1次世界大戦後不振を続ける中で，ひとり日立製作所の経営は好調であった。1923年9月の関東大震災によって京浜地区の同業他社の工場が崩壊し，日立製作所に注文が殺到すると，小平は日立工場の増・新設を計画した。その所要資金は350万円であった。しかし，日立製作所は，親会社の経営不振のため，その資金を未払込み資本金の徴収によって調達するこ

とはできなかった。また，独立から3年しかたっていない同社の内部留保金では，まかないきれなかった。

そこで，小平は自ら金融機関を廻り，融資を申し入れた。独立後日が浅く，しかも業績が悪化している久原鉱業を親会社とする日立製作所に対する評価は厳しく，融資交渉は難航した。しかし，小平の懸命な努力によって，日立製作所は，1924年1月，第一銀行から100万円，日本興業銀行から200万円を借り入れることに成功する。

しかし，この借入金の利用をめぐって，小平と久原の間に対立が生じた。その発端は，久原が日立製作所が借り入れる資金の一部を久原鉱業の運転資金として一時借用したいと，小平に申し出たことにあった。小平は，久原の言葉を信じ，日本興業銀行からの第1回借入金90万円の大半を久原鉱業に回した。久原はその後も同様の要求を繰り返し，1924年2月には，高利業者からの借入金返済のために，50万円の手形を日立製作所で振り出すよう要請した。しかし，小平は久原の要求を認めれば，日立工場の拡張が不可能となるばかりか，日立製作所自体の経営が立ちゆかないと判断し，久原の要求を断った。そのため，両者の関係は悪化し，小平は久原に辞職願いを提出した。しかし，久原は受理しなかった。

久原鉱業の金融難は続き，久原はそれを打開するため，1925年9月，同社株式の株価吊り上げ工作を実施した。しかし，この工作は失敗し，1926年12月，久原鉱業は，株価吊り上げ資金の返済と公表している7％の株式配当金の調達ができないという事態に立ち至った。久原は，この危機を乗り切るために，再度日立製作所を資金調達の手段として利用することを考え，小平に同社の全工場を担保に入れて金融機関から資金を借り入れるよう要請した。しかし，小平は，全工場を金融機関に担保として差し入れることは自殺行為に等しいとして，久原の要求を拒否した。

その後も，小平に対する久原と竹内維彦の資金融通要求は続いた。その結果，小平は，久原鉱業が破産すれば日立製作所にも甚大な影響が及ぶことを考慮し，日立製作所の積立金のうちから200万円を限度として，久原鉱業に融資

することを久原に伝えた。そして，1927（昭和2）年2月，久原に代わって鮎川義介が久原鉱業の累積債務を整理する際，小平は，日立製作所の積立金を取り崩した164万円と個人資産14.3万円を提供し，久原との約束を果たした。

3 日立製作所の経営者企業としての発展

　久原房之助は，オーナーとしての立場から日立製作所のトップ・レベルの意思決定過程に深く関与し，同社を自己の所有物であると見なす行動をしばしばとった。しかし，久原は，小平浪平を中心とする専門経営者チームの意向を無視し，あるいは彼らの反対を押し切って自分の主張を貫くことはできなかった。日立製作所における意思決定の主導権はつねに専門経営者チームを率いる小平の手中にあった。その意味で，日立製作所は，経営者企業化への途を着実に歩んでいたということができる。

　日立製作所が，経営者企業として発展できた要因として，以下の諸点が指摘できる。

　第1点は，小平が技術者を中心とした専門経営者チームを早期に経営内に形成したことである。小平は高学歴の技術者の採用に力を入れ，日立製作所が株式会社として独立した1920（大正9）年にはすでに19名の工学士を勤務させていた。彼らの多くは，大学時代に小坂あるいは日立鉱山に実習に来て，小平の人格と識見に傾倒し，入社した者たちであった。小平は，これらの若い技術者に日立製作所の創業理念である自主技術開発による電気機器国産化思想を植えつけると同時に，彼らをミドル・マネジメントとして訓練し，順次トップ・マネジメントに引き上げる，人事政策をとった。その結果，日立製作所の経営内に濃厚な共同意識・理念を持つ，同質的な専門経営者チームが早期に形成されていった。

　そうした専門経営者チームの存在は，小平が久原を説得し，彼から日立製作所の自律的経営活動の承認を取り付けるうえで，大きな力となった。オーナーといえども，専門経営者チームの全面的支持を得ている要求を無下に拒否する

わけにはいかなかった。もし小平の要求をあくまで拒否し，その結果，小平が辞任すれば，多くの技術者，とくに彼の後輩である東京帝大出身の工学士は小平と行動を共にすることが十分予想されたからである。

第2の要因は，小平と久原の間に友情・信頼関係が成立しており，さらに小平の行動と日立製作所の経営活動を上司の竹内維彦が全面的にバック・アップしたことである。小平は日立鉱山に勤務する以前，久原とは小坂鉱山において，上司と部下という関係にあった。しかも，両者と竹内は，寝食を忘れて小坂鉱山の再建に取り組んだ経験を有していた。その結果，3者の間には，年齢が近いこともあって，同志的な友情・信頼関係が育まれてゆき，久原は日立鉱山を開業すると，ただちに信頼できる協力者として，両者を招聘したのである。

久原と小平が，単なるオーナーと専門経営者という関係を超えた，そうした友情・信頼関係で結ばれていたからこそ，小平は日立製作所の創業の際，あえて「トリック」まで用いて製作工場を建設するという行動に出ることができた。小平とすれば，久原との友情・信頼関係はそのような手段を用いた位では決して崩れるものではないという計算と，若い技術者が自分の計画を支持している以上，久原は必ず自分の行動を認めてくれるはずであるという判断があったのである。

事実，小平の計算と判断は正しく，久原は一時立腹したが，結局，日立製作所の創業を認めた。そして，その後も，上述のように，日立製作所の独立問題，同社に対する資金融通要求問題をめぐって，久原と小平は対立するが，いずれもそれらは，久原が小平の主張を認める方向で解決され，両者の友情・信頼関係は崩れることはなかったのである。

竹内と小平は1874（明治7）年生まれで，96年に一緒に東京帝大工科大学に入学した。卒業年次は竹内が1年早かったが，両者は藤田組に入社して小坂鉱山に勤務し，さらに久原鉱業所日立鉱山に転じた。久原鉱業所入社後，両者は上司と部下の関係になった。採鉱冶金学科出身の竹内は，久原家の鉱山経営の本流を進み，1907年に日立鉱山所長，12年に久原本店支配人となり，さらに18

年には久原鉱業専務取締役に就任したからである。しかし、大学・小坂鉱山時代を通じて竹内・小平の間に育まれた友情関係は変わらず、両者は「爾汝の間柄」であり続けた。

　小平の技術者能力と経営手腕を高く評価していた竹内は、小平から久原家の事業として電気機械製作事業を経営したいとの相談を受けると、ただちに賛成し、久原房之助を説得する役割を買って出たのである。そして、日立製作所の発足後、同所の製作品に対して日立鉱山から苦情が出るたび、竹内は小平をかばい続けた。

　竹内は、日立製作所が久原鉱業の一事業所にとどまる限り、その発展には限界があり、小平の役員昇進機会も遠のくと考えた。そこで、小平の日立製作所独立計画に反対する久原や役員を説得して、日立製作所の独立を実現させたのである。

　第3の要因は、日立製作所の経営成績が良好であったことである。小平は、久原や周囲の反対を押し切って日立製作所をスタートさせただけに、同所の経営には十分な注意を払い、業績の安定的向上に努めた。久原鉱業からの分離独立以後も、日立製作所の経営成績は良好で、第1次世界大戦後の反動恐慌期、昭和初年の恐慌期を通じて一度も無配に転落することはなかった。それゆえ、当時、深刻な金融難に直面した親会社の久原鉱業にとって、日立製作所は「ドル箱」的存在となり、久原は同社を資金調達の手段としてしばしば利用した。

　日立製作所の業績の安定的向上と久原鉱業に対する資金的貢献は、オーナーである久原に小平の経営手腕と同社の実力を認知させる要因となり、久原は佃島製作所と日本汽船笠戸造船所の経営を日立製作所に委託した。他方、両所を吸収合併することで、日立製作所は業容の拡大とミドルならびにトップ・マネジメントのポストの増加を可能にした。そして、小平は学卒社員をミドル・マネジメントにつけ、彼らを順次トップ・マネジメントに登用することで、日立製作所の経営者企業としての内実を強化することができた。

　第4の要因は、親会社の資金的基盤が脆弱であったことである。日立製作所の資本金は、株式会社となった1920年2月から株式公開後の33年11月まで、

表-2　日立製作所の経営成績　（単位：1,000円，％）

	利益金	資本利益金	配当率	配当性向	利益留保率
1920年上期	357	7.1	10	58.3	47.1
下	353	7.1	10	48.1	51.9
21年上	366	7.3	8	68.2	31.8
下	583	10.8	8	68.6	31.4
22年上	600	12.0	8	64.2	32.6
下	604	12.1	8	62.8	34.1
23年上	590	11.8	8	62.8	34.1
下	616	12.3	8	60.3	36.7
24年上	707	14.1	8	51.3	46.2
下	718	14.4	8	44.1	53.7
25年上	725	14.5	8	38.3	59.8
下	645	12.9	8	36.4	61.7
26年上	645	12.9	8	34.7	63.6
下	594	11.9	8	34.5	63.7
27年上	591	11.8	8	34.5	63.8
下	718	14.4	8	31.1	66.0
28年上	730	14.6	8	30.6	67.1
下	760	15.2	9	27.6	67.2
29年上（第1）	836	16.7	9	30.6	63.9
上（第2）	733	14.6	9	29.0	65.6
下	759	15.2	8	31.1	63.5
30年上	498	9.9	6	30.2	65.3
下	334	6.7	4	27.1	68.4
31年上	278	5.5	3	24.4	71.2
下	275	5.5	3	25.9	69.5
32年上	319	6.4	3	29.0	65.0
下	911	18.2	8	38.6	52.7
33年上	1,463	29.2	10	31.1	60.2
下	1,518	20.2	10	27.8	65.5
34年上	2,040	20.4	12	36.3	57.5
下	2,680	26.8	12	33.4	60.3
35年上	3,187	31.9	12	26.9	67.1
下	3,814	29.1	12	27.5	67.5
36年上	3,693	19.1	12	34.0	61.4
下	4,488	19.9	12	37.0	58.4
37年上	6,319	17.1	12	43.4	52.6
下	9,628	18.4	12	45.9	52.9

（出所）　宇田川［1991］，その他より作成。

1,000万円のまま据え置かれた。親会社の久原鉱業と日本産業の資金力が脆弱で、日立製作所の未払込み資本金の徴収や増資に応じられなかったからである。そのため、日立製作所は、所要資金の多くを金融機関から借り入れる一方、内部資金を拡充する財務政策をとり、1924年上期から毎期の利益の50％以上を積立金に回し、その蓄積に努めた（表-2）。

親会社の資金力の弱さは、日立製作所に資金調達面での困難を強いた。しかし、その反面、それを自力で解決することで、日立製作所は親会社からの金融的支配・干渉を最小限度に抑えることができ、その自律的経営の展開を可能にした。

4　専門経営者としての小平の立場

小平浪平は、1933（昭和8）年、竹内維彦日本鉱業社長の辞任にともない、日産コンツェルンの主宰者鮎川義介から同社社長に就任するよう求められた。しかし、小平は鮎川の要請を断った。その理由を彼は次のように語っている。

「日製ニ対スル余ノ執着心ハ何物ニモ替ヘ難シ、日製ハ余ノ生命ニシテ、余ノ一切ナリ……日立ヲ去ル時ハ即チ総テノ事業ヲ引退スル時ナルコトヲ覚悟ス、日製ノ全員ヲ捨テ他ニ馳スルニ忍ビズ」（宇田川［1991］）。

日立製作所は、小平にとって「生命」であり、事業活動の「一切」であったのである。それゆえ、小平は同社の健全な発展とオートノミーが損なわれる恐れがある場合は、オーナーの鮎川の要求といえども、断固それを拒否した。ただ、そうした毅然たる態度をとる一方で、小平は専門経営者としての自分の立場を十分理解しており、オーナーの要求を受け入れても日立製作所のオートノミーが守られると判断した場合は、その要求を可能な限り認めた。

そのティピカルな事例を紹介すれば、1935年10月の日立製作所第2回増資に際して、鮎川は資金難の久原を救うため、彼に3万株の功労株を回すよう、小平に要請した。しかし、すでに功労株の配分先は決定されていた。それゆえ、

鮎川の要請を認めれば，小平は功労株取得を断念しなければならなかった。しかし，小平は鮎川の要請を受け入れた。その時の心境を小平は，次のように述べている。

　「鮎川氏の行動を疑わず，久原氏も怨まず，自分丈は善根を施したる心地するなり」(同上)。

　小平とすれば，自分の利益よりも日立製作所のオートノミー確保の方が大事であった。小平は鮎川の要請を拒否し，その結果，鮎川，久原との関係が悪化し，そのことで同社の経営活動に悪影響が及ぶことを恐れたのである。

　自分が「産みの親」となって誕生させた日立製作所を経営者企業として成長・発展させるためには，小平はオーナーと対立してでも同社のオートノミーを守り抜かなければならなかった。そして，それを可能にするためにも，小平は久原や鮎川との関係を良好に維持し，日立製作所の安定的な経営を目指したのである。

お わ り に

　中上川彦次郎は三井家の，小平浪平は久原家の資金・信用力を利用して，日本の産業自立に必要な，あるいは自分の念願する工業の育成を意図して，専門経営者として入社した。ただし，両者がとった行動は異なっていた。中上川は，主として三井銀行の担保流れの工場を引き継ぐか，あるいは同行の資金を利用して既存企業を買収する方向で三井の工業化を推し進めた。これに対して，小平は自主技術開発による電気機器の国産化という明確な理念の下に日立製作所をスタートさせた。

　中上川は工業化政策の推進にあたって，オーナーである三井家同族や周囲の関係者の意向をいっさい配慮しなかった。他方，小平は自分の専門経営者としての立場を十分に認識し，オーナーや関係者との間に良好な関係を保つよう努めた。そして，オーナーの介入を極力排除しつつ日立製作所の経営者企業化を進めたのである。

三井家における中上川の工業化路線は、彼の強引な手法が周囲の反発を買ったこともあって、中途で挫折を余儀なくされた。しかし、中上川が追求した工業化路線は、他の財閥にとって、その後多角化戦略の1つのモデルとなった。また、彼の「失脚」は三井内外の財閥専門経営者にとって、「反面教師」の役割を果たした。小平も、そうした一人であったといえる。

■参 考 文 献
○テーマについて
　森川英正［1980］『財閥の経営史的研究』東洋経済新報社。
　橘川武郎［1996］『日本の企業集団』有斐閣。
　安岡重明［1998］『財閥経営の歴史的研究』岩波書店。
○中上川彦次郎について
　安岡重明［1978］「中上川彦次郎——業なかばに倒れた理想主義的企業家」安岡重明、
　　長沢康昭、浅野俊光、三島康雄、宮本又郎『日本の企業家（1）』有斐閣。
　砂川幸雄［1997］『中上川彦次郎の華麗な生涯』草思社。
　粕谷　誠［1998］「政商から財閥への脱皮——中上川彦次郎（三井銀行）」伊丹敬之・加
　　護野忠男・宮本又郎・米倉誠一郎編『ケースブック　日本企業の経営行動 ④ 企業家
　　の群像と時代の息吹』有斐閣。
　日本経営史研究所編［1969］『中上川彦次郎伝記資料』東洋経済新報社。
　三井銀行編・刊［1976］『三井銀行　100年の歩み』。
○小平浪平について
　吉田正樹［1979］「戦前におけるわが国電機産業の企業者行動——小平浪平を中心に」
　　『三田商学研究』第22巻第5号。
　宇田川勝［1991］「日立製作所におけるオーナーと専門経営者——小平浪平の経営行動
　　を中心に」森川英正編『経営者企業の時代』有斐閣。
　小平浪平翁記念会編・刊『小平さんの思ひ出』［1952］。
　日立製作所編・刊［1960］『日本製作所史（Ⅰ）』。
　日立製作所編・刊［2010］『開拓者たちの挑戦—日立100年の歩み』。

第5章 財閥系企業の発展
―武藤山治と藤原銀次郎―

はじめに

　日露戦後から両大戦間期にかけて，繊維，食品（ビール，製糖，製粉），製紙，セメントなどの軽工業分野で近代的な大企業が成立し，その中から国際競争力を持つ企業も出現した。そして，これらの大企業は第2次大世界戦後も成長を持続し，戦後日本経済の復興・高度成長過程をリードした。

　こうした大企業は，通常，水平統合あるいは垂直統合を通じて形成された。そして，多くの場合，そうした統合戦略を構想・実施した経営者は，当該企業（あるいはグループ）に雇用され，ミドル・マネジメントを経てトップ・マネジメントに就任した内部昇進の専門経営者であった。彼らの大半は高等教育機関の出身者であり，自らの専門知識と経験を活かして，事業規模の拡大に相応して多様化・複雑化する経営機能を整理統合し，持続的な企業成長を目指した。そして，その目的を達成するために，彼らはオーナー経営者や大株主の専断的な経営介入を阻止する施策を講じて経営権の掌握に努める一方，自分の後輩である学卒専門経営者を育成・鍛練して順次トップ・マネジメントに引き上げ，自社を経営者企業として発展させた。

　こうして形成されたトップ・マネジメントを専門経営者チームで固めた経営者企業は，第1次世界大戦後の不況と社会変動を比較的容易に乗り切るとともに，変動する経営環境の中に新たなビジネスチャンスを見出し，いっそうの企業成長を実現した。そして同時に，そうした経営者企業を主宰するトップ専門経営者の評価も高まっていた。しかし，多くの場合，彼らは一人一業主義を貫

いた。そして，彼らは自らの経営理念と自社の経営政策を社会に向けて発信し，産業界のオピニオン・リーダーとしてしばしば活躍した。

　本章では，三井財閥の傘下企業でありながら，主として水平統合を通じて「鐘紡王国」を形成するかたわら，経営家族主義を積極的に提唱した武藤山治（むとう　さんじ）と，垂直統合を通じて王子製紙を再建し，次に水平統合によって「大王子」製紙を誕生させ，「製紙王」と呼ばれた藤原銀次郎（ふじわら　ぎんじろう）を取り上げ，両者の専門経営者としての企業家活動を比較・検討する。

武藤 山治
──「鐘紡王国」の形成者──

武藤山治　略年譜
1867（慶応3）　0歳　美濃国海津郡（現在の岐阜県海津郡）に生まれる
1880（明治13）13歳　慶應義塾幼稚舎入学，84年同本科卒業
1884（明治18）19歳　留学のため渡米
1888（明治21）21歳　イリス商会入社
1894（明治27）27歳　鐘淵紡績に転籍
1899（明治32）32歳　鐘淵紡績本店支配人となる
1901（明治34）34歳　『紡績大合同論』を著わす
1905（明治38）38歳　鐘紡共済組合設立
1908（明治41）41歳　鐘淵紡績専務取締役に就任
1919（大正8）52歳　第1回国際労働会議に資本家代表として出席
1921（大正10）54歳　鐘淵紡績社長に就任
1923（大正12）56歳　実業同志会を結成し，会長に就任
1924（大正13）57歳　衆議院議員に当選，以後連続3回当選する
1930（昭和5）63歳　鐘淵紡績社長を辞任
1932（昭和7）65歳　時事新報社の経営を引き受ける
1934（昭和9）67歳　凶弾を受け死去

（年齢＝満年齢）

1 鐘紡入社まで

　武藤山治は，1867（慶応3）年3月，美濃国海津郡西村（現在の岐阜県海津郡平田町）の代々庄屋職を務めた豪農の家に生まれた。自由民権運動に共鳴し，のちに衆議院議員となる父国三郎の勧めで，1880（明治13）年に慶応義塾幼稚舎に入学し，84年にその本科を卒業した。この間，武藤は福沢諭吉から親しく薫陶を受け，「福沢の弟子」であることを終生誇りとした。慶応義塾卒業後，武藤は同級生の和田豊治，桑原虎治と一緒にアメリカに渡り，煙草工場の見習工，皿洗い，庭師助手などの仕事をしたのち，サンノゼのパシフィック大学で食堂のボーイをしながら勉学した。

　3年間の留学生活を終えて1887年に帰国した武藤は，新聞広告取次業，雑誌記者，ジャパン・ガゼットの翻訳記者，イリス商会の通訳などを勤めたのち，慶応義塾の先輩の紹介で，1893年に中上川彦次郎の手で改革中の三井銀行に入行した。武藤は三井銀行本店で抵当係を半年間担当しただけで，神戸支店副支配人に抜擢された。しかし，武藤の行員生活は1年数ヵ月で終わった。武藤は，1894年4月，鐘淵紡績への転出を命じられ，兵庫工場支配人に就任したからである。

　鐘紡の前身は，1886年に三井呉服店を中心とする綿花商，木綿問屋によって設立された東京綿商社であった。同社は1888年に紡績事業に進出して東京・隅田川鐘ヶ淵の敷地に3万錘規模を有する東京工場を建設し，地名にちなんで鐘淵紡績と改称した。鐘紡は東京工場操業直後，1890年恐慌に逢着し，三井銀行に融資を求めた。三井銀行はそれに応じたが，鐘紡の経営は一向に好転しなかった。そこで，中上川は鐘紡を三井銀行の工業化政策の一環に組み入れて再建することを計画し，朝吹英二を専務取締役として送り込んだ。そして，中上川は鐘紡の資本金を増資し，1893年に東京第2工場と，翌94年に武藤が支配人に就任する4万錘規模の兵庫工場の建設に着手した。

2 鐘紡の経営革新

(1) 拡大戦略と経営危機

　武藤山治が赴任した兵庫工場は1896（明治29）年9月に完成した。兵庫工場はその直後，職工争奪をめぐって中央綿糸紡績同盟会との紛争に巻き込まれたが，岩崎弥之助日本銀行総裁の仲裁でそれを解決すると，翌1897年1月から操業を開始した。鐘紡は中上川の紡績事業拡大方針の下に，1899年に兵庫工場に隣接する上海紡績を合併したのを皮切りに，同年から翌1900年にかけて関西地域の柴島紡績，河州紡績，淡路紡績を次つぎに合併した。この合同戦略は1901年の中上川の死去後も継続され，鐘紡は02年に九州の中津紡績，九州紡績，博多絹綿紡績を合併した。その結果，鐘紡は1902年末までに10工場（21万錘）を経営するわが国最大の紡績会社となった。

　この間，武藤は，1901年1月，兵庫支店工場支配人から本店支配人に昇進し，鐘紡の経営を実質的に主宰する立場にたった。そして，兵庫支店工場内の事務所を「営業部」と称して鐘紡全体の事実上の「本社」に位置づけると，武藤は「営業部」に常駐し，そこから全工場を指揮する体制をとった。

　ところで，日清戦争直後の経済ブームを背景に1885年から89年にかけて全国各地で紡績会社が設立され，同年末までに紡績会社は78社85工場（115万錘）を数えた。しかし，戦後ブームが終息すると，紡績各社は過剰生産問題に直面し，経営を悪化させた。そうした中，1900年に綿糸の最大輸出国であった清国で義和団事件が発生し，清国向け輸出が途絶すると，紡績業界は深刻な不況に突入した。輸出向けの太番手（16番手・20番手）の生産に特化していた鐘紡も大きな打撃を受け，1900年上期には紡績会社の中で最大の損失額36万8,000円を計上し，無配に転落した。

　鐘紡の損失は清国向け輸出途絶だけが原因ではなかった。根本原因は鐘紡製綿糸の品質の悪さにあった。1900年6月の16番手綿糸の全国紡績会社の平均市

価は87.32円であったのに対し，鐘紡のそれは86.5円であった。不況で需要が停滞し競争が激化する中で，鐘紡の綿糸は品質の悪さゆえに綿糸商や機屋から買い叩かれていたのである。

ただ，鐘紡にとって救いだったことは，武藤が陣頭指揮している兵庫支店工場の綿糸市価が全国紡績会社のその平均を上回っていたことと，同工場の労働生産性が同業他社工場よりも高いことであった。東京本店工場と，1899年から1900年にかけて合併した上記の会社工場の生産性の低さと綿糸品質の劣化が，鐘紡の競争力欠如の主要因であったのである。

（2）「現場主義」経営

武藤山治は鐘紡の経営再建策として，綿糸の差別化戦略を採用し，国内向け綿糸「鐘」（つりがね）と輸出向け綿糸「藍魚」（らんぎょ）の品質改善を計画した。そして，そのための方策として，①良質綿花の安定調達方式の確立，②製造工程での品質のつくり込み，③積極的な宣伝・広告活動，を実施した。まず①の良質綿花を安定的に確保するため，鐘紡は，1901（明治34）年，三井物産との間に綿花の委託買付け契約を結んだ。その内容は，鐘紡が消費する綿花の70％を三井物産から買付け，その見返りとして，物産は鐘紡に対して良質綿花を優先的に供給し，同時に綿花代金の支払期間の延長（従来の60日から90日）と無制限の信用供与を認めるというものであった。次に武藤は後述する②の製造工程での品質改善努力の成果を需要者に広く知らせるため，宣伝・広告活動に力を入れた。まず1901年と03年に鐘紡綿糸の優秀性を謳った宣伝広告を新聞に掲載した。これは，紡績業界として最初の新聞広告であった。続いて1903年2月には綿糸問屋に右撚16番手と左撚20番手の製品見本を配布のうえ，「鐘紡製鐘印縣賞試験に関する規定」を発表し，全国の機屋に他社製綿糸との優劣について意見を縣賞付きで求めた。そして，鐘紡は332件の応募の比較試験の結果を公表して，自社綿糸の優良さをアピールした。さらに1903年7月，第5回内国勧業博覧会に出品した兵庫支店工場製の鐘印紡績糸が24万点の出品数の中から選ばれて名誉金賞を受賞すると，7月13日付の『時事新報』に「名誉金牌受

賞記念広告」を掲載し，この受賞を記念して女工の昼夜間食事時間に機械を停止させる制度を実施することを発表した。

②の製造工程での品質のつくり込み作業は一朝一夕には進捗しなかった。最大の問題点は同一の機械設備を使用し，同一の綿花と混綿比率を用いながら，工場間で生産性と品質にバラツキがあることであった。そこで，武藤は生産性が高く品質の安定している兵庫工場をリーダー工場として位置づけ，同工場をモデルとする東京工場と合併工場の改善を計画した。そのため，武藤は「営業部」と兵庫工場で訓練した学卒社員を各工場に工場長あるいは工務係として派遣し，彼らの指揮の下で各工場の工場管理と生産工程を順次兵庫工場方式に転換させた。そして同時に，各工場の作業者の職務分析を実施し，工場管理者が作業者と彼らの職務を一元的に掌握する仕組みを整備していった。この間，武藤は時間の許す限り工場現場を視察し，それに基づいて各工場長宛に「回章」を送って改善事項を指示する一方，各工場長から操業，生産性，品質情報と改善の進捗度や問題点を逐一報告させた。ちなみに，1897年から1930年までの33年間に武藤が各工場長宛に送った「回章」は1万2,000通にのぼった。

その一方で，武藤は，生産性の向上や品質の安定は最終的には作業員一人一人の勤労意欲と仕事ぶりに依存すると考えた。そこで，武藤は作業者の勤労意欲と参加意識を高め，彼らの技能・能力向上と生活の安定を図るため，同業他社に先駆けて独創的な施策を次つぎに実施していった。その主なものを紹介すれば，1903年にアメリカのナショナル・キャッシュ・レジスター社の職工待遇法にヒントを得て，「注意箱」を各工場に設置し，従業員に工場管理や作業方法などについての忌憚のない意見を求め，また，社内・工場内の意思疎通を図るため，わが国最初の社内報『鐘紡の汽笛』を毎月2回発行した。さらに1905年にはドイツのクルップ社で実施されている制度にならって健康保険組合の前身である「鐘紡共済組合」を設置した。このほか，従業員の技能養成と教養の涵養を目的として鐘紡女子校（1904），鐘紡職工学校（1905年），幼年工女学校（1906）を設立し，寄宿舎，社宅，食堂施設の改善と幼児保育施設，総合病院の拡充を図った。

こうした一連の工場改善活動と従業員に対する福利厚生制度と施設の拡充の結果，1906年までに各工場間の品質のバラツキは解消され，各工場とも労働生産性を向上させた。この間，職工退職率も兵庫工場のそれが1900年の192％から04年の103％に低下したのを筆頭に漸次低下していった。

（3） 独立経営への途

　鐘淵紡績は，創業以来，三井銀行に金融を全面的に依存していた。しかし，1900（明治33）年に本店支配人に就任して以来，武藤山治はしばしば資金繰りに苦しんだ。1900年の義和団事件による経営苦境時，武藤は三井銀行に緊急融資を申し入れた。しかし，当時，『二六新報』の攻撃記事によって取付け騒ぎを起こしていた三井銀行は，武藤の申し入れを拒否した。そのため，武藤は正金銀行神戸支店から10万円，三菱銀行神戸支店から3万5,000円を借入れて急場をしのぐ一方，手持ちの綿花を担保に日本銀行から直接融資を受けるという手段まで講じなければならなかった。

　日露戦争勃発直後の1904年2月，不測の事態に備えるため，武藤は三井銀行神戸支店を通じて本店に100万円の融資保証枠の設定を申し入れ，早川千吉郎専務理事の承諾を得た。しかし，1904年12月，三井銀行は鐘紡に対する融資保証を一方的に取り消した。そのため，武藤は三井銀行に代わる融資先を早急に確保する必要に迫られ，結局，三菱銀行の木村久寿弥太神戸支店長に懇請し，同行から60万円の融資保証を取り付けなければならなかった。

　三井銀行の融資保証取り消しは，同行が鐘紡株を放出するための伏線であった。中上川の死去後，三井財閥の実権を掌握した益田孝と顧問の井上馨は，中上川の工業化路線を否定し，傘下の工業会社を順次売却する方針をとった。そして，1905年10月，三井銀行は鐘紡株の放出を決定し，その所有株4万5,000株を神戸在住の中国人呉錦堂に売り渡した。しかし，その直後，呉錦堂は相場師鈴木久五郎一派との仕手戦に敗れ，鐘紡株の80％は鈴木一派に握られてしまった。

　鐘紡の大株主となった鈴木は，1906年に紡績業界の大合同を計画し，武藤に

対して鐘紡の倍額増資を強要した。しかし，武藤は同意しなかった。そこで，鈴木は，翌1907年1月，臨時株主総会を招集して鐘紡の倍額増資（新資本金1,160万6,800円）を強行した。この臨時株主総会の開催に先立って，武藤は取締役会長三井養之助らの役員と共に，辞任した。

しかし，鈴木一派は鐘紡の経営には直接タッチせず，新経営陣の多くは旧経営陣から選出された。武藤も請われて監督に就任し，経営の相談にあずかった。この年の10月，ニューヨークに端を発した金融恐慌がわが国にも襲来し，株式相場は暴落した。その結果，鈴木一派の持株はすべて債権者の安田銀行に移管され，鈴木は鐘紡からいっさい手を引いた。

こうして，1908年1月の臨時株主総会で武藤ははじめて役員に選出され，専務取締役として，再び鐘紡の経営を担当することになった。

この「鈴久事件」以後，武藤は鐘紡を資本家や大株主の専断的な介入・支配から守るため，同社の自主独立経営と経営者企業としての発展を企図した。武藤は，1907年2月，支配人を退任する際，従業員一同に10万円を贈与して「鐘紡同志会」を結成させ，鈴木一派の無謀な行動を阻止しようとした。そして，鐘紡に復帰すると，武藤は利益を経営内部に蓄積する財務政策をとる一方，三井，三菱両行をメインバンクとし，安田銀行との取引も開始した。また，鐘紡の資金力の拡充を図るため，1908年1月，民間企業としてわが国最初の外資借款となるフランス商工銀行からの200万円借入を行った。

3 「鐘紡王国」の形成

（1）　経営者企業としての鐘紡の発展

鈴久事件以後，武藤山治は鐘紡の経営権を完全に掌握した。そして，第1次世界大戦ブームの中で鐘紡が巨額の利益を計上すると，武藤は1918（大正7）年上期から23年上期にかけて連続11期70％という高額株式配当を実施して株主の絶大な信頼を得る一方，利益の多くを経営内部に蓄積し，自己資金の充実を

表-1 鐘淵紡績の経営成績

(単位=千円)

期別	売上高	純利益	配当率(%)	期別	売上高	純利益	配当率(%)
1904 上	9,077	403	6	1921 上	70,475	7,117	70
下	10,240	373	8	下	78,697	10,550	70
05 上	12,112	1,551	16	22 上	81,152	8,469	70
下	11,440	1,506	16	下	76,137	7,210	70
06 上	12,447	1,639	16	23 上	77,592	7,998	70
下	12,691	1,652	20	下	77,500	5,155	60
07 上	12,988	1,467	22	24 上	89,227	6,864	48
下	12,561	1,374	22	下	95,914	7,566	38
08 上	11,102	776	16	25 上	94,812	7,041	38
下	9,950	674	14	下	102,082	6,811	38
09 上	12,234	701	14	26 上	88,449	6,871	38
下	14,094	731	14	下	80,469	6,202	35
10 上	17,277	856	14	27 上	68,571	6,250	35
下	18,108	693	12	下	78,872	6,336	35
11 上	23,298	946	12	28 上	79,994	6,259	35
下	25,901	871	12	下	87,034	6,256	35
12 上	26,105	1,222	14	29 上	89,291	6,322	35
下	28,414	1,724	16	下	94,128	6,212	35
13 上	30,463	1,852	16	30 上	74,734	4,703	28
下	31,455	1,855	16	下	56,786	4,295	25
14 上	31,332	1,823	16	31 上	58,117	4,390	25
下	25,780	1,394	16	下	55,450	4,602	25
15 上	22,731	1,702	16	32 上	58,782	4,771	25
下	27,095	1,917	16	下	72,993	5,256	25
16 上	33,607	2,553	20	33 上	88,441	6,056	25
下	36,148	3,538	30	下	93,121	5,761	25
17 上	43,842	4,804	40	34 上	97,598	6,057	25
下	59,798	7,600	50	下	118,329	6,615	25
18 上	81,693	9,351	70	35 上	122,359	7,220	25
下	95,576	9,740	70	下	120,781	7,157	25
19 上	106,660	10,139	70	36 上	122,856	7,066	25
下	106,175	10,301	70	下	139,394	7,305	25
20 上	117,346	9,446	70	37 上	166,580	9,529	25
下	94,907	6,981	70	下	176,641	9,840	25

出所：鐘紡編［1988］。

図った（表-1）。この間，鐘紡は設備の新増設と同業他社の吸収合併策を積極的に推し進めて，1922年にはわが国綿糸生産の約20％を支配し，東洋紡績，大日本紡績と並んで，紡績業界におけるビッグ・スリーの地位を確保した。

こうして，鐘紡の経営基盤を強固にすると，武藤は念願とする同社の経営者企業化を進行させた。まず第1に武藤は学卒者の採用と彼らの教育・訓練に力を入れた。武藤が本店支配人となって以来，鐘紡は毎年十数名の学卒者の定期採用を実施し，1918年には紡績業界では最多の239名の学卒社員を勤務させていた。そして，これらの学卒社員は，通常，鐘紡の心臓部である兵庫工場支店の「営業部」で数年間，武藤らの幹部から直接教育・訓練を受け，そののち各工場の役職者として配置された。

第2に武藤はトップ・マネジメントの人事と組織を刷新した。武藤は上記の学卒社員をミドル・マネジメントに登用して経験を積ませ，彼らの中から取締役を選抜する方針をとった。その結果，第1次世界大戦が終結した1918年末時点で鐘紡の役員8名のうち，日比谷市左衛門会長と前山久吉取締役以外の6名はミドル・マネジメントの経験を持つ常勤経営者であった。そして，5名が学卒者であった。

武藤は，1921年1月，会長の日比谷が死去すると，鐘紡の社長に就任し，同年6月の株主総会で定款を以下のように変更して，トップ・マネジメントの改革を断行した。

　「第18条　当会社ハ社長及常務取締役ニ選出セラルヘキモノハ五年以上当
　　　　　会社ノ業務ニ従事シタルモノニ限ル
　　第19条　当会社ノ社長及常務取締役ハ他ノ会社ノ役員タルコトヲ得ス
　　第23条　社長ノ任期ハ三カ年ヲ以テ一期トシ如何ナル場合ト雖モ継続シ又
　　　　　ハ継続セスシテ三期ヲ超ユルコトヲ得ス」（由井［1990］）

要するに，社長，常務取締役には社員出身者だけしか就任できないことを定め，大株主の資格だけで社長や常務取締役に就任する途を閉ざした。そして同時に社長任期制を設けることで，権力者の長期経営支配によるトップ・マネジメントの混乱を阻止しようとしたのである。

この定款改正によって，新設の常務取締役には藤正純（製造担当・東京工場長）と長尾良吉（営業担当）の両取締役が昇格し，取締役には山口八左右（総務担当），橋爪捨三郎（東京本店支配人），福原八郎（神戸工場長），望月栄作（技師長）の4人のミドル・マネジメント経験者と上記の前山が就任した。このトップ・マネジメント体制は，1930年に武藤が社長を退任するまで，実質的にはほとんど変化なく続いた。

第3に「頭脳の大部分を工場の経営に傾注した」武藤は，工場を中心に据えた管理体制を構築した（西沢［1998］）。前述したように，鐘紡は東京の登記上の本店とは別に，兵庫工場支店内に「営業部」を設置して実質的な「本社」とするとともに，各工場に「支店」を置き，支店の製造・販売活動を「営業部」で統轄管理する方式を採用していた。そして，この管理体制についても，上記の定款改正の際，「当会社ノ事務所又ハ営業所ハ工場内以外ニ之ヲ設置スルコトヲ得ス」（定款第4条）と明記した。その理由について，武藤は次のように述べている。

「一体工業会社ノ重役ハ工場ノ側ニ居ルト云フコトガ最モ必要デアリマス。工業者トシテ然カアラネバナラヌト考ヘルノデアリマスガ，最近殊ニ其必要ヲ感ジテ参リマシタト云フノハ近来労働問題ガ喧シクナッテ参リマシテ随分当局者ハ之レニ注意ヲ払ハナケレバナラヌ様ニナッテ参リマシタ。幸ニ事務所ガ工場構内ニ在リマスレハ重役ハ絶エズ其ノ事務所ニ出勤シテ職工トモ朝夕顔ヲ合ハシテ居リマスカラ，工場内デ如何ナルコトガ起リマシテモ早ク分リマス（中略）斯様ナ訳デ将来工場外ニ事務所ヲ移スヤウナ事ガアッテハナラヌト斯ウ考ヘマシタ次第デアリマス」（由井［1990］）。

武藤は「営業部」と各支店の業務の組織化を進め，第1次世界大戦後には「営業部」の中に総務課（調査・庶務係），商務課（綿糸・綿布係），技術課（調査・技術・設計係），会計課（会計・出納係）を設置し，さらに1930年代になると，人事，商務，工務，計算，用度，経理および計画の7課体制を確立した。ただし，コミュニケーションの円滑化と意思決定の迅速化を重視する武藤は，中間管理組織の階層化を嫌い，上述のトップ・マネジメントに「営業部」および各

支店の主要なミドル・マネジメント業務を兼務させた。

そして第4に武藤は出資者や投機家の経営介入阻止と自らの発言権の強化を意図して，鈴久事件以後，役員報酬を積み立てて自社株を購入し始め，1924年下期までに1万6,353株（全株式の1.4％）を所有する第5位の大株主となった。また，武藤は1917年には鐘紡同志会のほかに，鐘紡持株会を設立して従業員に自社株の購入を奨励した。鐘紡持株会の所有株は1924年には9,377株となり，10大株主の仲間入りを果たした。

こうした自社株所有の増加と並行して，武藤は利益を極力経営内部に留保する財務政策をとり，大正末年には鐘紡は資本金（1924年時点で2,859万6,000円）に相当する積立金を三井，三菱に預金した。

（2）経営家族主義の提唱と実践

鐘紡は日露戦後から大正期を通じて，武藤山治の「紡績大合同論」に基づいて同業他社を次つぎに吸収合併し，企業規模を拡大した。それゆえ，鐘紡においては，新たに加わった工場と既存工場間の工程管理，作業動作，品質管理面の統一と鐘紡と被合併会社の組織統合を図る必要がつねにあった。

武藤は，得意の英語力を活かして欧米諸国の先進工場で研究・実施されている労務・工場・経営管理の手法とシステムを学び，それらを同業他社に先駆けて導入した。1910年にF・W・テーラーが提唱した科学的管理法についても，武藤は2年後の1912（大正元）年に「科学的操業法」と命名していち早く導入し，従業員の標準作業の確立と能率向上に適用した。そして，その適用過程で武藤は「科学的操業法」は従業員の「ヤル気」を喚起させなければ十分な効果を期待できないことを見抜き，1915年に「精神主義的操業法」を発表して，従業員を感情と人格を持った一人の「人間」として処遇する方針を打ち出した。そして，その方針に基づいて，従業員の「ヤル気」を阻害している原因と彼らのモラルを向上させる要因を調査・研究し，「キメの細い」労務管理を実施するとともに，従業員の家族や退職者を対象とする福利厚生制度とそのための施設の拡充を図っていった。

鐘淵紡績株式会社従業員待遇法

第一　病傷者ノ取扱及救済ニ関スル施設
　一，寄宿男女工手ノ無料診療　二，通勤男女工手ノ診療　三，薬価並ニ手術料　四，業務上負傷疾病者取扱方法　五，業務ニ因ラサル負傷疾病者取扱法　六，職工扶助規則，同附則，使用人休職規定，三等担任待遇及ニ等雇以下休職規定並ニ使用人病傷老衰退職恩給規則，同附則　七，妊婦取扱方法　八，病傷者恢復後出勤ノ場合ニ於ケル勤務時間其他ノ取扱方法　九，故朝吹氏記念男女工手療養特別基金ノ事
第二　鐘紡共済組合
第三　男女工手（職工）モ使用人（社員）ニ昇進シ得ル事
第四　年金制度
第五　各種救済ニ関スル施設
　一，家計困難ノ場合ニ於ケル救済　二，従業員又ハ其家族重患ニ罹リ又ハ不時ノ災厄ニ遭遇シ或ハ死亡シタル場合ノ慰問方法　三，従業員ノ家族罹病ノ場合ニ於ケル救済　四，退社後ニ於ケル救済　五，元従業員ノ遺族ニ対スル救済　六，懲罰解雇者ニ対スル救済　七，解雇ノ場合ニ於ケル取扱　八，救済院
第六　従業員ノ家族保護ニ関スル施設
　一，幼児保育舎　二，幼稚園　三，従業員ノ子弟ニ学資金ノ貸与　四，兵役関係者応召中其家族ニ対スル保護　五，社宅居住者其他通勤者ノ家族ニ内職奨励ノ事　六，従業員結婚ノ場合ノ取扱方法
第七　従業員ニ対スル各種幸福増進ノ機関ヲ有効ナラシムル機関
　一，幸福増進係　二，救済委員　三，救済実行関係者ノ報告会　四，懲罰委員　五，奨励委員　六，工女世話係奨励規定　七，看護婦奨励規定　八，使用人救済，奨励，懲罰規定　九，新案年給金規則並ニ新案者懲罰規則　十，従業員ト会社首脳者ノ会見　十一，従業員ト工場長トノ会見　十二，幸福増進ノ施設ニ対スル巡回検査　十三，注意函　十四，工場内意思疎通委員　十五，生命保険事務取扱ノ事
第八　貯金及送金
　一，貯蓄金　二，国許送金
第九　疲労恢復並ニ慰安娯楽ニ関スル施設
　一，食事及休憩時間　二，食堂及休憩所　三，夏期及冬期ニ於ケル疲労恢復及慰安方法　四，休業日ト慰安方法　五，娯楽　六，女工手過剰人員ノ休養
第十　衣食住ニ関スル施設
　一，工手寄宿舎　二，社宅　三，炊事ノ方法ト賄料　四，日用品ノ分配
第十一　保健衛生及防疫ニ関スル施設
　一，保健衛生ト防疫　二，工場附属病院　三，呼吸器病患者ノ取扱方法
第十二　教育ニ関スル施設
　一，鐘紡女学校，附裁縫教授所　二，鐘紡職工学校　三，補習教育，附担任講習所男女事務員・寄宿舎世話係及看護婦講習所　四，故中上川氏記念奨励資金　五，故日比谷会長記念発明及考案奨励基金　六，新聞ノ発行　七，書籍ノ分配
第十三　鐘紡同志会

出所：間 [1978]。

そして同時に、武藤はそうした労務管理・福利厚生の推進と鐘紡全体の組織統合のイデオロギーとして、「日本ノ家族制度ノ善良ナル部分ニ則リ、会社ノ管理組織ヲ一家族ノ如ク協和的ノモノナラシメントスル」、経営家族主義を提唱した（鐘紡編 [1988]）。

企業を家族共同体と見なし、労使協調主義を前面に打ち出した経営家族主義は、第1次世界大戦から戦後にかけて肥大した企業組織の統合化、労働者の直傭化、労働運動の挑戦などの難問題に直面していた大企業の経営者に実践的な経営理念として認められ、多くの企業で受け入れられた。その結果、経営家族主義の提唱・実践者である武藤の評価も高まり、彼は1918年にアメリカのワシントンで開催される第1回国際労働会議（ILO総会）のわが国資本家代表者に選ばれた。武藤は同会議において、懸案の紡績業における女子・少年工の夜業禁止問題で日本の主張をかなりの程度認めさせることに成功した。そして、その席上、武藤は鐘紡で実施している左記の「従業員待遇法」を英、独、仏訳して各国代表者に配布し、欧米流の権利・義務関係を基調とする労使関係よりも、労使の一体化、共存共栄を追求する日本の経営家族主義のほうがすぐれている点をアピールした。

(3) 福沢諭吉の弟子・武藤山治

武藤山治は、1930（昭和5）年1月、株主らの社長留任要請を断り、自ら定めた社長在職3期9年間の任期制に従って、35年間勤務した鐘紡を退社した。鐘紡は在職中の武藤の功績を高く評価し、資本金の10%に相当する300万円の退職慰労金を贈った。武藤はこの退職金を後述の実業同志会の活動資金に200万円、財団法人国民会館の建設資金に50万円、鐘紡武藤理化学研究所の基金として鐘紡に50万円寄付した。

武藤が政治活動に手を染めたのは、1922年に政治教育と政界浄化の目的で大阪に実業同志会を設立し、その会長に就任したことに始まる。「生涯福沢諭吉の弟子」を念じていた武藤は、自由経済主義と企業経営の「独立自尊」を信奉していた。それゆえ、日本を代表する企業経営者となってからも、武藤は日本

工業倶楽部，日本経済連盟などの財界活動に参加しなかった。財界団体と政・官界との癒着構造を嫌っていたからである。

　正義感の強い武藤は，鐘紡の経営基盤を盤石にすると，自ら政・官・財界の癒着構造を国会の場で糾弾する決意を固めた。そして，鐘紡の株主総会で政界進出の同意を得た武藤は，1923年4月，大阪を中心に124の同業組合組織を母体に実業同志会（1932年に国民同志会と改称）を結成し，党主に就任した。以後，実業同志会は「政界廓清」をスローガンに3回の総選挙を戦い，武藤は3回とも当選した。しかし，実業同志会の当選者は一度も10名を超えることはなかった。武藤は実業同志会の政治活動資金の大半を自らまかなう一方，持ち前の雄弁と能筆で政界改革と政商打倒を強く訴え，精力的な政治活動を展開した。しかし，昭和初期の相次ぐ恐慌の中で，実業同志会の支援母体であった中小商工業界の支持を失い，武藤は，1931年1月，「人生の道草」であったと自嘲しながら政界を引退した。

　しかし，武藤に休息の時間はなかった。政界引退直後，武藤は福沢諭吉の創設した時事新報社の経営再建を委嘱され，1932年4月，同社の相談役最高経営責任者に就任したからである。武藤は時事新報社を再建して福沢の恩に報いるとともに，政界で果たせなかった政・官・財界の癒着実態を今度は新聞紙上で暴くつもりであった。そして，1934年1月から『時事新報』の紙面で帝国人造絹糸株式譲渡にかかわる「番町会を暴く」と題したキャンペーンを連載した。このキャンペーンは社会に大きな衝撃を与え，「帝人事件」と呼ばれる一大疑獄事件を告発することになる。しかし，武藤はキャンペーン最中の1934年3月9日，凶漢の銃撃に遭って倒れ，67歳の生涯を終えた。

藤原 銀次郎
——「大王子」製紙の形成者——

藤原銀次郎　略年譜
1869（明治2）　0歳　信濃国安茂里村（現在の長野市）に生まれる
1889（明治22）20歳　慶應義塾卒業
1890（明治23）21歳　『松江日報』記者となる
1895（明治28）26歳　三井銀行に入行，大津支店次席となる
1896（明治29）27歳　三井銀行深川出張所長となる
1897（明治30）28歳　富岡製糸所の支配人となる
1899（明治32）30歳　三井物産に移籍し，上海支店次長となる
1901（明治34）32歳　三井物産台湾支店長に就任
1907（明治40）38歳　三井物産木材部長兼小樽支店長に就任
1911（明治44）42歳　王子製紙専務取締役に就任
1920（大正9）　51歳　王子製紙社長に就任
1933（昭和8）　64歳　王子，富士，樺太工業の3社合併による「大王子」製紙を設立し，社長に就任
1938（昭和13）69歳　王子製紙社長を辞任し，会長となる
1939（昭和14）70歳　藤原工業大学を創立
1943（昭和18）74歳　東条内閣の国務大臣となる
1959（昭和34）90歳　藤原科学財団を設立
1960（昭和35）90歳　死去

（年齢＝満年齢）

1 王子製紙入社まで

1889 (明治22) 年に慶応義塾を卒業した藤原銀次郎は『松江新報』に入社し，新聞記者となった。『松江新報』は地方の政党新聞で，経営基盤が脆弱であった。藤原は入社2年目で社主兼主筆となったが，絶えず資金難に悩まされた。信濃国安茂里村の大地主の家に生まれ，何不自由なく育った藤原は，山陰松江で金策の苦労と貧乏生活を体験したのである。

松江で5年間記者生活を送った藤原は，1895年に同郷で慶応義塾の先輩でもある鈴木梅四郎の紹介で，「中上川の改革」が進行中の三井銀行に入行した。大津支店次席を経て1896年に東京の深川出張所長となった藤原は，まず木綿の着物に角帯と前垂れ姿の行員の服装を洋服に改め，顧客に椅子と机で応対する方式を採用した。次いで預金業務を出張所でも取扱い，主力業務である倉庫品担保の貸付け金利をそれまでの均一方式から倉庫品の種類によって差をつける段階方式に切り換えた。この改革が認められ，藤原は1897年に三井元方工業部の管理下にあった富岡製糸所支配人に抜擢された。ここでも藤原は旧弊の打破に努め，家柄などで決められていた女工の賃金支払い方式を完全な出来高払い制に改めた。そして，翌1898年には経営再建中の王子製紙に派遣され，藤山雷太専務取締役の下で支配人を務めた。

1899年に藤原は中上川彦次郎派と益田孝派の対立解消を狙った三井財閥内の交流人事によって，三井物産に転籍し，上海支店次長を経て1901年に台湾支店長に就任した。台湾支店長時代，藤原は台湾米の日本内地市場開拓と満州派遣軍への物資調達で大きな利益をあげる一方，社員教育に力を入れ，のちに「王子の三羽烏」といわれた高島菊次郎，井上憲一，足立正らを育てた。その後，1907年に藤原は木材部長兼小樽支店長となり，北海道産木材の対米輸出を実現し，赤字の木材部門を再建した。

藤原は有能な社員であった。そのため，三井銀行・三井物産内部で経営再建や業務刷新の必要な部署があると，経営陣は藤原をその担当者に起用した。そ

して，藤原は上司らの期待に応えて，それらの部署の再建や刷新を成功させた。藤原自身，そうした使われ方に不満であったが，なかば使用人の宿命とあきらめていた。その藤原に，1911年に再び再建担当者として白羽の矢が立った。今度は王子製紙の再建で，三井合名理事長益田孝と三井財閥顧問井上馨からの直々の依頼であった。当時，王子製紙は巨額の債務を抱え，不振を極めていた。同僚の多くは藤原に依頼を拒否するよう勧めた。しかし，藤原は熟慮の末，王子製紙行きを承諾し，同社の専務取締役に就任した。

　王子製紙は，第4章で見たように，1873年に洋紙輸入を阻止する目的で，三井組，小野組らの政商の共同出資で設立された。創立時の社名は抄紙会社で，1876年に製紙会社，93年に王子製紙と改称された。三井家は創業以来の大口出資者ではあったが，王子製紙の経営は渋沢栄一会長と渋沢夫人の甥の大川平三郎専務が担っていた。1893年に王子製紙が株式会社に改組されると，当時，三井財閥の工業化路線を推進していた中上川彦次郎は同社の「乗っ取り」を計画し，腹心の藤山雷太を取締役として送り込んだ。そして，1896年に王子製紙が資本金を50万円から110万円に増資した際，三井関係者は持株を増加させて同社株式の60%を支配し，藤山を専務に昇格させた。藤山は，1898年に渋沢と大川を辞任に追い込み，王子製紙の経営権を掌握した。

　しかし，強引な「乗っ取り」策は王子製紙内部に後遺症を残し，経営混乱が続いた。藤山は大川の辞任で中断した中部工場の建設を再開し，1899年にそれを完成させた。しかし，その直後，天竜川の氾濫で大量の原料木材が流失し，大損失を被った。藤山は一向に好転しない王子製紙の経営に嫌気がさし，後楯となっていた中上川が死去した1年後の1902年に同社の専務を辞任し，三井を去ってしまった。

　藤山の辞任後，王子製紙の専務として，朝吹英二，鈴木梅四郎，高橋義雄らが次つぎに送り込まれた。しかし，多額の資金投入にもかかわらず，王子製紙の再建は進まず，しかも重役陣の対立が深刻化し，1911年11月には取締役全員が辞任するという異常事態を招いてしまった。王子製紙の信用は失墜し，50円払込み株式価格も10円台に下落した。三井財閥にとって，王子製紙は金喰い虫

2 王子製紙の再建と経営革新

(1) 生産合理化計画の実施

　藤原銀次郎は王子製紙の専務に就任すると，社内の実情をつぶさに調査した。その結果は，予想した以上のひどさであった。融資してくれる銀行は皆無で，原材料や燃料も現金払いでなければ購入できなかった。工場の規律も弛緩し，「禁煙」の張紙の下で従業員がタバコをふかす有様であった。
　藤原は経費や人員の削減といった通常の手段では王子製紙の再建はできないと判断し，人事の刷新と生産設備の集中化を中心とする改革の断行を決意した。藤原はまず1911（明治44）年に三井物産台湾支店長時代の部下の井上憲一と足立正を招いて，販売課長，庶務兼調度課長に，翌12年には高島菊次郎を本社主事兼苫小牧工場長に就任させ，経営の中枢を腹心で固めた。そして同時に，抜擢主義と適材適所主義の人事政策の断行を社内に宣言し，それをただちに実行した。
　当時，王子製紙は王子，気田，中部，苫小牧の4工場を有していた。このうち，静岡県内陸部の気田，中部両工場は藤山雷太によって退社を余儀なくされた大川平三郎の設計によって建設された。気田はわが国最初の亜硫酸木材パルプ工場であり，中部は新聞用紙の専門工場であった。両工場ともアメリカから輸入した最新式の機械設備を設置していた。しかし，大川の辞任後，多くの技術者が退社し，また，動力不足という立地上の欠陥もあって，両工場ともフル稼働ができなかった。
　藤原の調査によれば，採算がとれる見込みのある工場は本社工場である王子と1910年に完成した北海道の苫小牧の2工場のみであった。しかし，後者の苫小牧工場は月産600万ポンドの生産を目標に設計されていながら，資金不足でグラインダー（砕木材）設備を縮小したため，所期の生産をあげることができ

なかった。そこで，藤原は中部工場の機械設備のうち，グラインダー設備を苫小牧工場に，抄紙機械2台をそれぞれ王子，苫小牧工場に移転する計画を立てた。この計画の実施には60万円の資金が必要であり，藤原は三井銀行に融資を申し入れた。しかし，三井銀行営業部長の池田成彬は，「これまで王子に貸した金で返してもらった例がない。あなたはいかなる保証で王子を引受けられたかしらぬが，銀行として絶対に貸すわけにはゆかない」と，融資を拒絶した（水谷［1954］）。そこで，藤原は益田孝と井上馨に相談し，三井合名が三井銀行から資金を借り受け，それを王子製紙に回すという約束を取り付けた。

しかし，藤原は60万円の資金を引き出さず，それを三井銀行の当座預金とすると，取引業者に王子製紙の再建計画を説明し，売上手形の決済期間の短縮と支払手形のそれの延長を懇請した。資金の回収と支払いの時間差で社内に一時滞留する資金で設備移転と苫小牧工場の拡張工事を実施しようと考えたのである。取引業者は三井銀行の信用を背景とした王子製紙の再建計画を了解し，協力を約束した。その結果，まず第1期工事で中部工場のグラインダー設備を苫小牧工場に移転して同工場の砕木パルプ工程を拡充し，1ヵ月当たりの製紙能力を550万ポンドに引き上げた。そして，第2期工事で中部工場の抄紙機械設備を王子工場に移転し，生産能力を拡大した。

藤原は設備移転工事を完了すると，生産の合理化と各工場の利益責任を明確化する方針を打ち出し，製品品目を工場毎に集約・整理して，苫小牧工場は新聞用紙類，王子工場は中・上質印刷用紙類，気田・中部両工場は雑紙類の専門工場とした。

以上のような，苫小牧工場を拠点とする生産合理化計画が完了した直後，第1次世界大戦が勃発した。大戦ブームの中で製紙需要は大きく伸長し，王子製紙も増産に追われて，それまでの累積赤字を一掃し，一気に経営基盤を確立した。

（2） 垂直戦略と水平戦略の展開

藤原銀次郎は，王子製紙の経営再建を実現すると，垂直・水平両統合戦略に

よる同社の持続的な成長を計画した。三井物産の木材部長を経験した藤原は日本内地と植民地の森林資源や世界の木材・パルプ需給事情に精通していた。王子製紙入りする前年の1910（明治43）年に，藤原は樺太庁長官平岡定太郎の要請を受けて南樺太の森林資源を踏査した。そして，藤原は樺太材をスウェーデンのパルプ製造工場に送り，パルプ原料になることを確認すると，三井合名首脳に南樺太でのパルプ会社設立を進言した。この進言は1913（大正3）年に三井合名に受け入れられ，同社は樺太大泊で亜硫酸パルプ工場の建設に着手した。そして，三井樺太紙料工場が完成すると，1915年に王子製紙は同工場を譲り受け，大泊工場とした。

こうして樺太進出一番乗りを果たした王子製紙は，藤原の原材料自給方針に基づいて，同業他社に先駆けて樺太国有林の長期伐採権を獲得して豊原工場（1917年），野田工場（1922年）を建設し，樺太の3工場で生産されるパルプの大半を自社内地工場に製紙原料として供給した。こうした原木段階からの垂直統合は，第1次世界大戦の勃発によって製紙パルプの不足と価格の高騰が進行するにつれて，王子製紙の業績向上に大きく貢献し，大戦中から戦後にかけて原材料の不足に悩む同業他社を水平統合することを可能にさせた。

藤原は後方統合戦略の進展に相応して，販売面への前方統合も推進した。王子製紙の業績が好転し始めると，三井物産は王子製品の一手販売権の譲渡を再三要求した。しかし，生産活動と営業活動の統合を目指す藤原は，三井物産の要求を拒絶して新聞用紙などの大量取引業務の直営方式を堅持する一方，大戦中から戦後にかけて和紙問屋の流れをくむ特約店への指導・統制を強化し，1924年には最大の卸売商である中井商店を傘下に組み入れ，同店の流通ルートを専属・系列化した。

この間，王子製紙は中部，気田両工場の業務を縮小あるいは廃止し，生産活動を苫小牧，王子両工場に集中した。そして他方で，同業他社を吸収合併する水平統合戦略を展開し，王子製紙は1916年から1925年にかけて，帝国製紙，大蔵省印刷局抄紙部十条工場，有恒社，朝鮮製紙，小倉製紙，東洋製紙，北海工業などを合併あるいは買収した（図-1）。その結果，1925年には王子製紙の経

図-1 「大王子」製紙の形成過程

樺太工業（1913年設立） （資本金）200万円		王子製紙（1873年設立） （資本金）15万円		富士製紙（1887年設立） （資本金）25万円	
1916併合	←樺太紙料	1874	25万円	1889	50万円
		1887	50万円	1894	100万円
樺太炭礦→	1919合併	1896	110万円	1897	150万円
1919	1,800万円	1897	165万円	1906	460万円
1919合併	武蔵製紙	1899	200万円	北海紙料→	1908買収
九州製紙→	1920合併	1909	600万円	1907併合	←日本製紙
1920合併	←中央製紙	1914	1,200万円	1,000万円	
中之島製紙→	1920合併	三井物産樺		野田製紙→	1915買収
1920	7,000万円	太紙料工場→	1915買収	1916併合	←旭川電気
		1916買収	←帝国製紙	1,050万円	
			大阪工場	1920	2,100万円
		印　刷　局		北海興業→	1917合併
		抄紙分工場→	1916払下		2,475万円
		1918	2,500万円	1919分離	←富士電気
		1918分離	←樺太産業	四日市製紙→	1920合併
		樺太産業→	1921買収	1920合併	←東京板紙
			5,000万円	東京電力→	1920合併
		1921併合	←朝鮮製紙	1920分離	←静岡電力
		小倉製紙→	1924合併	日東化学	
			5,500万円	紙　　料	1922併合
		1924買収	←有恒社	1923買収	←富士パルプ
		北海工業→	1925買収	1924	7,510万円
		1925併合	←東洋製紙	北野製紙→	1924合併
		札幌水電→	1926	1924併合	←梅津製紙
			6,591.6万円	大日本製紙→	1925買収
		1926分離	←北海水力		

1933年「大王子」製紙　14,989万円

出所：間［1978］より作成。

営する工場数は12工場となり，新聞用紙生産の55～60％を支配し，製品の差別化と多様化を一段と推進させた。

（3）「独立自尊」経営の実践

藤原銀次郎は，恩師福沢諭吉の提唱する「独立自尊」経営の体現者を目指していた。藤原が同僚の忠告を振り切って，王子製紙の再建という「火中の栗」をあえて拾う行動に出たのは，何人もの先輩が失敗している同社の再建を自らの手で成し遂げれば，三井家の使用人から独立独歩の企業経営者への途が開けるかも知れないという判断があったからである。

それゆえ，王子製紙の経営再建を実現すると，藤原は三井財閥内での王子製紙の「自立」を目指した。まず第1に，藤原は王子製紙の購買・販売活動の主導権を確保するため，上述のように，三井物産からの営業権譲渡要求を拒否してそれらの業務を経営内に統合し，自社の責任で原材料や製品の直物取引と並

表-2 王子製紙の経営成績

（単位：万円）

期	別	利益金	配当金(%)	諸積立金累計	減価償却費	期	別	利益金	配当金(%)	諸積立金累計	減価償却費
1909	上	9.2	7.6 (4)	14.9	—	1916	上	127.6	53.0 (15)	158	89.3
	下	9.6	8.8 (4)	15.4	—		下	152.9	81.0 (18)	211	82.5
10	上	9.4	10.1 (4)	15.9	—	17	上	212.8	101.2 (22)	277	70.7
	下	10.0	11.7 (4)	16.4	—		下	277.1	110.0 (22)	416	87.2
11	上	25.0	18.1 (6)	22.7	—	18	上	280.9	156.9 (25)	544	87.4
	下	2.4	— (—)	22.7	—		下	345.1	190.6 (25)	661.5	116.8
12	上	26.9	15.0 (5)	23.7	10.6	19	上	315.1	190.6 (25)	752.5	103.0
	下	25.7	18.0 (6)	25.1	26.4		下	358.7	202.9 (25)	870.5	53.7
13	上	55.7	21.0 (7)	26.5	28.5	20	上	590.8	462.5 (50)	940.5	55.2
	下	41.0	24.0 (8)	26.5	30.3		下	453.6	327.7 (25)	1,025	82.1
14	上	43.3	27.0 (9)	28.6	31.9	21	上	455.0	390.7 (25)	1,050	43.2
	下	49.7	34.0 (10)	38.3	37.9		下	365.0	315.0 (20)	1,069	57.6
15	上	70.8	37.5 (10)	63	42.4	22	上	365.1	315.0 (20)	1,090	58.9
	下	70.5	39.3 (12)	86.6	53.2		下	309.9	267.8 (17)	1,106	58.8

出所：鈴木編［1967］。

行して，それらの先取取引も行う体制を整えた。第2に王子製紙の財務上の自立度を高めるため，三井銀行一行に依存する金融体制を改める一方，利益を極力内部留保する財務政策を推進し，1914年下期から19年下期までの利益金合計額2,261万円のうち，その37％を積立金に振り向けた（表-2）。第3に，藤原は経営者としての自分の立場を強固にするため，王子製紙の専務に就任して以来，自社株の買い増しを続け，1917年末には全株式の5％を所有する三井合名に次ぐ第2位の大株主となった。

以上のような三井財閥内での王子製紙の「自立」の動きと藤原自身の自社株買いに対して，批判が高まり，一時，藤原排斥運動が起こった。しかし，王子製紙の再建を高く評価する三井総本家当主の八郎右衛門の支持を得，しかも同社の大株主となっていた藤原を辞任させることはできなかった。

3 「大王子」製紙の形成

(1) 王子製紙の経営者企業化

藤原銀次郎は経営組織と管理体制の整備に意を注ぎ，王子製紙の経営者企業化を進めていった。1917（大正6）年に独立した本社ビルを建設すると，王子製紙は三井得右衛門会長，藤原銀次郎専務取締役の下で高島菊次郎，高田直屹，小笠原菊三郎の3人の取締役を常務取締役に昇格させた。そして，高島には営業・総務，高田には技術・工場，小笠原には原料の各部門を担当させた。1920年に三井得右衛門が会長を辞任すると，藤原が社長兼専務取締役に就任し，以後，1929年まで藤原社長と上記3人の常務がトップ・マネジメントを組織する体制が続いた。この間，取締役に新たに就任した者は6人いたが，そのうちの5人はミドル・マネジメントを経験した社内出身者であった。

そして，トップ・マネジメント組織の整備と並行して，藤原は1926年に「工場分権制」を導入し，「各工場長に相当の権限を与え，その範囲内にて自由に工場を経営させ」た（成田 [1958]）。とくに主力工場の苫小牧工場は重要視さ

れ，学卒社員の大半は同工場に配属された。藤原以外の歴代の社長はいずれも苫小牧工場長の経験者であった。

また，藤原は高能率・高賃金を目標とする「労使共栄」理念を提唱し，その理念を実現するために，以下のように，従業員に長期勤続による能率・熟練の向上を要請した。

「元来欧米人の能率の良いのは原因があるのである。私が先般の旅行に於て実見した所に依れば，欧米では一つの仕事に熟練して居る者が多い。何処の工場に行っても一つの仕事に十数年も従事して居るものは敢て珍らしくない。従って其の仕事に熟練して居るから工場の能率も高いのである。之に反し，日本の工場に於ては一つの仕事に熟練して居る者は少く何処の工場でも勤続者少く，常に異動がある故に，人手を多く要し其の為めに却って人間の発達を阻害するやうに思はれる。どう考へて見ても一つの仕事に長く従事し熟練した人間が出来なければ能率は上らぬ……」(間 [1978])。

そして，長期勤続者に有利な生活保障給を加味した賃金制度や福利厚生制度を確立し，従業員の長期雇用と会社への帰属意識を高めていった。

(2) ビッグ・スリーの大合同

大正時代に入ると，製紙業界の最大市場である洋紙分野(主として新聞用紙)では，王子製紙，富士製紙，樺太工業のビッグ・スリーによる寡占体制が成立した。この3社はいち早く北海道，樺太に進出して豊富な木材資源を確保すると，原材料資源，生産，販売の各職能を経営内部に統合し，同業他社の追随を許さない経営体を構築した。

ところで，第1次世界大戦ブームは製紙業界にも好景気をもたらし，中小の製紙メーカーが相次いで誕生した。しかし，1920年恐慌に始まる長期不況の進行の中で，これらの中小製紙メーカーは経営を悪化させ，その多くがパルプの自給体制を確立していた上記のビッグ・スリーによって整理・統合された(図-1参照)。

樺太工業は藤山雷太によって王子製紙を追われた大川平三郎が再起をかけて

1913（大正2）年に設立した会社であった。そして，大川は1919年に富士製紙の専務で大株主でもあった穴水要一と提携し，同社の社長も兼務すると，時機を見て両社を合併し，王子製紙に競争を挑む計画を密かに立てていた。しかし，経営者企業としてトップ・マネジメント組織を整備し，財務内容の改善・強化を図っていた王子製紙に比べて，富士製紙と樺太工業はトップ・マネジメント組織体制が定まらず，財務内容も劣っていた。

　それゆえ，昭和期に入り不況が一段と深刻化し，海外製紙メーカーのダンピング的な輸出攻勢に見舞われると，富士製紙と樺太工業の経営は悪化していった。わけても樺太工業は1929年に樺太のパルプ工場が火災にあうという不運も重なり，負債額が1億数千万円に達した。しかし，大川は強気の姿勢を崩さず，窮地を打開するために，製品の値下げ販売をしばしば強行した。そうした最中の1929年1月，富士製紙の穴水専務が急逝した。大川はただちに穴水の所有する富士製紙株の買い取りを画策した。しかし，穴水の所有株は藤原の機敏な行動と遺族の意向によって，王子製紙に譲渡された。

　藤原は富士製紙株式の過半を手中にすると，製紙業界の安定と国際競争力の強化を図るため，王子，富士，樺太の3社合同による「大王子」の形成を構想した。この構想は三井合名理事長の団琢磨の反対や大川の思惑もあって容易に進捗しなかった。しかし，1931年以降樺太工業の経営悪化が一段と進み，翌32年3月，団が血盟団員によって暗殺されると，3社合同の気運は一気に加速し，1932年10月，王子100に対して富士140，樺太245の株式比率での合併契約が成立した。そして翌1933年5月，資本金1億4,989万円，国内洋紙生産の80％以上を占る，国際レベルの企業規模を有する「大王子」製紙が誕生した（図-1参照）。この「大王子」の成立によって，藤原は「製紙王」と呼ばれるようになり，念願とする「独立自尊」経営者の地位を確立した。

（3）　藤原工業大学の設立

　藤原銀次郎は，1938（昭和13）年に王子製紙の社長職を高島菊次郎に譲り，経営の第一線から引退した。実業界引退時，藤原の資産額は800万円に達して

いた。藤原はこの資産を投じて理想とする工業大学を設立し，余生を教育事業に捧げる決意を固めた。藤原にとって，王子製紙株の所有は蓄財のためではなく，あくまで同社をオーナー経営者や大株主の専断的な介入から守り，経営者企業として発展させるための手段であった。それゆえ，藤原には王子製紙が経営者企業として発展し，自身が経営の第一線から退いた以上，王子製紙株を所有し続ける理由がなかったのである。

藤原は大学設立を決意するにいたった心境を以下のように語っている。

「私には子供がない。財産を残しても誰にやるという楽しみもない。もちろん，私は世間で想像するほどの大金持でも何でもない。まあ，一通りの財産ができたというだけだ。しかし，実業の第一線から退けば，もう財産なんかいらない。そこで，国家のためになる仕事にこれを捧げようと前々から考えていたが，数年前から度々渡米しているうちに，彼地の実業家達が自分の財産を寄付して立派な大学をこしらえ，寄付者は亡くなっても，その志はながく残って米国文化に貢献をつづけているのを知って羨しくさえ感じた。かくあってこそ，せっかく蓄積した富も意味があるのだと深く心をうごかされ，私も自分の全財産を育英事業にささげて，工業大学を設立しようと考えたのである。しかし，私の財産は私だけで作ったものではない。私も努力したが，私の妻が内助の功をつんでくれたおかげである。いわば，私と妻の半々のものである。そこで，私は妻に私の心境をはなし，全財産をあげて工業大学の設立を実現しようと思うがどうか，と相談してみた。すると，妻は双手を上げて賛成した。養子を迎えても，うまくゆくかどうかわからないし，財産目当で来るようでも，面白くありません。実業界にはもう未練はないし，引退される以上，教育に力をつくされるのが何より良いでしょう。あと老夫婦が余生を送れるだけ，少しばかり財産があれば十分ですから，その金はすべて投げ出して大学の設立をはかられた方がいいですよ，ということになって，ここにいよいよその決意をしたのである」(水谷 [1954])。

「工場は大学の実験室であり，大学は工場の実験である。この理想で進み度い」とする藤原工業大学は，1939年に設立された（藤原 [1940]）。そして，同大

学は1944年に藤原の母校の慶應義塾大学に寄付され，現在，理工学部となっている。

おわりに

　武藤山治と藤原銀次郎は，恩師福沢諭吉の「商工立国論」と「独立自尊」経営の信奉者であり，実践者であった。武藤は紡績業界で，藤原は製紙業界で産業開拓活動に取り組み，両業の国産化達成に指導的役割を果たした。そして，その過程で両者が主宰する鐘淵紡績と王子製紙は三井財閥の傘下企業でありながら，「独立自尊」経営を実現した。

　王子製紙は生産部門の合理化を断行すると，まず原材料部門への後方統合を，次いで販売部門への前方統合を実現して垂直統合企業となり，そののち，水平統合も合わせて実施し，「大王子」製紙を形成した。これに対して，原材料の原綿を海外に依存し，また，織布部門への進出が遅れた日本の紡績産業の事情を反映して，鐘淵紡績は主として水平統合を繰り返しながら成長した。

　このように発展ルートは異なったが，武藤と藤原は大企業の組織と管理の革新者であった。鐘淵紡績と王子製紙の両社とも，まず第1に内部昇進者からなる専門経営者チームによるトップ・マネジメント組織を早期に確立した。第2に将来のトップ・マネジメント候補者であるミドル・マネジメントの育成と彼らの業務の組織化を行い，工場を中核とする現場主義経営を実施した。そして第3に，従業員の教育・訓練を重視する一方，彼らに対する福利厚生制度とその施設の充実を図り，労使一体化の思想を浸透させた。

　こうした組織と管理の革新によって，鐘淵紡績と王子製紙はそれぞれの業界において同業他社に先駆けて経営者企業に移行し，その後の持続的成長と自立経営を可能にした。

　武藤と藤原は典型的な専門経営者であった。両者とも鐘淵紡績と王子製紙の経営者企業化を実現するため，自らの発言権強化を狙って自社株を買い増し，大株主となった。しかし，彼らには会社を私物化したり，資産の保全を図る考

えはなかった。彼らは自身の専門経営者としての立場を十分認識しており，鐘淵紡績と王子製紙が経営者企業として発展する基盤が整うと，自らの意思で経営の第一線から退いた。そして，蓄積した資産を福沢諭吉から教示された理想を実現するために，使用したのである。

■参 考 文 献
○テーマについて
　高橋亀吉［1977］『日本の企業・経営者発達史』東洋経済新報社。
　間　宏［1978］『日本労務管理史』御茶の水書房。
　由井常彦［1990］「戦間期日本の大工業企業の経営組織－鐘淵紡績・東洋紡績・大日本麦酒および王子製紙の事例研究－」中川敬一郎編『企業経営の歴史的研究』岩波書店。
　由井常彦・大東英祐編［1995］『大企業時代の到来』日本経営史3，岩波書店。
○武藤山治について
　小早川洋一［1978］「武藤山治─『独立自尊』の専門経営者の旗手」由井常彦・三上敦史・小早川洋一・四宮俊之・宇田川勝『日本の企業家（2）大正篇』有斐閣。
　桑原哲也［1993.3，6］「日本における近代的工場管理の形成─鐘淵紡績武藤山治の組織革新，1900-07年─（上・下）」『経済経営論叢』京都産業大学，第27巻第4号，第28巻第1号。
　西沢保［1998］「大正期の労使関係思想〈武藤山治（鐘淵紡績）と大原孫三郎（倉敷紡績）〉」伊丹敬之・加護野忠男・宮本又郎・米倉誠一郎編『ケースブック 日本企業の経営行動① 日本的経営の生成と発展』有斐閣。
　武藤山治［1988］『私の身の上話』（復刻版）国民館。
　鐘紡株式会社編・刊［1988］『鐘紡百年史』。
○藤原銀次郎について
　鈴木尚夫編［1967］『現代日本産業発達史 XII　紙・パルプ』交詢社。
　四宮俊之［1997］『近代日本製紙業の競争と協調』日本経済評論社。
　藤原銀次郎［1940］『実業人の気持』実業之日本社。
　藤原銀次郎述・下田将美著［1949］『藤原銀次郎回顧八十年』講談社。
　水谷啓二［1954］『藤原銀次郎伝』東洋書館。
　石山賢吉［1960］『藤原銀次郎氏の足跡』ダイヤモンド社。
　成田潔英［1956-59］『王子製紙社史』（全4巻・付録）王子製紙株式会社。

第6章

財閥のオルガナイザー
── 岩崎小弥太と鮎川義介 ──

はじめに

　第1次世界大戦の勃発は、日本経済に未曾有のブームをもたらした。大戦ブームの過程で生まれたビジネスチャンスを生かすべく、多くの企業がリスクを冒して事業拡大と経営多角化に邁進した。わけても、多角化志向と工業化志向を持つ財閥は、巨大な経済力を駆使して果敢な経営活動を展開し、事業規模と事業網の拡大を図っていった。

　しかし、大戦ブームは1920（大正9）年3月に発生した恐慌で終止符を打ち、以後、日本経済は相次ぐ恐慌に見舞われ、不況の淵に沈滞した。1920年代から30年代初頭まで続いた不況の中で、企業経営の「パフォーマンス」に大きな格差が生じていった。大戦中に蓄積した高収益を消失することなく戦間期に引き継ぎ、持続的な成長軌道を歩む企業が存在する一方で、経営に破綻を来たし、没落する企業が数多く出現した。財閥もその例外ではなかった。両大戦間期を通して、三井、三菱、住友、安田の4大財閥は事業範囲網を拡大し、産業支配力を一段と強めていった。しかし、他の多くの財閥は事業活動を停滞・縮小させ、昭和初期の恐慌の中で破綻した財閥も少なくなかった。

　こうした企業経営の「パフォーマンス」の明暗は、多くの場合、各企業（グループ）が構築したコーポレート・ガバナンスの仕組みとその機能の「優劣」を反映していた。第1次世界大戦ブーム期の拡大戦略に即応して適切なコーポレート・ガバナンス機構と管理方式を構築した企業（グループ）は、大戦ブームから戦後不況への経営環境の変化にすばやく対応して、企業経営の効率性と

健全性を維持し，継続的な成長を図ることができた。しかし，有効なコーポレート・ガバナンスの仕組みを構築できなかった企業（グループ）は，企業経営の効率性と健全性の維持に失敗して，事業規模を縮小させ，あるいは破産した。

　本章の課題は，三菱財閥の4代目社長として，広範囲な多角的事業経営の発展に応じて，経営組織の改革と管理方式の刷新に努めた岩崎小弥太（いわさき　こやた）と，コーポレート・ガバナンスの未整備で経営破綻した久原財閥をユニークな経営構想力で再建して，日産コンツェルンを形成した鮎川義介（あいかわ　よしすけ）の企業家活動を比較・検討することにある。

岩崎 小弥太
―― 三菱財閥の組織改革者 ――

岩崎小弥太　略年譜
1879（明治12）年0歳　東京・駿河台で岩崎弥之助の長男として生れる
1900（明治33）年21歳　東京帝国大学を中退し，英国に留学
1905（明治38）年26歳　ケンブリッジ大学を卒業し，バチェラ・オブ・アーツの学位取得
1906（明治39）年27歳　三菱合資会社副社長に就任
1908（明治41）年29歳　父弥之助の死去に伴い男爵となる
1916（大正5）年37歳　三菱合資会社社長に就任
1917（大正6）年38歳　三菱造船・製鉄設立
1918（大正7）年39歳　三菱倉庫・商事・鉱業設立
1919（大正8）年40歳　三菱海上火災保険・銀行設立
1920（大正9）年41歳　三菱内燃機製造設立
1921（大正10）年42歳　三菱電機設立
1927（昭和2）年48歳　三菱信託設立
1931（昭和6）年52歳　三菱石油設立
1932（昭和7）年53歳　三菱経済研究所設立
1934（昭和9）年55歳　三菱造船と三菱航空機を合併し，三菱重工業設立
1937（昭和12）年59歳　三菱合資会社を改組し，株式会社三菱社を設立
1943（昭和18）年64歳　株式会社三菱社を株式会社三菱本社と改称
1945（昭和20）年66歳　三菱の自発的解体を拒否，三菱本社解散を決議（11月1日）
死去（12月2日）

（年齢＝満年齢）

1 三菱の多角化

(1) 弥太郎・弥之助・久弥の時代

　三菱は創業以来一貫して多角的事業経営を追求した。創始者の岩崎弥太郎は本業の海運事業が生み出す莫大な収益を利用して，斯業の周辺に多面的な事業を経営した。1885（明治18）年2月，弥太郎は死去し，同年9月，郵便汽船三菱会社と共同運輸は合併して日本郵船が設立された。三菱の2代目社長に就任した岩崎弥之助は，1886年3月，三菱社を設立し，海運事業放棄後の三菱の再建の拠り所を吉岡銅山，高島炭礦，長崎造船所，第百十九国立銀行などに求めた。そして，弥之助は高島炭礦の利益と日本郵船からの配当収入を利用して，鉱山事業の拡大と第百十九国立銀行の業容拡充を図る一方，長崎造船所の拡充と地所事業に着手した。

　長崎造船所の拡充と地所事業の開始計画は三菱社管事の荘田平五郎が構想し，それを弥之助が全面的に受け入れる形で進行した（ただし，実施時期は後述の久弥時代にづれ込む）。1890年に渡欧した荘田は，イギリスでロンドンのビジネス街とグラスゴーの造船所に深い感銘を受けた。荘田の渡欧中，弥之助は松方正義大蔵大臣から東京丸の内官有地の買取りを要請された。この話を知った荘田は三菱の手で丸の内に近代ビジネス街を建設することを構想して，買取りを弥之助に進言した。1891年3月，丸の内官有地の払下げを受けると，三菱社はただちにビジネス街の建設に着手し，94年の三菱第1号館を皮切りに，明治末年までに第13号館を完成させた。

　三菱社は1887年に貸与中の長崎造船所の払下げを受けた。日本郵船の取締役会は，1895年に航海奨励法・造船奨励法（1896年公布）の成立を見越して，欧州航路開設用の6,000トン級新船12隻をイギリスの造船所に発注する議案を討議した。岩崎家を代表して同取締役会に出席していた荘田は，そのうちの2隻を長崎造船所に発注するよう要請し，承認を得た。荘田は1897年に長崎に赴任し

て長崎造船所長を兼務し，同所拡充工事と新船建造を指揮した。そして，わが国造船工業史上画期とされる常陸丸（6,172トン）を1898年に，翌99年に阿波丸（6,309トン）を竣工させた。

　1893年12月，商法の実施を機に岩崎家は三菱社を廃止し，新しい本社として三菱合資会社を設立した。三菱合資の社長には岩崎弥太郎の嗣子久弥が就任し，弥之助は監務となった。久弥は叔父弥之助の敷いた多角化路線を引き継ぎ，鉱業，銀行，商事，地所の各事業部門を順調に拡大させた。わけても，商事部門の拡大は顕著であった。三菱合資は本社扱いの自社炭の販売を担当していた売炭部を1899年に営業部と改称して，全支店の石炭販売業務と社外炭取引を行わせ，さらに三菱関係会社製品の輸出，他社品の取扱いと，三国間取引まで業務を拡大した。

　このほか，久弥時代には三菱合資の枠外でも多角的事業経営が進展し，岩崎久弥，弥之助両家の大口出資あるいは協力支援の下に，明治屋，麒麟麦酒，猪苗代水力電気，小岩井農場，旭硝子などが設立・経営された。

（2）小弥太の時代

　岩崎弥之助の長男小弥太は，1905（明治38）年にイギリスのケンブリッジ大学を卒業して帰国すると，翌06年に三菱合資の副社長に就任し，さらに1916（大正5）年には久弥に代わって三菱の4代目社長となった。

　小弥太時代に三菱の事業範囲は著しく拡大した。とくに小弥太は重化学工業分野への進出に力を入れた。重化学工業分野進出は2つの事業部門を起点としていた。その1つは造船部門で，ここから電機，航空機，自動車工業への進出が開始された。もう1つは鉱業部門で，ここから鉄鋼業，化学工業への模索が始まった。前者から見ていけば，まず電機事業は長崎造船所電機工場での船舶用電気器具と，神戸造船所電機工場での鉱山用電気器具の内製を行った。このうち，後者の神戸造船所電機工場は三菱外部との取引も積極的に行い，1917（大正6）年に電気部に，次いで19年には神戸電機製作所に昇格した。そして，1921年に同所は三菱造船から分離独立し，三菱電機株式会社となった。

内燃機関もまず長崎造船所で研究が開始された。この研究は1916年に神戸造船所に移管された。同所は内燃機課を設置し，ディーゼル機関と並んで自動車，飛行機の研究を集中的に行った。神戸造船所内燃機課も1917年に内燃機部に，次いで19年には神戸内燃機製作所として三菱造船内の一事業所に昇格した。そして，1920年に三菱造船から分離独立して，三菱内燃機製造株式会社となり，神戸工場で内燃機生産を，翌21年から新設の名古屋工場で航空機，自動車の生産を開始した（ただし，1922年に自動車生産は中止）。

鉱業部門から派生した鉄鋼業と化学工業について見れば，まず鉄鋼業は1911年に三菱合資が朝鮮の兼二浦鉄鉱山を買収したことに始まる。第1次世界大戦の勃発によって鉄鋼輸入が途絶すると，三菱合資は1916年に臨時製鉄所建設部を設置して兼二浦鉄鉱山の開発と高炉・平炉・製鋼工場の建設に着手し，18年に三菱製鉄株式会社を設立した。

三菱合資は，1898年に筑豊骸炭製造所を買収して，それを若松支店牧山骸炭製造所と改称のうえ，経営した。牧山骸炭製造所は1913年からコークス生産の副産物である石炭ガス，コールタール，アンモニアなどの工業化研究に着手した。この研究に小弥太は強い関心を示したが，技術上のトラブルが相次ぎ，三菱の石炭化学工業進出は遅れた。しかし，満州事変後の景気回復過程の中で，三菱内部で石炭化学工業進出気運が高まり，1934（昭和9）年，三菱鉱業と旭硝子の共同出資によって日本タール工業株式会社が設立され，三菱鉱業は牧山骸炭製造所を同社に譲渡した。

このほか，小弥太時代の重化学工業分野への進出ケースとしては，1931年にアメリカのアソシエーテッド・オイル，三菱合資・商事・鉱業の4社の共同出資で設立された三菱石油株式会社，三菱製鉄の系列下で育成された三菱鋼材と三菱造船長崎造船所から分離独立した三菱製鋼株式会社などがある。

2 三菱の経営組織

(1) 「事業部」制の採用

　三菱財閥は，創始者の岩崎弥太郎の時代から，岩崎家当主が経営者のトップとして陣頭指揮する体制をとっていた。この経営体制を岩崎小弥太も踏襲し，社長就任以来，一貫して経営の最高実権を掌握し続けた。小弥太は弥太郎の「再来」と評される程の強烈なリーダーシップの持ち主であり，革新的な企業家活動の遂行者であった。小弥太の専断的なリーダーシップと革新性は，多角的事業経営の発展に即応する経営組織と管理方式の整備の面でもいかんなく発揮された。

　三菱合資設立以後，三菱の多角的事業経営は，事業別区分に基づいた部制によって統轄管理されていた。部は1895（明治28）年の銀行部の設置が最初で，翌96年に売炭部（1899年に営業部と改称）と鉱山部が設置された。その後，1906年に営業部と鉱山部が合体して鉱業部となり，07年には造船部が設立された。この間，スタッフ部局として，庶務，検査の2部が設けられた。

　前述のように，1906年に小弥太が三菱合資副社長に就任した。そして，2年後の1908年に三菱合資は一大組織改革を実施した。それは，事業別組織から今日の事業部に近似した分権的「事業部」制への移行であった。この組織改革の発案・遂行者が久弥社長，小弥太副社長のいずれかであったのか，については学会でも意見が分かれている。ただ，小弥太が副社長に就任した直後にこの組織改革の準備が開始されている事実から見て，彼がそれに深く関与していたことは間違いない。

　この組織改革の要点は以下の5点にあった。

① 鉱業，銀行，造船の3部に下記のような資本金額を設定し，この金額の範囲内の投資は社長の承認なしで実施できることになった。当時の三菱合資の資本金は1,500万円であった。

鉱業部　1,500万円
　　　銀行部　　100万円
　　　造船部　1,000万円
② 　各部は独立採算制をとり，純益金の一部を本社に上納する。
③ 　各部の重要でない諸規則，事務手続，各部所属使用人人事，各部所属不動産関係事務は各部の権限とされた。
④ 　各部の営業費，交際費，寄付金，部長以下の給与等は各部の負担とされた。
⑤ 　従来本社と各事業所の間で行っていた通達，報告はすべて部を経由することとした。

　この組織改革後，1911年に鉱業部が鉱山部と営業部に分れ，地所部が新設された。そして，翌1912年に鉱山部から炭坑部が独立し，「事業部」の数は6部となった（図-1）。

　1916（大正5）年時点での各部の資本金額は次のようであった。
　　　銀行部　　100万円
　　　鉱山部　　600万円
　　　炭坑部　1,200万円
　　　営業部　　500万円
　　　造船部　　875万円
　　　地所部　　300万円

　こうした分権的「事業部」の設立と並行して，使用人採用内規の制定，本社および各部の会計制度の調整，週3回副社長を議長とする部長報告会の設置，調査課の新設などの本社スタッフの強化が図られていった。

（2）　コンツェルン組織への移行

　しかし，日本経営史上ユニークな三菱の「事業部」制時代は長く続かなかった。1916（大正5）年に岩崎小弥太が三菱合資の社長に就任すると，三菱は翌17年から19年にかけて各「事業部」を株式会社に再編し，それらの会社の株式

図-1　三菱本社の組織推移

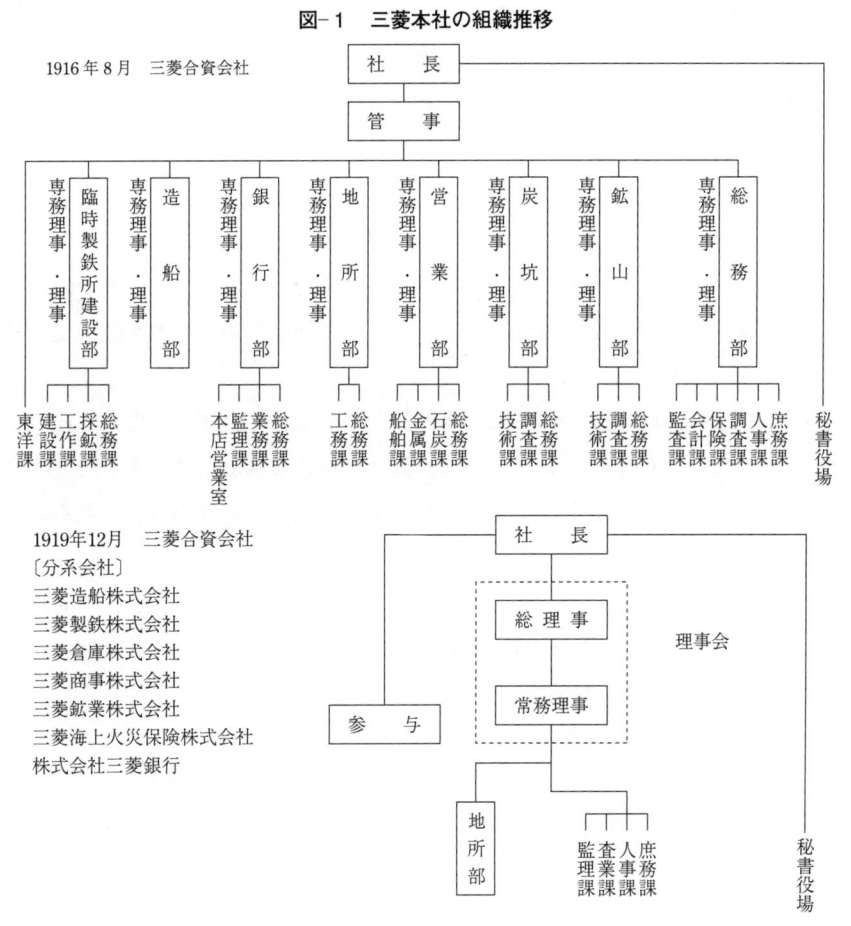

1916年8月　三菱合資会社

社長 — 管事

- 専務理事・理事 ／ 東洋課
- 臨時製鉄所建設部 ／ 建設課・工作課・採鉱課・総務課
- 専務理事・理事 ／ 造船部
- 銀行部 ／ 本店営業室
- 専務理事・理事 ／ 地所部 ／ 監理課・業務課・総務課
- 専務理事・理事 ／ 営業部 ／ 工務課・総務課
- 炭坑部 ／ 船舶課・金属課・石炭課・総務課
- 専務理事・理事 ／ 鉱山部 ／ 技術課・調査課・総務課
- 専務理事・理事 ／ 総務部 ／ 監査課・会計課・保険課・調査課・人事課・庶務課
- 秘書役場

1919年12月　三菱合資会社
〔分系会社〕
三菱造船株式会社
三菱製鉄株式会社
三菱倉庫株式会社
三菱商事株式会社
三菱鉱業株式会社
三菱海上火災保険株式会社
株式会社三菱銀行

社長
- 参与
- 理事会（総理事・常務理事）
  - 地所部
  - 監査課・理事課・人事課・庶務課
- 秘書役場

出所：三菱創業百年記念事業委員会編［1970］。

を三菱合資が一元的に保有するコンツェルン体制に移行していった（図-1）。

「事業部」制からコンツェルン体制へ移行した理由は定かではないが，以下の諸点が考えられる。

① 所有と経営の合理化を図る必要性。事業規模の拡大と多角化の進展にともなって，三菱合資が多種多様な事業を経営する「事業部」を直接所有・管理することが困難になっていった。そこで，所有機能と経営機能を分離

し，各「事業部」を株式会社に再編して有限責任体制を確立する一方，それらの株式会社に経営権限を大幅に委譲した。そして他方で，三菱合資を持株会社に再編して，そこに所有権限を集中するとともに，全社的な観点から傘下各社の経営活動をモニターすることにした。

② 岩崎家の所有財産の効率的な運用と保全を図る必要性。岩崎家が三菱合資に出資している財産を傘下会社の株式などの金融資産に転換することで，その安全性の確保と合理的処理・運用を可能にし，そのうえ，株式会社の有限責任制を利用することで，一「事業部」の破綻の累が全事業に波及することを阻止しようとした。

③ 資金調達の多様化を図る必要性。三菱合資は「事業部」を株式会社に再編することで，必要に応じて社会的資金を株式市場から動員する途を確保し，さらに傘下企業株式を担保とする金融機関からの資金調達を可能にした。

④ 人事政策上の必要性。三菱は岩崎弥太郎の時代から学卒者を積極的に入社させ，専門経営者の育成に努めてきた。彼らの昇進ポストを確保するうえで，持株会社と傘下企業からなるコンツェルン組織は有効であった。コンツェルン組織は「事業部」制組織に較べて，多数の役職員ポストを増加することができたからである。

⑤ 節税対策上の必要性。法人の所得税負担は合名・合資会社より株式会社のほうが軽かった。そこで，三菱合資は直営の各「事業部」を株式会社に再編することで法人所得税の軽減を図ることができた。ただし，三菱合資自体は財産・事業内容の公開を嫌って合資会社形態にとどまった。

三菱では「事業部」から分離独立した会社を分系会社と呼んだ。それは，三菱の多角的事業経営は三菱合資の直営事業から，順次，枝分れして形成されたという意味で命名された。しかし，各「事業部」が分系会社として独立し，法人格を持った以上，本社の三菱合資と分系会社との間で経営権限，人事，資金等の関係を取り決める必要があった。そこで，1917年に三菱合資は「分系会社と合資会社との関係取扱」「分系会社資金調達並びに運用に関する取極」を，

三菱合資と分系会社間の取極

1. 役員に関する事項　分系会社の取締役，監査役は合資会社本社在籍とし給料は本社が負担する。
2. 規則制定に関する事項　本社の従来の諸規則内規と今後本社が制定する諸規則内規は総て分系会社に適用する。
3. 財務会計に関する事項
   (1) 分系会社の固定資金と事業拡張資金の巨額にのぼるものは，本社と協議の上調達すること。また分系会社の余剰資金は本社に預け入れるか，又は本社と協議の上運用すること。
   (2) 分系会社各場所は原則として銀行部本支店又は銀行部以外の取り引き銀行と直接資金融通の取り引きをしないこと。
   (3) 分系会社は推定資金収支及び損益予算書は本社へ提出のこと。又年度予算利益金の処分は本社社長の承認を得べきものとす。
   (4) 本社監査課長は社長の命を承けて各分系会社の会計監査をなすことを得。
4. 使用人人事に関する事項
   (1) 本社及び分系会社の使用人は，本社でまとめて選考し，採用する。
   (2) 分系会社参事以上の進退異動に就いては合資会社社長の承認を経ること。

出所：宮川 [1996]。

翌18年に「三菱合資会社職制」を制定した。これらの措置の結果できあがった三菱コンツェルンの組織運営の基本は，上記の「取極」として定められた。

　この「取極」から明らかなように，三菱合資の分系会社に対する統制権限は強く，また，小弥太社長も専断的な職務権限を保有していた。しかし，分系会社の設立によるコンツェルン経営は，三菱の分権的管理体制を進行させた。これ以降，三菱合資と分系会社間の「取極」は何度も改正・修正されるが，その基本的な流れは三菱合資から分系会社への経営権限の委譲であり，オーナー経営者の小弥太社長から専門経営者への職務権限の委譲と両者による集団的意思決定の方向であった。

(3) コーポレート・ガバナンスとその変容

　三菱のコンツェルン組織と管理方式の刷新は，分系会社における専門経営者チームの形成と彼らによる「現場の知恵」の活用とも相まって，分系会社の経

営効率性の維持・向上を可能にし，専門経営者の「モラル・ハザード」を阻止した。その一例を紹介すれば，第1次世界大戦ブームの中で，三菱造船と川崎造船所は高収益を享受し，業界首位の座を激しく競った。しかし，第1次世界大戦後の長期不況の中で，両社の「パフォーマンス」は明暗を分けた。第7章で見るように，松方幸次郎社長の独裁的指揮下にあった川崎造船所は十五銀行の放漫な貸出し政策の下で，大戦中に大成功を収めたストック・ボート生産を大戦後も継続し，さらに海運，飛行機製造，製鉄部門への拡大投資を強行した。しかし，松方の強気の政策は海運不況と軍縮の進行の中で破綻し，川崎造船所は1927（昭和2）年に膨大な負債を抱えて整理会社に転落し，松方も退陣した。これに対して，三菱造船の専門経営者チームは三菱合資のトップ・マネジメントと連携をとりながら，大戦後の経営環境の変動にすばやく対応して，人員整理，業務の圧縮，事業の整理・縮小を断行した。その結果，三菱造船は利益額を減少させたものの，大戦後も黒字経営と無借金経営を継続できた。

　また，三菱合資にコーポレート・ガバナンス権限を付与したことで，三菱はコンツェルン内の資金の流れを調整する，いわゆる内部資本市場の形成を可能にした。三菱合資は資金投下の見返りとして，分系会社の余裕金を「預り金」として吸上げ，また，利益金を受取配当金として取得した。そして，それらの資金をコンツェルン全体の経営戦略の観点から再配分し，資金需要の大きな分系会社に貸付金，増資，払込金の形で投資した。戦間期（1920～35年）を通じて，多くの「預り金」を提供した分系会社は三菱鉱業と三菱造船の2社であり，逆に三菱合資の最大の貸付先は三菱製鉄であった。他方，三菱合資の受取配当金の大部分は三菱造船・鉱業・銀行の3社によるものであった。その主たる再投資先は三菱製鉄・三菱電機・三菱内燃機・三菱石油の重化学工業会社と三菱商事であった。戦間期の三菱にとって，三菱鉱業・三菱造船・三菱銀行は「金の成る木」であり，そこから生まれる利益金を「問題児」である新設の重化学工業会社と商事会社に投資するという，資金フローが見られたのである（表-1）。

　そして，そうした内部資本市場での資金の流れをスムーズに機能させるため

に,三菱銀行と三菱信託が果たした役割も大きかった。戦間期において,三菱銀行・信託がコンツェルン内企業から受け入れた資金量は総資金量の10％前後に達しており,逆に両社はこの期間に総貸出し量の10～40％をコンツェルン内企業に融資していた。

しかし,こうした内部資本市場を利用した資金運用方式は,日本経済の戦時体制への移行にともない,実施が次第に困難になっていった。資金需要旺盛な重化学工業会社を傘下に持つ三菱合資は受取配当金をはるかに超える増資払込金需要に追われ,その払込負担をコンツェルン外にも求めなければならなかった。そのため,1930年代後半から,分系会社の株式公開が次つぎに実施され,さらに三菱合資の株式会社三菱社への改組（1937年）と同社の株式公開（1943年）まで行われた。この過程を通して,三菱財閥に対する岩崎一族の単独支配は後退してゆき,第2次世界大戦後の企業集団につながる分系会社間の株式相互持合い体制の原型が形成されていった。

表-1　第1次世界大戦後における三菱合資および主要分系各社の利益金推移

(単位：千円)

会社 年度	造船	製鉄	倉庫	商事	鉱業	銀行	航空機 (元内 燃機)	電機	信託	海上 火災	合資
1919	9,921	4,354	1,606	876	9,602	(銀行部) 2,954	—	—	—	(−)105	7,575
1920	5,591	(−)821	3,862	964	7,959	9,705	(不明)	—	—	165	1,550
1921	6,051	(−)3,782	2,065	(−)1,629	2,311	10,480	(不明)	23	—	248	1,095
1922	6,824	(−)1,563	1,901	1,791	2,478	10,404	(不明)	(−)355	—	249	3,997
1923	6,357	(−)355	1,110	1,963	2,352	10,701	(不明)	401	—	332	(−)2,355
1924	7,369	2	1,958	1,989	3,387	9,878	(不明)	421	—	368	7,004
1925	4,827	2	1,735	953	4,277	9,705	(不明)	288	—	441	7,687
1926	3,529	12	1,109	1,230	6,021	8,879	(不明)	(−)693	—	543	6,517
1927	3,336	53	1,091	1,836	7,722	11,007	654	30	234	632	7,014
1928	3,774	108	1,106	2,923	7,497	12,978	612	654	1,006	906	10,974
1929	3,499	39	1,163	386	6,690	19,131	610	125	956	775	14,413
1930	1,571	(−)309	878	389	2,973	13,123	612	59	1,193	840	6,438
1931	295	(−)493	878	(−)1,794	2,939	12,711	555	(−)576	684	724	2,344

出所：三菱鉱業セメント編［1976］。

3 岩崎小弥太の経営理念

(1) 財閥の社会的役割と株式公開

5年間のイギリス留学を体験した岩崎小弥太は，フェビアン社会主義思想に共鳴し，将来，政治家になる夢を描いていた。しかし，帰国後，小弥太は父弥之助から三菱合資の副社長に就任するよう厳命された。その時の心境を小弥太は次のように語っている。

「自分は国へ帰ったならば政治界へ出て日本社会の向上改革に力を尽してみたいと考えていた。ところが帰るとすぐに父に呼ばれ，三菱の副社長になるよう厳命を受けた。誠に当惑したわけである。そこでいろいろ考えた末，もし会社で名義だけの虚職を擁するならば御免を被る，しかしもし実業界に対し自分の考えを存分にやらせてもらえるならばご命令に従いますといった。父はそれでよいと承知したので会社に入る決心をした」（宮川[1996]）。

小弥太の企業家活動の基本信条は「（1）国家社会に対する奉仕，（2）商行為の公明正大，（3）政治への不干与」の3つであった（岩崎小彌太伝記編纂委員会編[1957]）。小弥太にとって，「国家社会に対する奉仕」とは次世代の産業たる重化学工業の国産化の達成に他ならなかった。そして，その課題を政府の力を借りず，三菱の自力で公明正大な経営活動を通じて達成することであった。

先に考察した三菱財閥の組織改革も，上記の重化学工業国産化課題の必要性から構想・断行されたものであった。とくに小弥太は，重化学工業国産化の最大のネックは三菱財閥の資金力の限界にあると考えており，それを克服するためには岩崎家による三菱の単独支配の放棄を視座に入れていた。以下は，1920（大正9）年の三菱鉱業の株式公開に際して，小弥太が行った告辞の一部である。

「今回諸君に会同を煩はしました問題につき一言したいと思ひます。其は要するに『鉱業会社の公開』輙ち会社事業に他人の資本を加え，更に大いに

会社の発展を計ると云ふ問題なのであります。此は単に鉱業会社に就いてのみ起り居る問題では無いし，実に三菱社全体の経営方針の一変に因ったものであります。従来の三菱事業経営の方針は，たとえ其の経営の精神が常に国家を対象とし社会を目的と致して居りましたとは云へ，兎に角に形式の上では，所謂集中主義であり，資本を一家に独占する形でありました。然るに今回其の方針を改めまして，社会の進歩に応じ事業の発展に伴ひ，資本の一部を社会公衆に頒ち，出来得べくんば従業員をも参加せしめて，開放的に此の事業を経営せんと決しました次第で，其の第一歩として先づ鉱業会社の公開を断行せんとした訳であります。〔中略〕三菱は数年前より順次各方面に於ける事業を独立せしめ，各分系会社の設立を決行し，昨年三菱銀行の成立を最後として，全体の組織が茲に変更せられたのでありますから，其の変革の経路を顧れば，今日此の資本の一部公開に至ることは極めて当然の帰結であって，何人も疑を挿む余地は無いと思はれるのであります。畢竟此は『三菱』なる一の団体の進化の一階梯に過ぎ無いのであって，社会の進展に伴ひ時勢の推移に連れては，斯の種の変更は向後と雖も尚時々之れあることを覚悟せねばならぬと信ずるのであります」(三菱鉱業セメント編［1976］)。

三菱の分系会社の株式公開は，三菱鉱業の公開後，すぐには行われなかった。しかし，1930年代後半以降，矢継ぎ早に実施された。

(2) 三菱の自発的解散に抵抗

1945 (昭和20) 年9月，連合国総司令部 (GHQ) は戦後改革の一環として財閥解体の方針を打ち出し，各財閥に自発的解散を要請した。三井，住友，安田はこの要請を受け入れた。しかし，岩崎小弥太は三菱の自発的解散を拒否するとともに，大蔵省に対して三菱社株主への株式配当の実施許可を求めた (ただし岩崎家は対象外)。小弥太が三菱の自発的解散を拒否した理由は，以下のようであった。

「総司令部は財閥は過去を反省して自発的に解散せよというが，三菱は国家社会に対する不信行為は未だかつて為した覚えはなく，また軍部官僚と結

んで戦争を挑発したこともない。国策の命ずるところに従ひ，国民として為すべき当然の義務に全力を尽くしたのであって，顧みて恥ずべき何もない。いわんや三菱は社会に公開せられ，一万三千名の株主を擁している。自分は会社に参加せられた株主各位の信頼に背き自発的に解散することは信義の上からも断じて為し得ない」（岩崎小彌太伝編纂会編［1957］）。

小弥太には，自らの経営信条に照して恥ない企業家活動を遂行してきたという強い自負があった。実際，戦時下において，三菱本社・分系会社の幹部経営者で閣僚として入閣した者はいなかった。

ただし，GHQの方針に抵抗することは許されなかった。三菱本社は，1945年11月1日，定時株主総会を開き，小弥太社長以下の経営陣の退任と本社の解散を決議した。当時，小弥太は病の床にあり，株主総会には出席できなかった。そして，1945年12月2日，小弥太は三菱本社株主への最後の株式配当が実施されることを信じて，66歳の生涯を終えた。

鮎川 義介
——日産コンツェルンの形成者——

鮎川義介　略年譜
1880（明治13）年 0 歳　山口県山口市に生まれる。母親は井上馨の姪
1903（明治36）年23歳　東京帝国大学工科大学機械工学科を卒業し、芝浦製作所へ入社
1905（明治38）年25歳　米国に渡り、可鍛鋳鉄の製造技術を実地研修（1907年まで）
1910（明治43）年30歳　戸畑鋳物を設立
1922（大正11）年42歳　共立企業を設立し、コンツェルン経営を実践
1927（昭和 2 ）年47歳　久原財閥の再建を委嘱される
1928（昭和 3 ）年48歳　久原鉱業を公開持株会社日本産業に改組改称する
1929（昭和 4 ）年49歳　日本鉱業を設立
1933（昭和 8 ）年53歳　日本産業と戸畑鋳物の共同出資で日産自動車を設立
1937（昭和12）年57歳　日本産業を「満州国」に移転し、満州重工業開発と改称、同社総裁に就任
1942（昭和17）年62歳　満州重工業開発総裁退任
1943（昭和18）年63歳　貴族院議員になる
1945（昭和20）年65歳　戦犯容疑を受け、巣鴨拘置所に拘留される（1947年まで）
1952（昭和27）年72歳　中小企業助成会を創設し、会長に就任
1953（昭和28）年73歳　参議院議員に当選
1956（昭和31）年76歳　日本中小企業政治連盟総裁に就任
1959（昭和34）年79歳　参議院議員に当選するが、次男の選挙違反問題の責任をとって同議員を辞職
1967（昭和42）年87歳　死去

（年齢＝満年齢）

1 戸畑鋳物の経営と共立企業の設立

(1) 戸畑鋳物の経営

　鮎川義介は，1903（明治36）年に東京帝国大学機械工学科を卒業し，一職工として芝浦製作所に入社した。将来，独立して事業を経営するためには工場現場の経験が必要であるというのが，その動機であった。鮎川は芝浦製作所で仕上工，鋳物工として働くかたわら，工場経営と工業技術の実際を学ぶため，日曜日ごとに東京周辺の工場を見学して歩いた。そして，機械工業の基礎素材である鋼管と可鍛鋳物の製造技術が未発達であることを知った。そこで，2年間の職工生活のあと，鮎川は芝浦製作所を退社し，アメリカに渡ってそれらの製造技術を実地に習得しようと決意した。

　1905年12月，ニューヨークに到着した鮎川は大叔父の井上馨から紹介してもらった現地の三井物産支店を通じて就職先をさがした。当時，鋼管関係の会社は秘密保持がやかましかったので，鋳物会社一本に絞り，翌1906年1月，バッファロー市郊外のグルド・カプラー社に週給5ドルの見習工として採用された。小柄な鮎川にとって，現地の労働者に混じっての作業はきついものであった。しかし，鮎川はそれを通じて可鍛鋳鉄の製造技術を学ぶとともに，日本人の手先の器用さと動作の機敏さを活用すれば鋳物製品の国産化と輸出が可能であることを確信した。

　鮎川はエリー市郊外のマレアブル・アイアン社でも実地研修をつみ，1907年2月に帰国した。そして，井上馨の口利きで藤田小太郎，久原房之助，貝島太助，三井物産の支援を取り付けると，鮎川は，1910年6月，九州戸畑に資本金30万円の戸畑鋳物株式会社を設立した。

　戸畑鋳物は創業当初販路開拓に苦しみ，いく度となく倒産の危機に直面した。しかし，藤田らの親族の支援で乗り切り，やがて第1次世界大戦の勃発による鋳物関係製品の輸入途絶の中で経営基盤を確立した。

鮎川の経営方針は堅実であった。第1次世界大戦ブームが出現しても戸畑鋳物は同業他社のように拡大政策はとらず，利益を極力経営内部に留保した。そして，鮎川は，大戦後，蓄積した資金を利用して可鍛鋳鉄の製造に電気炉を導入し，焼鈍時間の短縮と品質向上を図る一方，帝国鋳物，木津川製作所，東亜電機製作所，安来製鋼所を設立あるいは買収して，鉄管継手，ロール鋳造品，石油発動機，特殊鋼などの生産を開始した。これらの製品は性能，品質ともよく，第1次世界大戦後再流入した外国製品との競争に打ち勝ち，昭和初期には三井物産を通じて東南アジア，インド方面に輸出された。鮎川が念願した可鍛鋳鉄製品の国産化と輸出は20年の年月をかけてみごとに実現されたのである。

(2) 共立企業の設立

　鮎川義介は，1922（大正11）年1月，上記の会社の持株・統轄機関として，共立企業株式会社を設立した。同社設立の目的は2つあった。その1つは共立企業を持株会社とするコンツェルン経営の推進の中で，傘下企業間の人事異動を活発に行い，鮎川の意図する人材登用を基調とする分権的管理方式を実施することであった。もう1つは第1次世界大戦後不況の中で経営破綻を来たした企業を買収し，それらを共立企業の経営力を行使して再生させることであった。しかし，共立企業はこの2つの目的を十分に達成できなかった。そして，1926年5月，戸畑鋳物が木津川製作所，帝国鋳物の2社を吸収合併したことにより，共立企業のコンツェルン経営は挫折した。その原因は共立企業の資金力の不足にあった。共立企業設立時の手持ち資金は，帝国鋳物と東亜電機製作所の買収資金にあてられた。そこで，共立企業は「関係会社の持株の配当金及借貸金の利鞘から出て来る収入を以て充分やって行ける」ようになるまで，関係「各社の代理販売業をやって，金融の楽な会社から他の会社へ金を廻す」金融方式を採用した。しかし，持株会社自体が「強力な金融力をもっておらぬ限り，甲の会社の犠牲に於て乙丙丁の金融をしてゆく」方式は甲の会社，すなわち戸畑鋳物の発言権を強めた。そして，この方式は，コンツェルン経営にそぐわないばかりか，共立企業設立の目的の1つである傘下企業間，とくに戸畑鋳

物から他の会社への人事異動に支障を来たすことがすぐに判明した（宇田川「1984」）。しかし，共立企業は鮎川の親族の共同出資で設立されており，株式の譲渡は禁じられていた。

共立企業を中核とするコンツェルン経営は鮎川の意図を実現できなかった。ただ，鮎川が以下に述べるように，ここでの経験は後述する久原家の事業経営再建と日産コンツェルンの形成過程で活かされることになる。

「五箇年間小仕掛けであったが，共立企業経営の過程に於て所謂持株会社の体用を実際に会得することが出来た。共立実験室での最も貴重な発見は，個人又はそれと類似の財閥的持株会社は，仮令配属会社の株式を市場に売出し，それだけ資力の活用を増すことが出来ても，親会社は人事其他伝統的情実に因はれて自身の株式を世間に公開することは到底為し得ないから，如何に有力なものがあっても其作用が局限され，且つ退嬰主義に堕し易く，多衆を制する力も薄弱である。従って急角度に転換しつつある時代相にはいかにも不向きであると言ふ一事である。後日，日産を本格的の公開コンツェルンに仕立てるに至った動機は実に此創見に基づくものである」（和田［1937］）。

2　久原財閥から日産コンツェルンへ

（1）　久原財閥の形成と破綻

鮎川義介の義弟久原房之助は，1905（明治38）年12月，藤田組の持分譲渡の代償として藤田伝三郎家から支払われる財産分与金を使って，久原鉱業所日立鉱山を開業した。同所は鉱山買収・買鉱製錬戦略によって急成長を遂げ，1912年に資本金1,000万円の久原鉱業株式会社に改組された。株式会社改組後も，久原鉱業の急成長は続き，1917（大正6）年にはわが国の金の40％，銀の50％，銅の30％を生産する非鉄金属業界のトップ会社となった。

当時，非鉄金属業界は第1次世界大戦ブームの中で空前の好況を享受していた。久原鉱業の業績も好調そのもので，対払込資本利益率は1915年下期から連

続6期にわたって50％を上回った。そのうえ，久原鉱業は1916年3月に資本金を3,000万円に，翌17年10月に7,500万円に増資し，その際，一部株式をプレミアム付きで公募した。これによって，久原鉱業は株式払込金3,125万円と株式プレミアム2,017万円を獲得した。

第1次世界大戦ブームの中で，久原鉱業が高収益を上げ，そのうえ同社の増資・株式公開によって巨額の資金を取得すると，房之助はそれらの資金を利用して広範囲な事業分野への進出を敢行し，一気に久原財閥の形成を企図した。その結果，久原家は1920年までに久原鉱業のほかに，日立製作所，大阪鉄工所，日本汽船，久原商事，合同肥料，共保生命などの有力会社を経営する，神戸の鈴木商店と双肩される「大正財閥」に発展した。

しかし，大戦ブームが終息し，1920年恐慌に始まる長期不況に遭遇すると，久原財閥は一転して厳しい経営状況に直面した。経営悪化の直接的要因は久原鉱業の産銅事業の行き詰りと久原商事の大破綻にあった。とくに久原商事が1920年恐慌時の雑貨取引のスペキュレーションで被った1億円の損失の影響は大きかった。この損失を債権者の要求を受けて房之助が個人保証したからである。これ以後，久原系各社は金融機関から締め出され，深刻な金融難に陥った。

久原財閥崩壊の「引き金」となった久原商事の破綻原因は，同社経営陣の安易な経営判断と行動もさることながら，彼らの意思決定と経営行動を有効にチェックできなかった久原財閥のコーポレート・ガバナンス体制の欠如に求められる。久原房之助は事業拡張には熱心であったが，多角化戦略に相応して経営機構を整備・構築するという点には意を用いず，久原系各社の統轄の実務と監督権を久原鉱業にまかせていた。しかし，すでに第2章で指摘したように，鉱山会社の久原鉱業に他業種の企業活動をモニターする能力はなかった。

（2） 公開持株会社日本産業の設立

久原財閥の主力企業・久原鉱業は，1926（大正15）年12月，すでに公表してある配当金の調達が期日までにできない事態に立ち至った。久原房之助は退陣

を決意し，義兄の鮎川義介に久原財閥の再建を委嘱した。鮎川は配当金問題と2,500万円にものぼる久原鉱業の累積債務を親族の援助で整理すると，1928（昭和3）年3月，房之助に代わって同社の社長に就任した。鮎川は久原財閥再建の糸口として，久原鉱業の多数の株主と同社および久原家傘下の多岐にわたる企業に着目し，それらを足場に同財閥の緊急を要する2つの課題の解決を企図した。その1つは，金融難を打開するための新しい資金調達方式の確立であった。第1次世界大戦中の株式公開以来，久原鉱業では株主が増加し，1927年5月時点で1万4,858名の株主を数えていた。しかも，そのうちの1万4,739名は500株所有未満のいわゆる大衆株主であり，彼らが全株式の40％を所有していた。この大衆株主の存在と株式分散化に目を付けた鮎川は，大衆株主層の資金を株式市場から動員することを目的とする機構を設立し，そこで積極的な株式金融を展開しようと考えたのである。もう1つは，経営統轄機構の確立であった。既述のように，久原財閥はコーポレート・ガバナンス体制が未整備であり，企業集団としてのまとまりを欠いていた。それゆえ，久原財閥の事業全体を統一的意思の下で運営・調整するためには，統轄的管理機関の創設が不可欠であった。そして，その創設は上記の株式金融を行ううえでも必要であった。

　この2つの課題の同時解決策として，鮎川は共立企業での経験に基づいて久原鉱業の公開持株会社改組構想を打ち出し，1928年12月の同社株主総会に以下の3点の議案を提出し，承認された。

① 久原鉱業を純然たる統轄的持株機関に改組する。
② 同社の株式を公開する。
③ 社名を日本産業株式会社と改称する。

　この改組の狙いは，資金源泉たる久原鉱業の大衆株主をそのまま日本産業の株主へ移行させるとともに，同社をして久原系企業と戸畑鋳物の最高持株兼統轄機関とすることにあった。

　こうして，久原財閥は鮎川の手によって抜本的に再編成され，公開持株会社を中核とする日産コンツェルンとして再出発することになったのである。

3　日産コンツェルンの形成

(1)　多角化戦略の展開

　発足当初，日産コンツェルンの本社日本産業は投資額の約70％を鉱山部門，すなわち旧久原鉱業の鉱山事業を引き継いで1929（昭和4）年4月に設立された日本鉱業に投下していた。しかし，日本鉱業は昭和恐慌の影響を受けて不振を極めていた。それゆえ，日本産業は公開持株会社でありながら，1930年上期から32年上期まで連続5期無配を余儀なくされた。

　このように不振を続けていた日本産業の経営は，1931年9月の満州事変の勃発と12月の金輸出再禁止措置を契機にわが国経済が長期不況から脱出すると，回復し始めた。そして，一時11.9円まで下落した日本産業の株価は1933年上期には130.5円の高値を付けるまでに高騰した。こうした機会の出現を待っていた鮎川義介は，日本産業設立時の構想を実現するため，早速，日産コンツェルンの再編に着手した。その狙いは，鉱山部門依存体制から脱却して異業種の組み合わせ経営を実現し，それによって危険の分散と事業収益の安定を図ることにあった。

　日産コンツェルンの事業再編成は，日本産業の公開持株会社機構・機能をフルに活用して推進された。そのプロセスを概略すれば，まず第1に日本産業は封鎖的に所有していた日本鉱業などの子会社の株式を支配権を残して，順次プレミアム付きで公募し，巨額の株式プレミアムを獲得した。そして，株式公開直後，子会社は株主割当ての増資を行い，自己資金の拡充を図った。第2に日本産業は「無利子」のプレミアム資金を利用して，将来，「金の成る木」となる新規事業を開拓・育成した。第3に日本産業は株価の高騰している自社株式と既存企業株式の交換を通じて，後者企業を吸収合併した。そして，日本産業は被合併企業を整理・統合して子会社として分離独立させる一方，合併によって増加した株主への割当増資を実施した（表-2）。

こうした一連のプロセスを繰り返す中で、日本産業は新規部門の自動車産業に進出して日産自動車を設立し、また、異色の水産事業に進出して日本水産を傘下に収めるなどして短期間に急膨張を遂げ、1937年上期までに三井、三菱両財閥に次ぐわが国第3位の企業集団を形成した。

日産コンツェルンの事業組み換えも進み、日本産業の株式投資残高に占める日本鉱業の比率は、1932年下期の71.8％から37年下期の30.3％に減少した。他方、この間に新たに加わった日産自動車、日本産業護謨、日本水産、日本化学工業、日本油脂の5社に対する投資が増著し、1937年下期の日本産業の株式投資構成に占める、この5社の比率は48.2％に達した。そして、こうした株式投資残高を反映して、日本産業の傘下企業からの取得配当金も、1932年下期には日本鉱業からのそれが全体の84.6％を占めていたが、37年上期には41.7％までに減少し、この減少分を上回る44.8％を上記の5社が提供した。

この間、日本産業の株主は上記の株式交換による既存企業の吸収合併策の推進により、増加を続けた。同社の株主は1937年5月時点で5万1,804名を数えた。1万株所有以上の株主は33名いたが、彼らは全株式の18.4％を支配しただけで、500株所有未満の大衆株主、5万738名が全株数の51.8％を所有していた。他方、久原・鮎川一族の持株比率は大衆株主の増加に反比例する形で減少し、1937年5月時点では5.2％を占めるにすぎなかった。

日本産業は同社設立時に鮎川が構想した大衆資金を株式市場から動員する機能を十全に発揮するとともに、そうして調達した資金をコンツェルンの内部資本市場を通じて傘下企業に配分していたのである。

（2） コーポレート・ガバナンス機構

鮎川義介は日産コンツェルンの拡大に相応して、コーポレート・ガバナンスの構築に意を注いだ。鮎川は1934（昭和9）年に日本産業の本社組織を改革した（図-2）。このうち、業務部は日本産業および傘下企業の資金調達を所管し、「企業関係」部門は日本産業と傘下企業の経営政策上の連携業務と新規事業の調査・企画を担当した。そして、監理部は傘下企業の経営活動の監視と会計監

表-2 日産コンツェルン主要会社の増資と持株の公開・売出し

(単位：千株)

年	会社名	増資後公称資本金(千円)	増資金額(千円)	合併増資	株主割当	その他割当	功労株(A)	公募	株式公開(B)	AまたはBによるプレミアム(1)
1933	日本鉱業	—	—	—	—	—	—	—	150	20円以上 (3,000千円以上)(2)
	〃	75,000	25,000	—	500	—	—	—	—	
	日立製作所	—	—	—	—	—	—	—	100	42円以上(3) (4,200千円以上)
	〃	20,000	10,000	—	200	—	—	—	—	
34	日本産業	99,415	24,415	488(4)	—	—	—	—	—	
	日本鉱業	160,000	85,000	—	1,500	100(5)	—	100	—	37.5円以上(6) (3,750千円以上)
35	日立電力		—	—	—	—	—	—	50(7)	15円以上 (750千円以上)
	〃	10,000	5,000	—	100	—	—	—	—	
	日立製作所	45,000	25,000	—	400	—	100	—	—	
	日本産業	200,000(8)	100,585	—	1,988	—	23	—	—	
37	日立製作所	90,000	45,000	—	900	—	—	—	—	
	〃	117,900	27,900	558	—	—	—	—	—	
	日本産業	225,000	36,682	7,336	—	—	—	—	—	

注：1．プレミアム欄の（）内数字はプレミアム総額の推計値。
2．1株50円払込み済み株式を70円以上で公開した。
3．1株50円払込み済み株式を92円以上で公開した。
4．大阪鉄工所，共同漁業，東洋捕鯨，大日本製氷の4社。
5．社員縁故者割当。
6．1株12.5円払込みにたいし，プレミアム最高41円，最低37.5円。
7．1株50円払込み済み株式を65円公開。なお，公開売出しされた5万株は同社総発行株式数10万株（日本産業所有76,000株，残余は日産系同族所有）のうちの半分。
8．1936年5月に同社子会社の合同土地保有の日本産業株式（旧147,550株，新86,000株）を買入消却し，11,682,500円を減資し，公称資本金は188,317,500円となる。

出所：志林嘉一(1969)『日本資本市場分析』（東京大学出版会），その他より作成。

査，傘下企業間の調整，外部企業の吸収合併上の法律業務を所管した。

鮎川は監理部統制課を通じて2つの管理方式を構想した。その1つは統制課に強力な統制権限を付与して，傘下企業を一元的に統轄管理する方式であり，もう1つは同課の所管の下に傘下企業幹部をメンバーとする懇親会組織の日産木曜会を設置して，経営者・幹部社員間の懇親を図るとともに，各社の業務上

の連絡提携を密にし，コンツェルンを内面から結束させてゆく方式であった。当初，この2つの管理方式は前者が主体で，後者がそれを補完する関係にあった。しかし，前者の縦断的管理方式に対しては傘下企業の側から強い反発があった。傘下企業の多くは，日産コンツェルン入りする以前，独自の長い歴史と個性を持つ，産業分野を代表する大会社であったからである。

そこで，鮎川は混成部隊の日産コンツェルンに適合的な統轄管理方式を再度構想し，1936年末から37年初頭にかけて，コンツェルン組織の再編と管理方式の転換を行った。その要点の第1は「企業関係」部門の廃止と支柱会社制度の設置であり，第2は懇親会組織の日産木曜会の拡充であった。まず「企業関係」部門の廃止後の日本産業と傘下企業間の経営政策上の意思疎通手段として，傘下主要企業の社長を日本産業役員に就任させる一方，それぞれの主要企業に専務取締役以上の役員と鮎川が指名する取締役，監査役からなる要務役員会を設置し，重要政策事項については，そこに日本産業の役員が出席することにした。そして同時に，傘下企業の整理統合を進め，鉱山部門＝日本鉱業，工業部門＝日立製作所，化学工業部門＝日本化学工業・日本油脂，水産部門＝日本水産という具合に，主要事業分野ごとに支柱会社を設けて，それら主柱会社に日本産業の業務，監理両部の権限の一部を肩代わりさせた。

図-2　日本産業の経営組織
（1934年7月）

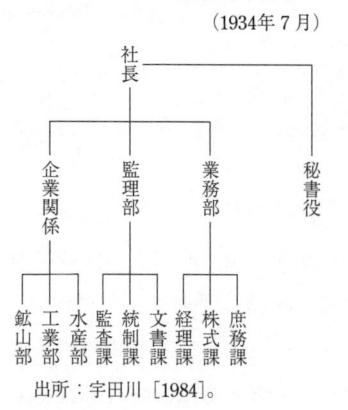

出所：宇田川［1984］。

次いで鮎川は新たに企画部を設置して日産コンツェルン全体の企画調整と新規事業の調査を所管させ，統制課を部に昇格させた。そして，統制部所轄の日産木曜会を再編して，そこに管理機能をビルト・インし，それを通じて傘下企業間の連携調整とコンツェルン全体の結束を図ろうと考えた。

日産木曜会は，1936年12月，「本会ハ会員会社間ノ業務上ニ於ケル連絡協力ヲ主トシ，併セテ全員ノ智徳涵養並ニ相互ノ親睦ヲ計ルヲ以テ目的」とする『日産木曜会規程』を制

定し，この2つの目的を達成するために本部と支部を置いた（宇田川 [1984]）。本部は会員会社間の連絡協力を推進するための機関で，日本産業常勤役員と支柱会社社長からなる評議委員会と，日本産業の統制，庶務，経理の3課長および各支部代表者からなる幹事会が設置された。評議員会は会長（日本産業社長兼務）の諮問機関であると同時に，日産コンツェルン全体の最高連絡調整機関であり，幹事会は会員会社間の業務レベルと情報交換を任務としていた。また，支部は会員会社の本社，工場，事業所が所在する都市に設置され，本部での決定事項の伝達・実行と日産木曜会本来の目的である会員会社幹部の懇親活動を担当した。

　日産コンツェルンの本社日本産業は，1937年11月，「満州国」に移転して，翌12月，同国法人の満州重工業開発に改組され，「満州産業開発五カ年計画」の遂行機関となった。本社の満州移転後，日産コンツェルン各社は支柱会社を中心に運営される一方，1937年9月に日産木曜会を改称した日産懇話会と同年7月に竣工し，日産系各社の本社が入居した日産館を結束の拠り所とした。

（3）　鮎川義介の持株会社観

　鮎川義介は日本の経済発展と工業化をすみやかに達成させるためには，巨額の資金を結集し，それをコンツェルン機構の下で運用することが不可欠であり，合理的であると考えていた。そして，鮎川はそうした考えに立って，コンツェルンの頂点に位置して資金を集中し，同時に多角的事業経営を統轄する持株会社に2つの形態，すなわち個人的持株会社と公開持株会社があると主張した。鮎川によれば，前者は家族・同族の共有財産の増殖・保全を最高目標としており，三井，三菱などの財閥本社がそれに相当した。他方，後者は資金源泉を国民大衆に求め，彼らに代わってそれを運用する，いわば「国民の産業信託機関」であり，日産コンツェルンの本社がそれにあたった。両者の関係について，鮎川は次のように語っている。

　「個人的持株会社は過去に於て社会，国家の発展に大役を果したものでありますが，併し其機構を以て今後も同じような効果を希図し得るやと申し

ますると，それは大きな疑問であります。思想の変化，人口の増加，企業単位の拡大，其他色々の事情を良く考へますると，どうも旧来の持株会社其儘の内容，形態では到底新時代の要求を充すことが出来ないと思はれるのであります。私は持株会社の模様替，即ち公衆を基礎とする持株会社の生れ出る機縁がそこに潜むものであると考へるのであります」（鮎川［1934］）。

鮎川は公開持株会社は時代の要請を受けて生まれた経営機構であり，個人的持株会社に取って代わる企業形態であると考えた。そして，公開持株会社の経営者は大衆株主の受託者として，日本経済の工業化過程に適応的な行動をとらなければならないと主張したのである。

こうした鮎川の「公開持株会社論」は，昭和初期の大財閥の新興重化学工業進出に対する保守的行動とその封鎖的経営体制が厳しく批判される社会状況の中で主張されたこともあって，新しいビジネス・イデオローグとして一躍脚光を浴びたのであった。

おわりに

財閥は，広範囲な産業分野に事業を展開している多角的経営体であった。財閥の多角経営は，経営多角化戦略の追求によって形成された。多角的事業経営は，それに適合的な経営組織の構築と管理方式の確立を必要とした。

財閥は多角的事業経営の進展に応じて，明治末期から大正時代にかけて，統轄管理システムとして，持株会社の設立と前者が株式を封鎖的に所有する傘下株式会社からなるコンツェルン組織を形成した。こうして成立したコンツェルン組織下での各財閥のコーポレート・ガバナンスの仕組みと機能が，それぞれの財閥経営の「パフォーマンス」と進路に決定的な影響を与えた。

本章で考察した岩崎小弥太と鮎川義介は，財閥の組織者であり，財閥コーポレート・ガバナンス機構の革新者であった。小弥太は三菱財閥の多角的事業経営の進展に対応して，まず分権的「事業部」を三菱合資の下に設置することに力を注ぎ，次いで「事業部」を順次株式会社（分系会社）に再編し，その株式

を三菱合資が一元的に所有するコンツェルン組織を形成した。そして同時に，小弥太は三菱合資と分系会社間の意思決定，資金調達，役員人事政策上の権限配分を定め，三菱合資による分系会社の経営活動のモニターとコンツェルン内部資本市場の形成を可能にした。

他方，鮎川はコーポレート・ガバナンスの未整備で経営破綻した久原財閥を公開持株会社日本産業を頂点とする日産コンツェルンに再編成した。鮎川は公開持株会社機構・機能をフルに活用して株式市場から大衆資金の動員を図る一方，既存企業の吸収合併策を中心とする多角化戦略を実施した。そして同時に，鮎川はそうした多角化戦略の展開に相応して，コンツェルン組織と管理方式を整備し，支柱会社と日産木曜会（懇話会）を設置して横断的な企業集団を形成した。

岩崎小弥太と鮎川義介によるコーポレート・ガバナンスと管理方式の「革新」は，三菱財閥と日産コンツェルンの持続的発展を可能にした。しかし，他面，この「革新」は財閥家族の封鎖的支配体制を浸食するものであった。日産の場合，持株会社の株式を公開することで大衆資金の大量確保に成功したが，その代償として久原・鮎川一族は持株支配による経営権を放棄しなければならなかった。三菱の場合も，コンツェルン組織の発展によって，分系会社の株式公開，本社の株式会社化とその公開が実施され，岩崎家の単独支配を後退させざるを得なかった。

しかし，そうした方向は，日本の重化学工業発展の推進主体として，三菱財閥と日産コンツェルンを位置づけていた岩崎小弥太と鮎川義介にとって望むところでもあった。

■参　考　文　献
〇テーマについて
　高橋亀吉［1930］『株式会社亡国論』萬里閣書房。
　橘川武郎［1996］『日本の企業集団』有斐閣。
　下谷政弘［1996］『持株会社解禁』中央公論社。
　岡崎哲二［1999］『持株会社の歴史―財閥と企業統治―』筑摩書房。

第6章　財閥のオルガナイザー

○岩崎小弥太について

　森川英正［1971］「三菱財閥の経営組織―三井財閥との比較において」『経営志林』第7巻第4号。

　長沢康昭［1981］「三菱財閥の経営組織」三島康雄編『三菱財閥』日本経済新聞社。

　萩本真一郎［1995］「三菱財閥における組織の革新―『分権化』と『統治構造の制度分析』」由井常彦・橋本寿朗編『革新の経営史』有斐閣。

　岩崎小彌太伝編纂委員会編・刊［1957］『岩崎小彌太』。

　宮川隆泰［1996］『岩崎小彌太』中央公論社。

　三菱創業百年記念事業委員会編・刊［1970］『三菱の百年』。

　三菱鉱業セメント株式会社総務部社史編纂室編・刊［1976］『三菱鉱業史』。

○鮎川義介について

　宇田川　勝［1979］「日産財閥の経営組織」（上・下）『経営志林』第15巻第4号，第16巻1号。

　宇田川　勝［1984］『新興財閥』日本経済新聞社。

　白坂　享［1998］「持株会社解禁論と日産コンツェルン―共立企業と日本産業―」Research Papers No.J-28　大東文化大学経営研究所。

　鮎川義介［1934］『新資本主義と持株会社』銀行叢書第21編　東京銀行会所。

　和田日出吉［1937］『日産コンツェルン読本』春秋社。

　小島直記［1967］『鮎川義介伝』日本経営出版会。

　日本鉱業株式会社編・刊［1956］『五十年史』。

第7章

財閥経営の破綻
——金子直吉と松方幸次郎——

はじめに

　第1次世界大戦期のビジネスチャンスの拡大の中で，財閥間の競争が激化した。明治末年までに総合財閥としての地位を確立していた三井，三菱，住友は，第1次世界大戦期に重化学工業分野への進出を開始した。他方，特定の産業を資本蓄積基盤として発展を遂げた後発・新興財閥グループは，主として大戦ブームに沸く海外貿易，海運，造船，鉄鋼の4事業分野と銀行部門の拡充，あるいはそれら事業分野へ新規参入した。

　こうした各財閥の多角化戦略の展開により，第1次世界大戦終結時には，三井，三菱のほか，浅野，古河，鈴木，久原が鉱業，製造業，流通業，金融業の4分野進出を果たし，大倉，川崎・松方が3分野に進出し，住友と並んだ。しかし，財界勢力図の再編を賭けて展開された財閥間の多角化戦略は，1920（大正9）年恐慌に始まる長期不況の中で帰趨を決し，財閥間の優劣を明確にした。

　第1次世界大戦後，三井は大戦ブーム時の高収益を守り抜き，財閥首位の座を堅持した。三菱は貿易業でつまずいたが，その損失を多角経営の総合力でカバーして，三井に次ぐ地位を確保した。さらに大戦中，貿易商社設立を回避するなど慎重な経営行動をとった住友が三菱に続いた。そして，これらの3大財閥は重化学工業の育成と金融部門の拡充・多様化に力を入れるとともに，破綻した財閥グループの一部を取り込んで事業範囲を拡大した。

　他方，先行財閥グループに比べて，①専門経営者の不足，②経営組織の未整備，③資金力の弱さ，という弱点を持つ後発・新興財閥グループの多くは，大

戦ブームの消滅と戦後不況の進行の中で，蓄積した利益を吐き出してしまい，あるいは経営判断の失敗によって大きな打撃を受けた。その結果，鈴木，久原，川崎・松方は1927（昭和2）年に発生した金融恐慌の中で崩壊し，浅野，古河，野村，岩井は貿易業と銀行部門での経営失敗の後始末に追われ，総合財閥への途を断念しなければならなかった。

　本章の目的は，後発財閥グループの中から，鈴木商店の大番頭金子直吉（かねこ　なおきち）と川崎・松方グループの主宰者松方幸次郎（まつかた　こうじろう）を取り上げ，大戦中の「成功」と大戦後の「失敗」の両側面を持つ両者の企業家活動を比較・検討することにある。

金子 直吉
──鈴木商店の大番頭──

金子直吉　略年譜	
1866（慶応2）　0歳　土佐国吾川郡名野川村に生まれる	1916（大正5）　50歳　「天下三分の方針」発表
1886（明治19）20歳　鈴木商店に雇われる	1918（大正7）　52歳　日米船鉄交換問題を駐日大使モリスと協議する
1894（明治27）28歳　鈴木岩次郎死去，柳田富士松とともに鈴木商店を経営する	1919（大正8）　53歳　国際汽船取締役に就任米騒動が起こり，鈴木商店焼討ちされる
1900（明治30）34歳　鈴木商店，台湾の樟脳販売権を獲得する	1920（大正9）　54歳　合名会社鈴木商店の資本金を5,000万円に増資
1902（明治35）36歳　鈴木商店を合名会社に改組，責任社員となる	1923（大正12）57歳　株式会社鈴木商店専務取締役，鈴木合名会社理事に就任
1903（明治36）37歳　大里製糖所設立	
1905（明治38）39歳　小林製鋼所を買収し，神戸製鋼所と改称する	1927（昭和2）　61歳　鈴木商店破綻
	1944（昭和19）78歳　死去

（年齢＝満年齢）

1　鈴木商店の発足と成長

　鈴木商店は，1874（明治7）年に，兵庫の弁天浜に鈴木岩次郎によって創業された。洋糖（輸入糖）の取引商として発足した鈴木商店は，その後，樟脳，薄荷，灯油取引などにも手を拡げ，順調に発展を遂げた。この間，岩次郎は1884年に神戸貿易会所の副頭取，86年には神戸商法会議所の発起人兼常議員に就任した。

　神戸の8大貿易業者の一人に数えられた鈴木岩次郎は，1894年に急逝した。当時，鈴木商店の年商は500万円に達していた。岩次郎の死後，未亡人よねが鈴木商店の店主となった。しかし，よねは経営にはタッチせず，2人の番頭，金子直吉と柳田富士松に鈴木商店の全権を委ねた。

　金子直吉は，1866（慶応2）年に高知城下の商人の家に生まれた。明治維新後，生家が没落したため，金子は学校教育を受けず，高知のいくつかの商家を転々と丁稚奉公したのち，神戸に出て，1886年に21歳で鈴木商店に雇われた。金子は1年前に入店していた柳田富士松と共に主人岩次郎によって厳しい指導を受け，商人として成長していった。苦しい修業時代，よねは金子と柳田の面倒をよくみ，彼らもよねを慕っていた。

　鈴木商店の発展の機会は，日清戦争後の台湾領有とともに訪れた。樟脳取引の責任者であった金子は，1899年に台湾総督府が樟脳の専売制度を敷いたとき，民政長官の後藤新平に食い込んで樟脳精製時の副産物である樟脳油の65%の販売権を獲得することに成功した。樟脳油はそれまで廃物扱いされていた。しかし，樟脳油が再生樟脳の原料として利用できることに着目した金子は，その販売権を入手すると，それを樟脳再生業者に販売する一方，鈴木商店内で再生樟脳の生産を開始し，さらに樟脳精製工場を設置した。そして，それらの樟脳製品販売・輸出して大きな利益を得たのである。

　1902（明治35）年，鈴木商店は資本金50万円の合名会社に改組され，よね代表社員の下で金子と柳田が責任社員となった。以後，鈴木商店は金子・柳田体

制下で，本業の貿易事業の拡大を図り，製造事業分野への多角的進出を開始する。

貿易事業において，鈴木商店はそれまでの商館貿易からの脱出を意図して，外国商社を代理店とする海外貿易事業に力を注ぎ，直接海外取引や三国間貿易を開始した。その結果，鈴木商店は明治末年までに上海，ロンドン，ハンブルグ，ニューヨークなどの主要都市に海外支店・出張所を設置した。また，1909年には，鈴木商店は，ドイツ商館ラスペ商会の支配人エミール・ポップと合弁で日本商業会社（資本金50万円）を設立して，直接輸出・輸入業務に乗り出し，1年後，ポップの退社によって，同社を単独経営した。

次ぎに製造事業分野への進出について見れば，まず鈴木商店は，1902年に福岡県大里に，ジャワ糖を原料とする大里製糖所を設立し，製糖事業への進出を図った。大里製糖所の設立は，鈴木商店の取り扱っていた甜菜糖輸入の減少と，日本精製糖，日本製糖両社の市場独占に対応するためであった。両社は，1909年に合併し，大日本製糖となった。大日本製糖は砂糖の過剰供給と砂糖消費税の引き上げによる採算悪化を打開するため，金子直吉に大里製糖所の買収を申し入れた。金子は，北海道，山陽，山陰，九州，朝鮮地域における大日本製糖製品の一手販売権獲得を条件に，250万円で建設した大里製糖所を650万円で大日本製糖に売却した。この売却金が，その後の鈴木商店の多角的事業進出の原資となった。

鈴木商店は，1905年に小林清一郎が創業した小林製鋼所を買収した。小林製鋼所工場は同年8月に完成したが，出銑に失敗したため，小林は経営の続行を断念し，金子に経営権譲渡を申し入れた。小林製鋼所の開業に際して，鈴木商店は機械設備購入費15万円，工場建設費40万円の計55万円を出資していたからである。金子は同所の経営を引き受け，1905年9月，神戸製鋼所と改称した。そして，大里製糖所の売却金を利用して同所の設備を拡張し，1911年，鈴木商店全額出資の資本金140万円の株式会社とした（同所は，その後，今日の神戸製鋼所に発展する）。

金子は，1908年に室屋家の創業にかかわる日本食塩コークスと，小栗商店の

経営する東洋製塩を買収し，それらを大日本塩業，台湾塩業と改称したうえで，製塩事業に進出した。そして，1908年には札幌製粉を買収し，東亜製粉に資本参加して製粉事業にも進出した。

このほか，明治末期までに鈴木商店は，取扱い品目の拡大を意図して，東亜煙草（1909年），東レザー（1910年，のちの東工業および帝人），日本セルロイド人造絹糸（1908年のちのダイセル），帝国麦酒（1912年）などを設立・買収し，それらを傘下企業あるいは系列企業とした。

2 鈴木商店の飛躍

（1） 金子直吉の「天下三分の宣言」

1914（大正3）年7月に勃発した第1次世界大戦は，日露戦争後不振を続けていた日本経済にとって，まさに「天祐」となり，空前のブームをもたらした。ただし，大戦勃発直後，わが国経済は先行き不安のため，一時，低迷した。そうした状況の中で，金子直吉は海外駐在社員からの情報に基づいて世界市場の動向を判断し，開戦3カ月後の11月，「すべての商品船舶に対するいっせい買い出動」という政策を決定した。この政策はみごとに的中した。1915年に入り，船舶，鉄鋼，非鉄金属，食料品などの価格がいっせいに高騰し，鈴木商店は一挙に1億数千万円の巨利を稼いだのである。

大戦ブームの拡大の中で，金子の「買い出動」政策はますますエスカレートし，1917年秋には全店に「天下三分の宣言書」を発表した（以下は，ロンドン支店の高畑誠一に宛てた金子の手紙の一部である）。

「今当店の為し居る計画は凡て満点の成績にて進みつつ在り，御互に商人として此の大乱の真中に生まれ，而も世界的商業に関係せる仕事に従事し得るは無上の光栄とせざるを得ず。即ち此戦乱の変遷を利用し大儲けを為し三井三菱を圧倒する乎，然らざるも彼等と並んで天下を三分する乎，是鈴木商店全員の理想とする所也。小生共是が為め生命を五年や十年早くするも縮少(ママ)

するも更に厭う所にあらず。要は成功如何に在りと考え日々奮戦罷在り恐らくは独乙皇帝カイザルと雖も小生程働き居らざるべしと自任し居る所也。ロンドンの諸君是に協力を切望す。小生が須磨自宅に於て出勤前此書を認むるは，日本海々戦に於ける東郷大将が彼の『皇国の興廃此の一挙に在り』と信号したると同一の心持也」（桂［1977］）。

時代がかった文面であるが，決して大言壮語ではなかった。この年の鈴木商店の年商は15億4,000万円（日本の貿易高12億円，三国間貿易高3億4,000万円）に達し，三井物産の年商10億9,500万円を完全に上回っていたのである。

（2） 製造事業分野への進出

金子直吉の「天下三分の宣言書」は，貿易事業分野に限定したものではなかった。金子は海外貿易事業で得た巨額の収益を利用して多角的事業分野に進出し，鈴木商店を三井，三菱に比肩する総合財閥にすることを企図した。

第1次世界大戦中から戦後にかけての，鈴木商店の製造事業分野への多角化過程を年表風に記せば，以下のようである。

1916（大正5）年4月，船舶不足に対処するため，播磨造船所を買収し，それを株式会社播磨造船所とした（IHIの前身の1つ）。

1916年12月，上記と同じ理由で中央鉄工所を買収し，それを鳥羽造船所とした（神鋼電機の前身）。

1918年6月，傘下の東工業の人造絹糸製造部門を分離独立させて帝国人造絹糸を設立し，わが国最初のレーヨン事業に着手した（現社名，帝人）。

1918年，秋田県で採油事業を営んでいた帝国石油を買収し，ペルシャ原油の輸入を開始した。その後，1922年，同社徳山製油所が完成し，ペルシャ原油の精製を行う。なお，帝国石油は，同年，輸入原油の精製を行っていた旭石油と合併，旭石油と改称した（昭和シェル石油の前身の1つ）。

1920年，傘下の札幌製粉，東亜製粉が日本製粉に合併されたことにより，日本製粉の株式を大量に入手した。すでに日本製粉の原料・製品の流通ルートを鈴木商店が押さえていたこともあって，同社は鈴木の支配企業となった。

1921年，17年に設置した硬化油工場を住田流芳舎本郷工場と合併させてスタンダード油脂を設立した。同社は，1923年に国策会社の日本グリセリン工業と合併して，合同油脂グリセリンとなる（日油の前身の1つ）。

　1922年，大連，鳴尾，清水，横浜の4大豆油工場を集約して，豊年製油を設立した（現社名，ホーネンコーポレーション）。

　1922年，フランスのル・エール・リキド社からクロード式特許を導入してクロード式窒素工業を設置し，24年から合成アンモニアの試作を開始した。1926年に合成アンモニアの量産を図るため第一窒素工業が設立されると，クロード式窒素工業は特許権保有の持株会社となった（三井化学の源流の1つ）。

　こうした製造事業分野への華々しい進出の結果，1920年には鈴木商店は傘下に直系会社35社，傍系会社30社を支配した。そして，多角的事業展開に応じて同年，鈴木商店は100倍増資を行い，資本金を5,000万円とした。

（3）　日米船鉄交換交渉

　金子直吉は，第1次世界大戦中の日米船鉄交換交渉の場でも勇名をはせた。大戦ブームによって，日本の造船業界は黄金時代を迎えた。そうした状況の中，1917（大正6）年8月，アメリカ政府は対日鉄鋼材の輸出禁止措置を発表した。当時，日本の造船業界は造船用鉄鋼材の大半をアメリカに依存しており，輸入既契約は46.3万トンに達していた。造船業者，貿易商社，海運会社26社は，ただちに米鉄輸出解禁期成同盟会を結成し，解禁運動を展開した。そして，日米両国政府も交渉を開始した。しかし，いずれも成果をあげることはできなかった。

　そこで，傘下に播磨造船所を持ち，鉄鋼材受注1億円を抱えていた鈴木商店の金子は，政府間交渉に頼らず，駐日米国大使ローアンド・S・モリスと直接交渉して，事態を解決しようと考えた。金子はモリス大使が弁護士出身の苦労人で，自由主義の信奉者であることを確かめると，内務大臣後藤新平の紹介状を持って，1918年3月，モリスと単独会見した。金子は日本が連合国の一員であることを強調するとともに，今回のアメリカ政府の措置は同国の「自由と義

務に忠実な精神」に反していると主張した。そして，アメリカが日本に鉄鋼材を供給し，その対価に相当する船舶をアメリカに提供するという，ユニークな船鉄交換を提案した。モリスは金子の提案を評価し，それをアメリカ本国政府に伝えた。

その結果，1918年4月に第1次日米船鉄交換契約が，同5月に第2次契約が締結された。第1次の契約内容は，鉄鋼材1トンと船舶1重量トンの交換比率で，船舶15隻，12万7,800重量トン，第2次のそれは鉄鋼材1トンと船舶2重量トンの交換比率で，船舶30隻，24万6,300重量トンを提供するものであった。金子は，鉄鋼材1トンで船舶3重量トンを建造できることを計算し，上記の交換比率を決めたと言われている。

いずれにしても，金子のイニシアティブによって成立した日米船鉄交換契約によって，日本の造船業界は鉄鋼材飢餓から脱出することができ，鈴木商店も大きな利益をあげたのであった。

3 没落への道程

(1) 拡大戦略の蹉跌

三井，三菱両財閥に迫る勢いを示した鈴木商店は，1920（大正9）年恐慌に始まる不況の進行の中で，一転して没落への途を歩み始め，1927（昭和2）年の金融恐慌発生とともに破産した。

第1次世界大戦後，鈴木商店はいくつかの経営失敗が重なり，業容を急速に悪化させた。まず第1に，鈴木商店は第1次世界大戦終結時の判断ミス，1920年恐慌時の各種商品の思惑取引，21年の上海市場での綿製品取引，22年の大連市場での大豆取引，の失敗によって大きな損失を被り，22年3月以後，輸入為替手形を自力で決済できない状況に追い込まれてしまった。

第2は海運業進出の失敗である。鈴木商店は大戦中に傘下の播磨造船所で多くの船舶を建造し，それを自家運用していた。しかし，鈴木商店は，大戦の終

結時期を誤り，手持ち船舶を売却する機会を失ってしまった。そこで，金子直吉は8社の社外船主を説得して所有船計50万重量トンを出資させると，政府の出資を迎え，1919年7月資本金1億円の国際汽船を設立した。国際汽船の経営は金子と最大出資者である川崎造船所の松方幸次郎が共同であった。両者は大戦後の復興ブームの出現を予想して，大西洋を中心に三国間航路の開拓を企図した。しかし，復興ブームは短期間で終り，1920年恐慌に逢着した。その結果，同社が当初予定したトン当たり10円のチャーター料金は3円を割るまでに惨落した。国際汽船の経営は完全に行き詰まって損失を重ね，鈴木商店の足をひっぱる存在となってしまった。

第3に傘下の工業会社がおしなべて経営不振に陥ってしまったことである。金子直吉は鈴木商店の総合財閥化を企図して第1次世界大戦中から戦後にかけて，海外貿易事業で獲得した巨額の収益を注ぎ込んで，工業会社の新設・拡張を図った。しかし，これらの工業会社は第1次世界大戦後の長期不況の中で業績を悪化させ，その多くが無配会社に転落した。そのため，鈴木商店の工業会社への投資は利益を生むことなく，固定化した。そして工業会社の借入の利息負担が，鈴木商店の資金繰りをいっそう圧迫した。

（2） 借入金依存のコンツェルン金融の破綻

鈴木商店は，多角的事業経営に必要な資金の大半を銀行からの借入に依存した。中でも樟脳，砂糖取引で関係が深まった台湾銀行への依存を強め，第1次世界大戦以後，両者は共生的関係を有するようになっていった。その背景として，大戦中から戦後にかけての鈴木商店の急膨張に警戒を強めた三井銀行などの市中銀行が同店への融資を縮小する方針をとったこと，日本内地の金融市場への参入を意図した台湾銀行が鈴木商店を格好な貸付先と見なしていたこと，大戦後，鈴木商店の破産の波及を恐れた政府と日本銀行が同店への金融的サポートを台湾銀行に要請したこと，などが指摘できる。

いずれにしても，第1次世界大戦ブーム時から，鈴木商店およびその子会社の台湾銀行からの借入金は増加の一途を続けた。その結果，1927（昭和2）年

表-1　台湾銀行の鈴木関係貸出　　　　(単位：千円)

貸出先 年月日	鈴木合名 (A)	鈴木商店 (B)	小　計 (A+B)	関係会社 (C)	合　計 (A+B+C)	台銀貸出 総額(D)	$\left(\dfrac{A+B+C}{D}\right)$
1924年末	133,504	127,525	261,029	14,872	275,901	786,326	35.09
25年6月末	—	—	283,007	19,359	302,367	704,169	42.94
25年末	143,640	133,977	277,617	20,293	297,911	714,983	41.67
26年6月末	131,602	98,407	230,011	60,366	290,378	642,351	45.21
26年末	127,705	130,720	258,426	74,284	332,710	719,985	46.21
27年4月16日	128,113	150,303	278,417	73,867	352,285	720,756	48.88

(出所)　伊牟田[1977]。

4月時点で，台湾銀行の貸出総額の48.9%が鈴木関係会社に集中した(表-1)。

ところで，第1次世界大戦後の日本経済が抱えていた難問題の1つが，「震災手形」の処理問題であった。政府は，関東大震災後，経済界を救うため，震災地を支払い地とする手形，震災地で事業を営む者の振り出した手形，あるいは震災地で事業を営む者を支払人とする手形については，日本銀行の保証の下に市中銀行が全部割り引くという措置をとった。しかし，これ以後，大戦後の不況の中で業績を悪化させた企業が，所有する手形を震災手形と称して，市中銀行に持ち込んで割り引くという事態が横行した。それゆえ，震災手形の処理は進まず，1926年12月時点で同手形の未決済高は2億680万円あった。そのうち50%，1億円は台湾銀行が所有していた。そして，同行所有の震災手形の大半は鈴木合名・鈴木商店関係のものであった。関東大震災後，資金難に直面した鈴木商店は台湾銀行を経由した震災手形の割引で，大量の政府救済資金を受け取り，それを事業資金に充当していたのである。

この間，鈴木商店は台湾銀行の要請に応じて，1923年，後述するように同商店を鈴木合名会社と株式会社鈴木商店に分割し，事業経営の再建を図った。しかし，事態は好転しなかった。

震災手形の処理法案は，1927年1月からの帝国議会で集中審議された。その審議の過程で片岡大蔵大臣の「東京渡辺銀行が休業した」という失言がきっかけとなり，銀行の取付け騒ぎが各地で発生した。そして，1927年4月，震災手形を大量に保有している台湾銀行東京支店が休業に追い込まれてしまった。政

府は，台湾銀行救済の条件として，鈴木商店との取引中止を要求した。政府の要請を受けて，台湾銀行は，1927年3月26日に鈴木合名と株式会社鈴木に対して貸出し停止を通告し，4月5日，両社は新規取引の休止を発表した。

4　金子直吉の評価

（1）「両刃の剣」的企業家活動

　金子直吉は，陣頭指揮型のワンマン経営者であった。金子の即断即決の意思決定と積極果敢な企業家活動は，鈴木商店の急成長の原動力であり，同時に没落の要因ともなった。金子の企業家活動は，「両刃の剣」的側面を持っていた。それは，とくに戦略的意思決定，経営組織の構築，資金調達の場面で顕著に現われた。金子は第1次世界大戦の勃発直後，「いっせい買い出動」政策を決定した。この政策はみごとに的中し，鈴木商店の急成長を実現させた。この成功が金子をいっそう強気にさせた。しかし，金子の強気一点張りの拡大戦略は，鈴木商店を窮地に追い込む結果をもたらした。金子は第1次世界大戦の終結時の判断を誤った。休戦に備えるため，西川文蔵支配人と高畑誠一ロンドン支店長は，事業範囲の縮小や船舶，各種商品の「売り逃げ」を金子に進言した。また，三井銀行も鈴木商店に対して警戒を強め，融資を制限する措置をとった。しかし，金子は西川らの進言や三井銀行の警戒を無視して拡大戦略を続行し，大戦終結時に鈴木商店に大きな損失を被らせた。さらに1919（大正8）年に入り，戦後復興ブームが出現すると，金子は終戦時の損失を取り戻すために，各種商品の投機取引を再開する一方，国際汽船を設立した。しかし，この政策は1920年恐慌の到来で失敗し，鈴木商店の経営悪化をさらに拡大させた。

　「金がなければ借りればよい」と考えていた金子直吉は，終始一貫，銀行借入依存の資金調達方式を堅持した。鈴木商店の大戦中の急速な事業拡大に対して，西川支配人や高畑らの経営幹部は，金子に同店の株式会社改組をしばしば進言した。しかし，金子は株式公開にともなう部外者の経営介入と収益の社外

流出を嫌って，彼らの進言を拒否した。また，自分の経営方針に絶対の自信を持つ金子は，鈴木商店の拡大戦略に警戒を強める三井銀行との関係を疎遠にし，逆に台湾銀行への依存を強めていった。植民地台湾を活動拠点とする台湾銀行は日本内地の有力会社との取引が少なかったこともあって，鈴木商店の求めに応じて融資枠を拡大してくれたからである。

　金子は寝食を忘れて事業の拡張に取り組み，同時に神戸高商出身者を中心に学卒社員の採用にも力を入れた。しかし，その反面，経営組織の構築・拡充には意を注がなかった。事業網の拡大にもかかわらず，鈴木商店の資本金は1920年まで50万円のまま据え置かれていた。金子は経営組織や管理システムに頼らず，自分で学卒社員を手足のように使いながら，直接事業を指揮・コントロールすることを欲していたのである。そして，そうした金子の集権的なワンマン体制は，鈴木商店の機動性を高め，迅速な経営行動を可能にした。しかし，金子がいかに有能な経営者であったとしても，第1次世界大戦前後から急速に拡大した鈴木商店の事業経営と50社を超える傘下子会社の経営を十全に統轄管理することは不可能であった。その結果，鈴木商店を中核とする多角経営体の管理体制は弛緩してゆき，鈴木系企業が放漫経営に陥り，赤字を累積させる要因となっていった。

　こうした管理体制の不備を是正するため，鈴木商店は，1923年3月，台湾銀行の要請を受け入れて，組織改革に踏み切った。資本金5,000万円の合名会社鈴木商店から貿易事業部門を分離して，資本金8,000万円の株式会社鈴木商店を設立し，前者の合名鈴木商店は鈴木合名会社と改称したうえで傘下企業の持株会社とした。この組織改革の狙いは，リスキーな貿易事業部門を株式会社組織とし，金子のワンマン体制を弱体化させることにあった。

　さらに台湾銀行は，鈴木商店の崩壊を阻止するため，1926年12月，同店に対して，①鈴木合名の経営は台湾銀行が派遣した佐々木義彦を首席とする理事会で運営する，②金子は鈴木合名の一理事として関係会社の整理に専念する，③株式会社鈴木の経営は高畑誠一，永井幸太郎らの専門経営者が担当する，という3点の鈴木再建策の実施を要求した。

この再建策について，鈴木家内部で金子の処遇をめぐって意見がまとまらず，結局，台湾銀行との折衝が続いている間に，鈴木商店は崩壊の日を迎えてしまった。

鈴木家内部で金子直吉の「暴走」をチェックできる人は，オーナーであるよね未亡人と二代目岩次郎しかいなかった。しかし，両オーナーは，台湾銀行の金子退陣要求に難色を示した。鈴木商店の所有者は，最後まで金子に全幅の信頼を寄せていたのである。

(2) 「偉大なる失敗」

鈴木商店の倒産後，株式会社鈴木を整理会社とする一方，同社の事業を傘下の日本商業に譲渡し，さらに1933（昭和8）年，日本商業を日商株式会社に改組した。そして，倒産から6年後の1933年，債権者会議を一度も開くことなく，株式会社鈴木はいっさいの債務を弁済して解散した。

鈴木系の事業会社の多くは，鈴木商店の倒産後，三井，三菱などの財閥の傘下に移行し，あるいは有力企業と合併・合同した。再出発を余儀なくされた鈴木系の事業あるいはその流れをくむ事業は，鈴木商店時代に雇用された専門経営者たちによって引き継がれ，今日に至っている。双日，IHI，神戸製鋼所，神鋼電機，帝人，ホーネンコーポレーション，三井化学，日本製粉，日油，などの有力会社あるいはその一部になっている。

鈴木商店は金融恐慌の淵に沈んだが，事業は残り，今日まで存続している。鈴木商店の倒産が「偉大なる倒産」，金子直吉の企業家活動の失敗が「偉大なる失敗」であると，言われる所以である。

松方 幸次郎
――川崎造船所のリーダー――

松方幸次郎　略年譜	1919（大正8）53歳　川崎造船所で造船業界初の8時間労働制実施　川崎汽船設立
1865（慶応元）0歳　鹿児島で松方正義の三男として生まれる	
1885（明治18）19歳　米国エール大学入学	1920（大正9）54歳　川崎造船所で大労働争議発生
1891（明治24）25歳　松方正義総理大臣の秘書官になる	1921（大正10）55歳　川崎汽船，川崎造船所船舶部および国際汽船の3社でKライン結成
1896（明治29）30歳　川崎造船所社長に就任	
1902（明治35）36歳　川崎造船所の第1乾ドック竣工	1926（大正15）60歳　雇用者側代表として国際労働会議（ILO）に出席
1915（大正4）49歳　ストック・ボート生産を決定	1928（昭和3）62歳　川崎造船所社長辞任
1916（大正5）50歳　美術品のコレクションを開始	1933（昭和8）67歳　日ソ石油会社を組織
1918（大正7）52歳　造船用鋼材自給のため，葺合工場で鋼板の製造を開始	1950（昭和25）84歳　死去

（年齢＝満年齢）

1 川崎造船所の後継者問題と松方幸次郎の登場

　川崎造船所は，1878（明治11）年に川崎正蔵によって東京の築地に創業された。川崎は，1887年に官営兵庫造船所の払い下げを受けると，本拠地を神戸に移した。そして，1896年にそれまでの個人経営形態を改めて，資本金200万円の株式会社川崎造船所を設立した。

　すでに60歳となっていた川崎正蔵は事業組織の株式会社への改組を機に，引退を決意した。川崎には3人の息子がいた。しかし，長男は夭折し，1885年に三男と次男を相次いで病気で失った。川崎は翌年生後まもない正治を養子にもらい，四男として入籍する一方，1892年に甥の芳太郎（妹の息子）を娘千賀と結婚させた。川崎は芳太郎に期待をかけ，アメリカに留学させた。芳太郎は温厚な紳士であった。しかし，事業経営者には不向きで，川崎は芳太郎を養子として入籍させなかった。

　株式会社への改組時，推定相続人の正治は10歳であった。そこで，川崎は同じ鹿児島出身で親交の深かった明治元勲・松方正義の三男幸次郎を株式会社川崎造船所の初代社長に就任させた。川崎は，松方を正治が成長するまでの「中継ぎ」と考えていた。しかし，正治が慶応義塾普通科在学中に文学に熱中したため，1905年に彼を廃嫡し，翌年急きょ芳太郎を養子として入籍させ，推定相続人とした。

　しかし，芳太郎は拡大を続ける川崎造船所の経営を松方に代わって担当する意思も器量も持ち合わせていなかった。その結果，「中継ぎ」として登場した松方が1928（昭和3）年まで，実に32年間の長きにわたって，川崎造船所の社長を務めた。この間，松方とその一族は川崎造船所の持株を増加させ，後述するように1920（大正9）年には川崎家に代わって同社の最大株主になった。川崎造船所は後継者の確保に失敗し，川崎家の家業会社から松方一族の事業会社に移行していったのである。

　松方幸次郎は，1865（慶応元）年に鹿児島で生まれた。幸次郎は大学予備門

（旧制一高の前身）に入学するが，中途で退学し，1884年にアメリカに渡り，ラトカーズ大学に入った。そして，翌85年にエール大学の編入試験に合格して法学部に入学し，学部卒業後は大学院に進み，1890年に博士号を取得した。この間の留学費用は，松方正義の依頼によって川崎正蔵が負担していた。

　帰国後，幸次郎は，1881年5月，父の松方正義が第1次松方内閣を組織すると，首相秘書官となった。松方内閣退陣後，幸次郎は実業界に転じ，日本火災保険副社長，灘商業銀行監査役，大阪高野鉄道取締役などを歴任した。

　名家の出身で，華麗な経歴を持つ松方幸次郎の川崎造船所社長就任は，関西財界から大きな期待をもって迎えられた。幸次郎は期待にたがわず，持ち前の積極主義を発揮して川崎造船所の設備拡張に努め，明治末年までに同所を三菱造船に次ぐ造船所に発展させた。また，1906年には鉄道車輛製造事業に進出し，同所の多角化経営の端緒を開いた。

2　大戦中の飛躍的発展

（1）　ストック・ボート政策

　第1次世界大戦の勃発は造船業にかつてないブームを享受させ，飛躍的拡大をもたらした。松方幸次郎は，このブーム出現を千載一遇の機会として捉え，第1次世界大戦中に，①川崎造船所をトップ造船会社とする，②海運業に進出して同社を総合海事会社とする，③鉄鋼，自動車，航空機工業などに進出して同社を総合重工業会社とする，という3大方針を立て，それを実行に移した。

　造船各社が大戦ブームを享受するためには，大戦によって生じた隘路を解決しなければならなかった。造船業は典型的な受注産業であった。大戦の拡大の中で，海運会社を中心に大量の建造注文が各造船会社に殺到した。その一方で，主要材料の鉄鋼材の入手が困難となり，鉄鋼材の価格は高騰を続けた。そのため，受注時に船舶の建造費を決める，従来の受注生産方式では採算がとれ

170　第7章　財閥経営の破綻

表-2　ストック・ボート建造実績　　　　（1916〜26年）

型別 (D.W.T.) 進水年次	12,000	10,000	9,300	9,100	6,300	2,500	1,200	合計 隻数	合計 総トン数 (D.T.)
1916	—	—	—	1	—	—	—	1	5,869
17	1	2	—	14	—	—	—	17	106,592
18	—	—	—	16	—	1	1	18	96,496
19	—	—	—	30	5	—	—	35	196,572
20	—	—	—	13	—	—	—	13	76,331
21	—	6	—	1	—	—	—	7	45,324
22	—	2	—	—	—	—	—	2	13,162
23	—	1	—	—	—	—	—	1	6,566
24	—	—	1	—	—	—	—	1	5,832
25	—	—	—	—	—	—	—	0	0
26	—	—	1	—	—	—	—	1	5,950
合計	1	11	2	75	5	1	21	96	558,694

（出所）　川崎重工業編［1959］。

ないという事態が生じた。そのため，建造船舶の引き渡しの際，高騰した建造材料の負担をめぐって，発注者と造船会社の間で各種のトラブルが多発した。

　こうした事態に対して，造船業者は2つの方法で対応した。その1つは，材料の収集，供給を発注者に委ね，造船所としては技術と機械，人力を提供するだけの組立て業務に専念する方式であり，もう1つは受注を断り，自らの設計で標準船の見込み生産を行い，それを完成時の時価で売却する方式であった。この2つの方式のうち，多くの造船会社は後者の見込み船を建造・売却する方式を採用した。中でも，その戦略をもっとも大胆に追求し，しかもそれを有効に活用したのが，川崎造船所であった。

　松方は，同業他社に先駆けて1915（大正4）年秋に海軍からの艦艇受注を除いて，受注方式による船舶建造を中止し，見込み船，すなわちストック・ボート生産に集中する戦略をとった。そして，建造したストック・ボートを高価格で売却する一方，その一部を自社で運用した。松方のストック・ボート集中戦略は，単なる受注方式の隘路打開を狙ったものではなく，川崎造船所の総合海事会社への脱皮を企図したものであったのである。

この松方の戦略はみごとに的中し，大戦中から休戦時にかけて，川崎造船所の飛躍的成長を可能にさせた。川崎造船所は大戦終了時までに36隻，20万8,957総トンのストック・ボートを建造した（表-2）。そのうち27隻を高価格で売却し，7,000万円の利益をあげた。また，1918年2月から19年4月の14カ月間に，川崎造船所は延べ24隻のストック・ボートの独自運用で，1,700万円の利益を稼いだ。

　同時に，ストック・ボート生産とその一部自社運用は，鉄鋼材料を確保するうえで，その力をいかんなく発揮した。1918年4月，先に見たように，第1次日米船鉄交換契約が成立した。この契約は，アメリカ側が完成船の早急な入手を求めた結果，まずわが国から完成船をアメリカ側に引き渡し，それと交換する形で既約の鉄鋼材をわが国に輸出するという，現物交換を骨子としていた。そのため，手持ちの船舶に余裕のない業者は日米船鉄交換契約の履行に参加することができなかった。しかし，大量のストック・ボートを建造・所有していた川崎造船所は，7隻，6万3,000重量トンの船舶を提供することができた。そして，その見返りに6万3,000トンの鉄鋼材を入手し，19万重量トンの船舶建造を可能にした。また同様に，第2次日米船鉄交換契約の履行に際しても，川崎造船所は5隻，4万5,000重量トンの船舶を提供し，2万2,500トンの鉄鋼材を確保した。そして，これらの鉄鋼材を利用して，川崎造船所は鉄鋼材不足に悩む同業他社を尻目にストック・ボートの大量建造を続行し，1919年には建造量において三菱造船を抜いてトップに立ったのであった。

(2) 多角化戦略の展開

① 鉄　鋼　業

　第1次世界大戦の拡大によって鉄鋼材の入手が困難になると予想した松方幸次郎は，鉄鋼材自給方針を打ち出した。そして1915（大正4）年11月，川崎造船所の資本金を2,000万円に倍額増資し，この増資資本金を活用して製鉄事業への進出を開始した。松方は，まず鉄道車輌と鋳鋼材の製造工場である兵庫工場の鋳鋼部門に拡大し，次いで1916年5月，同工場に製鉄部を設けて15トン溶

鉱炉2基を設置し，条鋼，型鋼の生産を開始した。さらに1917年5月，葺合脇浜の埋立地に500万円の資金を投じて板鉄およびレールの生産を目的とする葺合工場の建設に着手した。

　兵庫工場の製鉄事業は順調に拡大した。しかし，葺合工場の建設は遅延し，同工場の完全操業は大戦末期の1918年9月までずれ込んでしまった。葺合工場の建設の遅れは，松方の鉄鋼材自給方針の「効果」を半減させた。なぜならば，日米船鉄交換契約の履行によって，葺合工場の完成時には皮肉にも川崎造船所は大量の鉄鋼材をすでに確保していたからである。

② 自動車・航空機工業

　松方幸次郎は，鉄鋼業の兼営と並行して，大戦中に自動車・航空機両工業への進出を企図した。両工業の将来性に着眼した松方は，1917年3月，自ら欧米諸国を訪問して両工業の調査を行う一方，同年1月，海軍から日置釭二郎大尉を入社させてフランスに派遣し，飛行機製作の研究にあたらせた。さらに1917年9月，アメリカ滞在中の藤田香苗を入社させ，自動車製作技術の研究に専念させた。

　次いで，松方は，1918年7月，川崎造船所兵庫工場に自動車・飛行機の2科を創設し，イギリスのソーニクロフト社から自動車製造技術を導入し，また，フランスのサルムソン社からサルムソン飛行機および発動機，発電機などの製造販売権を取得した。そして，翌1919年4月には，兵庫工場の隣接地に自動車・飛行機製作工場を建設した。

　松方は飛行機製作よりも自動車製作に関心を持っていた。しかし，陸軍が飛行機製作に専念することを強く求めたため，大戦後，自動車製作を断念し，飛行機製作に集中した。ただし，飛行機製作は容易ではなく，川崎造船所の航空機部門が本格的に生産活動を開始するのは1928（昭和3）年以後のことであった。

③ 海　運　業

　松方幸次郎は，傭船料・海上輸送運賃がピークに達した1917年後半，海運業への進出を決意し，翌18年1月，川崎造船所内に船舶部を設置してストック・

ボートの自家運用を開始した。海運業の兼営は，前述したように同社に巨額の収益をもたらした。しかし，第1次世界大戦の終結とともに海運業は不況の波に襲われ傭船料，海上輸送料とも急落した。

　そうした状況に直面しても，松方は強気の姿勢を崩さなかった。ヨーロッパ諸国の戦後復興には莫大な物資と時間が必要であると考えていたからである。ヨーロッパの復興とともに海運業が再び活況を迎えると判断した松方は，1919年4月，川崎造船所全額出資の資本金3,000万円の川崎汽船株式会社を設立し，海運事業の拡大を企図した。さらに1919年9月，松方は鈴木商店の金子直吉と協力して，前述した社外船主の大合同による国際汽船を設立した。そして1921年5月，両社と川崎造船所船舶部でKラインを組織し，大西洋海上輸送の独占を企図したのである。

3　「薩州財閥」＝川崎・松方グループの形成

　川崎造船所の創業者川崎正蔵は，1912（大正元）年12月に死去した。正蔵の死後，養嗣子の芳太郎が川崎家の当主となった。しかし，芳太郎は事業経営に熱心でなく，川崎家はレントナー化の傾向を強めていった。その結果，川崎造船所の第1次世界大戦中の相次ぐ増資に際して，川崎家は増資新株式の引き受けを嫌い，持株数を減少させた。他方，松方幸次郎とその兄弟は，増資のたびに後述する十五銀行の融資を受けて持株数を増加させ，1920年上期末には松方一族で川崎造船所株式の17.9％を所有して筆頭株主になり，同社の経営権を掌握した。

　川崎家は，川崎造船所のほか，神戸川崎銀行（1905年設立，以下同じ），福徳生命保険（1911年），大福海上火災保険（1919年），神戸新聞社（1898年）などを家業会社として所有・経営していた。しかし，川崎家はこれらの家業会社についても，1920年ごろまでに経営権や所有権を手放し，以後，布引鉱業所，布引商業と朝鮮事業部所轄の小作経営に専念していった。

　他方，明治時代に総理大臣や大蔵大臣などを歴任した松方正義には12人の男

子があった．このうち，後述する「薩州財閥」グループの形成に深く関与していた，息子たちの事歴を簡単に紹介すれば，以下のようであった（ただし，松方幸次郎は除く）．

〈 巌 ：長男〉　1915年から十五銀行の頭取に就任し，同行の子会社泰昌銀行の頭取，帝国倉庫運輸，国際信託の社長を兼務した．

〈正作：次男〉　外交官退任後，猪苗代水力電気の取締役に就任したほか，松方兄弟の経営する会社の役員となった．

〈正雄：四男〉　1913年から浪速銀行の頭取，20年から福徳生命保険，大福海上火災保険の社長に就任していた．このほか，十五銀行，国際信託，国際汽船の取締役，川崎造船所の監査役を務めた．

〈五郎：五男〉　1911年から27年まで東京瓦斯電気工業の社長を務めた．

〈乙彦：七男〉　東京瓦斯電気工業常務，大阪舎密工業取締役などに就任した．また，山本権兵衛総理大臣・海軍大臣の女婿であった関係で，海軍と川崎造船所の間を取り持つ役割を果たした．

〈正熊：八男〉　1910年，帝国製糖の設立に参加して専務に就任し，17年から社長を務めた．

〈義輔：九男〉　国際信託の専務に就任し，十五銀行から特定金銭信託として4,000万円を預かり，東京瓦斯電気工業，常磐商会などの「薩州」系企業に融資した．このほか，大福海上火災保険の取締役に就任した．

　松方兄弟が支配，経営する上記の銀行・会社群は提携し，役員を派遣し合い，そして十五銀行とその子会社の国際信託から巨額の融資を受けていた．

　第1次世界大戦後，松方幸次郎が川崎造船所の経営権を掌握した前後から，十五銀行と川崎造船所を中核とする上記の企業群を総称して「薩州財閥」と呼ばれ，松方はそのリーダーと見なされたのである．

4 没落への道程

(1) ストック・ボートの大量生産続行

　第1次世界大戦の終結後も、松方幸次郎は川崎造船所の拡大戦略とストック・ボートの大量生産を続行した。松方は大戦後の造船、海運両業についてきわめて楽観的見通しを持っていた。たとえば、1920（大正9）年1月、松方は次のように発言している。

　「一国の造船業の消長は海運界の盛衰と相俟って駢行するものなるは論ずるまでも無き次第なるが、我海運の将来が如何なる状態に推移すべきや今日これを予測するのは容易の事に非ず、何人たりとも恐らく確然たる断案を下す者なかるべし。……余が海運観なるものは既に戦時中より之を楽観し来たれるが、現在ありても毫も変化することなし。時に一張一弛は免れざれ共、今日の大勢は戦前よりも活躍を来たすべきは余をして語らしむれば自明の理なり。……平和期に入りて各国徐々に国内の恢復に伴ひ輸出入を解禁するに至るはコレ原則たる自然に還らんとするの曙光なり。今や世界の思潮は総てのもの、平等化することを欲し、経済上のこと亦斯る傾向あるなり。一方に物資の豊富なるものあれば直ちに四散して平準を保たんとす。即ち斯して物資の移動益々激しからんとするの基因をなす物資の自然的移動に加へて中欧諸国の国力恢復あり。世界の荷動きを益々激成せしむる亦当然の理なり。余が海運界に楽観説を為すは極めて簡単且つ明瞭なり。右の理由に依りて、将来の海運界なるものは悲観するの要更になからん。従って造船業又殷賑を持続すべきは余の信ずるところなり」（山下 [1984]）。

　だが、松方の読みは甘かった。ヨーロッパの復興需要の拡大は短期間で終わり、松方が期待した1919年4月から始まった海運界の活況も翌20年恐慌の到来によって沈静化し、海運界は長い不況の淵に沈倫した。

　しかし、海運不況が進行する中でも、松方は強気の姿勢を崩さず、ストッ

ク・ボートの建造を1926（大正15）年まで続行した。川崎造船所が，第1次世界大戦の終結以後，建造したストック・ボートは60隻，34万9,737総トンにのぼった。この建造量は，同社の全ストック・ボート生産の63.6％を占めていた（前掲表-2参照）。

ストック・ボートの建造が大戦期よりも戦後期の方が多かったのは，上述した松方の強気の政策のほかに，以下のような要因があずかっていた。その要因は，大戦中に推進した松方の経営政策から生じた帰結でもあった。

その第1は，海運業者から新規受注を獲得できなかったことである。大戦中，松方はストック・ボートへの生産集中とその自社運用のため，創業以来の取引先である日本郵船，大阪商船などの大手海運業者からの船舶建造依頼をいっさい受注しなかったばかりでなく，彼らのストック・ボート購入希望を断り，それを高値でイギリスの海運会社に売却した。そのため，日本郵船，大阪商船などは感情を害し，昭和初期に至るまで，川崎造船所との取引関係を中断してしまった。

第2は，鉄鋼材料を大量に抱え込んでいたことである。松方の鉄鋼自給方針に基づいて建設されて葺合工場が完全操業に入った直後，第1次世界大戦が終結し，川崎造船所は過剰な鉄鋼材料を抱え込んでしまった。しかし，松方は葺合工場の操業中止・縮小をいっさい考慮しなかった。彼は海運・造船不況を一時的なものと見ていたことに加えて，政府が1920年8月に発表した八・八艦隊計画に大きな期待を寄せていたからである。しかし，八・八艦隊計画は，1922年8月のワシントン軍縮条約の成立によって，中止されてしまった。

第3は，労働力を過剰に確保していたことである。松方は熟練労働者を温存し，労使協調主義を提唱していたこともあって，大戦後，造船業界が不況に陥っても，同業他社のように大量の人員整理に踏み切れず，余剰人員を抱え込んでしまっていたのである。

大正末期，新規船舶の建造受注がいっさいないという状況の下で，過剰鉄鋼材の自家消費と労働者の就業機会の確保という問題に直面した松方にとって，ストック・ボートの生産続行の途しか残されていなかったのである。

（2） 財務操作と十五銀行

　松方幸次郎の強気の経営判断に基づいて，川崎造船所は第1次世界大戦終結後3年間に，事業拡張のために約1億1,000万円の投資を行った。しかし，海運不況の進行と八・八艦隊計画の中止によって，その投資金の大半が固定化し，同社の資金事情を圧迫する要因と化してしまった。

　この間，川崎造船所の資金難の緩和と手持ち船舶の処理のため，1919（大正8）年7月，松方は鈴木商店の金子直吉と協力して資本金1億円の国際汽船を設立したことは前述した。川崎造船所と川崎汽船は32隻，27万5,000重量トンのストック・ボートを提供し，1920年上期末までに国際汽船株式110万400株と現金4,800万円を入手した。しかし，ストック・ボートの在庫処理の形で獲得した，この巨額な資金はストック・ボートの生産続行資金と川崎造船所の借入金返済および株主配当に回されてしまい，手元には残らなかった。

　それゆえ，川崎造船所の資金事情は，1922年の八・八艦隊計画の中止によって，1,900万円の前渡金の海軍への返済を機に一段と悪化した。これ以後，川崎造船所は短期の支払手形を振り出し，その後社債を発行して支払手形を長期借入金に転換させる，自転車操業的財務政策をとらざるを得ない窮地に追い込まれてしまった。そして，こうした借入金政策を続行するため，川崎造船所は資産の評価換えをたびたび行って資産を過大評価する一方，利益を上回わる株式配当を行って，株価の維持に努めなければならなかった。その結果，川崎造船所は資産の償却ができないばかりか，累増する借入金の利払いと過重な配当金政策を維持するために，さらに借入金を増加させるという，悪循環に陥り，1926（昭和元）年末までに同社の外部負債は支払手形6,700万円，社債5,800万円の計1億2,500万円にも達したのであった。

　川崎造船所のこうした雪ダルマ式の借入金政策を支え，それを可能にしたのは十五銀行であった。十五銀行は，1877（明治10）年に華族資本を結集した国立銀行として設立された。同行は1897年に普通銀行に転換した。転換後も，十五銀行の大株主には華族が顔を並べており，また，宮内省金庫の役割を果たし

ていたこともあって，高い信用力を保持していた。1915年に松方正義の長男巌が頭取に就任した以後，十五銀行は折りからの大戦ブームに乗って松方兄弟が経営する「薩州財閥」系企業を中心に融資先を拡げ，その規模を急速に拡大した。

川崎造船所と十五銀行の関係は，1920年8月，川崎家所有の神戸川崎銀行と川崎造船所との関係の深かった浪速銀行を十五銀行が吸収合併したのを機に，さらに深まった。これ以降，川崎造船所が振り出す支払手形の大半は十五銀行によって割り引かれており，1927年時点で同行の対川崎造船所貸付残高は4,400万円にも達していた。この額は十五銀行の全貸出額の11％に相当した。神戸川崎，浪速両行の川崎造船所に対する借入金を引き継いだ十五銀行は，川崎造船所の破産を回避させるために，同社の追加借入金要求を受け入れなければならない「ドロ沼」に引き込まれてしまったのである。また同時に，十五銀行は川崎造船所以外の松方兄弟が経営する「薩州財閥」系企業に対しても多額の融資を行っており，松方兄弟への個人貸付を合わせると，1927年4月時点でその額は1億円に達していた。しかも，これらの「薩州財閥」系企業と松方兄弟個人の貸出しは無担保のものが50％を超え，担保付き貸出しの場合も不動産や船舶などの換金がすぐにできないものが多かった。

このような不良債権を抱えていた十五銀行は，1927年3月に金融恐慌が発生すると，預金者に見放されて取付けに遭い，同年4月21日には，休業しなければならなかった。その結果，十五銀行の休業は「薩州財閥」の崩壊の引き金となり，川崎造船所も同財閥と運命を共にしたのであった。

おわりに

金子直吉は，鈴木商店の叩き上げの専門経営者であった。松方幸次郎は華麗な門閥と経歴を持つエリート階層の出身者であり，川崎造船所の専門経営者からオーナー経営者に転身した。金子と松方は，出自と経歴を異にしていた。しかし，両者が展開した企業家活動は多くの類似点を有し，ほぼ同じ軌跡を描い

た。両者は絶対的な経営権限を有する，ワンマン経営者であり，旺盛な拡大志向の持ち主であった。

　第1次世界大戦中のブームは，金子と松方にとって事業拡張の絶好の機会となった。大戦初期，金子は「いっせい買い出動」政策を，松方はストック・ボート生産政策を的中させ，巨額の利益を獲得した。この戦略的意思決定の成功は金子と松方をいっそう強気にさせ，大戦中から戦後にかけて，両者はそれぞれ鈴木商店，川崎造船所を中核とする財閥の形成を企図した拡大戦略を展開した。

　この拡大戦略を通じて，鈴木は三井財閥，三菱財閥に迫る，川崎・松方は住友財閥と肩を並べる，規模に達した。しかし同時に，この拡大戦略の展開は金子と松方の企業家活動に「墓穴」を用意し，鈴木商店と川崎造船所の破局の始まりとなった。

　まず第1に大戦中の成功体験を享受した金子と松方は，終戦時から戦後にかけての経済環境の変化を正しく把握することができず，拡大戦略を続行した。そのため，大戦後，鈴木商店は商取引で多くの失敗を重ね，川崎造船所はストック・ボート増産政策の継続によって，経営苦境を倍加させた。第2に金子と松方は，拡大戦略に適合的な経営組織の整備と資金調達方式の確立を怠った。彼らは自身のワンマン・コントロール体制に自信を持ち，経営管理や資金調達システムを副次的なものと見なしていた。しかし，彼らが有能な経営者であったとしても，多岐にわたる企業群を十全に統轄管理することはできなかった。そのため，鈴木商店，川崎造船所を中核とする両企業グループの管理体制は次第に弛緩していった。

　そして，金子と松方は部外者や金融機関の経営介入を嫌って，チェック体制が甘く，彼らの借入金要求を容認する台湾銀行と十五銀行を「機関銀行」として活用した。しかし，事業資金を特定銀行に全面的に依存する方式は危険であった。そのことは貸出し側の台湾，十五銀行についても言えた。いずれかの経営失敗が，両者にとって致命傷となったからである。

　実際，第1次世界大戦後の鈴木商店グループと川崎・松方グループの経営悪

化は，台湾，十五銀行の不良債権の拡大に連動した。そして，多量の不良債権を抱えた両行が，1927年の金融恐慌の中で預金者の信用を失い，取付けに遭うと，鈴木商店，川崎・松方グループとも融資の途を断たれてしまい，倒産を余儀なくされたのであった。

■参 考 文 献
○テーマについて
　伊牟田敏充［1977］「両大戦間における日本の企業金融──鉄鋼業とコンツェルン金融を中心に」『経営史学』第12巻第1号。
　山下幸夫［1984］『海運と造船業』日本経済新聞社。
　武田晴人［1995］『財閥の時代』新曜社。
○金子直吉について
　桂　芳男［1977］『総合商社の源流　鈴木商店』日本経済新聞社。
　城山三郎［1966］『鼠──鈴木商社の焼打ち事件──』文藝春秋社。
　白石友治編［1950］『金子直吉伝』金子柳田両翁頌徳会。
　日商株式会社編・刊［1968］『日商四十年の歩み』。
○松方幸次郎について
　柴　孝夫［1978］「大正期企業経営の多角的拡大志向とその挫折──川崎造船所の場合」『大阪大学経済学』第28巻第2・3号。
　三島康雄［1984］『阪神財閥』日本経済新聞社。
　藤本光城［1960］『松方・金子物語』兵庫新聞社。
　川崎重工業株式会社編・刊［1959］『川崎重工業株式会社社史』。

第8章 財閥の改革者
─結城豊太郎と池田成彬─

はじめに

　財閥は家業集団であった。財閥家族（同族）は，彼らによる封鎖的所有・支配下での多角的事業経営体の形成を目指した。日本経営史における財閥の積極的な存在意義は，財閥が近代産業のリスク・テイカーとなり，日本の工業化と経済発展に貢献したことに求められる。明治維新以後の工業化過程の中で，有力な経営主体となった財閥は，経営諸資源を近代産業分野に次つぎに投下して，近代産業のリスク・テイカーとしての役割を果たした。日本の経済発展と財閥の事業活動は「親和性」を有していたのである。

　しかし，そうした「親和性」は第1次世界大戦後の激変する経営環境の中で，大きく揺らぎ始めた。第1次世界大戦ブームは1920（大正9）年恐慌の発生で崩壊し，日本経済は長い不況局面に突入した。相次ぐ恐慌の発生によって企業の倒産が続出し，失業者が増大した。また，農村経済の疲弊によって，欠食児童や娘の身売りが社会問題化した。そうした経済不況と社会不安の中でも，財閥の成長は続いた。とくに巨大な経済力を構築した三井，三菱，住友，安田の4大財閥は破綻した企業の一部を吸収しながら事業規模を拡大し，主要産業分野で覇権を確立した。財閥の肥大化と財閥家族への「富」の集中は生活苦と社会不安にあえぐ国民大衆にとって，怨嗟の対象となった。

　国民大衆の財閥に対する怨嗟は，ジャーナリズムや左翼・右翼陣営による煽動もあって，やがて財閥批判・攻撃に転化していった。そうした社会状況の中で，1921年9月，安田財閥創始者の安田善次郎が，さらに1932（昭和7）年3

月,三井合名理事長団琢磨が国粋主義者や右翼の手で暗殺されるという事態を招いてしまった。財閥が受けた衝撃は大きく,各財閥とも財閥攻撃の嵐から自己を守るため,また,社会との新たな「親和性」の構築を求めて,各種の改革を実施しなければならなかった。

本章の目的は,安田善次郎の暗殺後,安田財閥の改革・近代化策を推進した結城豊太郎(ゆうき　とよたろう)と,団琢磨の暗殺後,三井財閥の「転向」策を断行した池田成彬(いけだ　しげあき(せいひん))の企業家活動を通して,両財閥の改革とその限界を比較・検討することにある。

結 城 豊 太 郎
――安田財閥の改革者――

結城豊太郎　略年譜
1877（明治10）0歳　山形県置賜郡赤湯村（現南陽市）の酒造家の家に生まれる
1899（明治32）22歳　第二高等学校卒業，東京帝国大学へ進学
1903（明治36）26歳　東京帝国大学法科大学政治学科卒業
1904（明治37）27歳　日本銀行入行
1911（明治44）34歳　日本銀行京都支店長
1918（大正7）41歳　日本銀行大阪支店長
1919（大正8）42歳　日本銀行理事，大阪支店長兼務
1921（大正10）44歳　安田保善社専務理事，安田銀行副頭取兼務
1929（昭和4）52歳　安田保善社専務理事，安田銀行副頭取辞任
1930（昭和5）53歳　日本興業銀行総裁に就任
1936（昭和11）59歳　東京商工会議所会頭，商工組合中央金庫初代理事長に就任
1937（昭和12）60歳　日本商工会議所会頭，林内閣の大蔵兼拓務大臣に就任，貴族院議員，日本銀行総裁に就任
1942（昭和17）65歳　全国金融統制会会長
1951（昭和26）74歳　死去

（年齢＝満年齢）

1　安田財閥の拡大と苦悩

(1)　安田財閥の拡大

　安田善次郎は銀行経営を中核とする金融事業の拡大強化を図る一方，1890年代から1900年代にかけて，鉱山，紡績，製釘，倉庫，機械，造船，肥料，海運などの事業分野にも進出し，金融部門と産業部門を両翼とする多角経営体の形成を目指した。1911（明治44）年には産業諸事業を統轄する安田商事合名会社を株式会社に，翌12年には合名会社安田銀行を株式会社に改組した。そして同時に私盟組織の安田保善社を合名会社とし，安田家は法人格を持つ保善社を所有・統轄機関とするコンツェルン体制を敷いた。

　ところが，安田家は日露戦後から第1次世界大戦期にかけて，経営路線を大きく転換させた。安田家事業のうち，銀行経営は順調に拡大した。1900年の合名会社改組時に200万円であった主力の安田銀行の資本金は，株式会社改組時の12年には1,000万円にまで増加した。また，安田家は系列銀行の獲得にも力を入れた。その結果，1911年時点で安田系銀行は安田，第三，日本商業，百三十銀行を拠点に17行を数え，日本，満州，朝鮮に171支店を設置した。この間，安田家は，1894年にはわが国最初の生命保険会社・共済五百名社の経営を継承して共済生命保険を設立し，保険分野にも進出した。

　これとは対照的に，安田商事直営の産業諸事業は不振を続け，明治末期には安田家事業経営の足かせとなっていた。その理由として，安田商事は安田銀行と比べて，資金と専門スタッフが制約されており，また，事業組織も「事業所の寄合所帯なもので，大規模な産業経営を行う管理組織となっていなかったことが」指摘されている（宮本［1999］）。

　産業諸事業の経営不振に直面した安田善次郎は，日露戦後の経済不況の中で総合多角経営体の形成を断念し，産業部門の縮小方針をとる一方，安田家を金融財閥として発展させる方向を打ち出した。そして，この方針は第1次世界大

戦ブームの出現で産業分野が活況を呈する中でも堅持された。

　第1次世界大戦ブーム（1915~20）の中で，安田系銀行の店舗数（本店＋支店）は188店から288店に増加し，預金残高は1億9,324万円から6億6,334万円へと3.4倍，貸出金残高は1億6,016万円から6億4,871万円へと4.1倍の伸びを示した。他方，安田商事は大正期に入ると直営事業を次つぎに廃止し，1920年代末には枝光支店安田製釘所と函館支店安田倉庫の2事業所を残すだけとなった。安田商事の直営でない事業会社は1921（大正10）年時点で16社あった。しかし，帝国製麻を除けば，業界の有力会社は存在せず，会社間の事業関連性もなかった。

（2）　後継者の離脱と創業者の横死

　経営路線の転換は，安田財閥のトップ・マネジメント組織と事業継承問題に多大な影響を与えた。安田同族は宗家1家，同家5家，分家3家，類家3家の12家からなっていた。

　安田善次郎には3人の男子がいた。しかし，善次郎は，帝国大学法科大学出身で安田銀行に入行した伊臣貞太郎を1897（明治30）年に長女の婿養子とし，安田家に入籍させた。貞太郎は善三郎と改名し，安田宗家の推定相続人となり，1900年には安田保善社の副総長に就任した。そして，1913（大正2）年に善次郎は家督を善三郎に譲った。

　養嗣子善三郎は金融事業に偏重した安田家の事業経営を是正するため，産業部門の拡充と経営者的人材の確保を善次郎に強く進言した。総合多角経営体の構築を企図していた善次郎は彼の意見を受け入れ，1905（明治38）年から善三郎の人脈を通じて高等教育機関出身者の採用を開始した。しかし，上述したように，産業諸事業の経営は成果をあげることができず，善次郎は多角経営体の形成を断念し，金融事業に集中する戦略を採用した。産業部門進出に意欲を燃やす善三郎は義父の経営戦略転換に不満であった。しかし，善次郎は家督を善三郎に譲った後も，事業経営の実権を完全に掌握しており，善三郎がそれに口を挟むことはできなかった。

経営戦略の転換によって生じた善次郎と善三郎の対立は，大正期に入り安田商事の事業縮小・整理が進行する中で増幅していった。そのうえ，善三郎は彼の家督相続に不満を持つ善次郎の実子や番頭経営者とも不仲となり，善三郎が入社させた高学歴者も相次いで退社した。そうした状況の中で，善三郎は安田財閥の前途に見切りをつけ，1919（大正8）年に安田保善社副総裁を辞任し，翌20年には安田家と離脱した。

安田善次郎の金融部門への集中戦略は，安田家を金融財閥として発展させることを可能にした合理的な選択であった。しかしその反面，その選択は近代産業分野のリスク・テイカーとなる途を自ら閉ざし，もっぱら「安田一家の利益」を追求する利己的な経営行動であると見なされる側面を有していた。そして，そうした見方を背景に，善次郎は「営利欲に汲々たる人物で，国家社会に裨益するような大事業にはあまり興味を示さず，また社会公共的事業にも冷淡である，といった風評が広く流布していった」（由井 [1986]）。そのような風評の中で，1921年9月28日，大磯別邸で善次郎は寄付の申し込みを拒否して国粋主義者・朝日平吾と口論となり，刺殺されてしまった。

2　安田財閥の改革

(1)　結城豊太郎の起用

安田善次郎の横死後，安田家では長男善之助を急きょ安田保善社総長に就任させ，安田宗家を継がせた。しかし，二代目善次郎を襲名した善之助は41歳と若く，安田財閥の統率者として識見，能力とも十分ではなかった。そこで，安田家では一族協議の結果，リーダーシップのある人材を外部から招聘する必要があると判断し，その人選を故善次郎の友人で，当時大蔵大臣の職にあった高橋是清に依頼した。高橋は日本銀行総裁の井上準之助と相談し，彼の強い勧めもあって日本銀行理事兼大阪支店長の結城豊太郎を推薦した。高橋と井上は，結城の手腕によって安田財閥の事業体質の改革と近代化を図ろうと考えたので

ある。

　結城豊太郎は1877（明治10）年生まれの44歳であった。結城は1903年に東京帝国大学法科大学を卒業して日本銀行に入行し，京都，名古屋支店長を経て，1918（大正7）年に大阪支店長となり，翌19年には理事に就任した。結城は1920年恐慌時に日銀による資金救済・斡旋等の適切な措置をとって関西財界の混乱を鎮静化し，その経営手腕を政財界で認められた。

　安田家では，結城を迎えるにあたって，安田保善社の定款を変更して安田同族以外でも役員に就任できることとし，新たに専務理事の職位を設けた。結城は1921年に保善社の専務理事と安田銀行の副頭取に就任した。

　結城は，1922年4月，「安田の人気はとても悪い，これは対外的に相当の事をしてこれを直さなければならない」との談話を発表し（由井 [1986]），以下の安田財閥改革・近代化策を矢継ぎ早に実施した。

① 「大」安田銀行の成立

　1923年11月，安田系22行のうち，安田，第三，明治商業，百三十，日本商業等の主要11行の対等合併を行い，新たに資本金1億5,000万円の「大」安田銀行を発足させた。この大合同によって，安田銀行の預金残高は全国銀行中最大の5億6,765万円となり，第2位の三井銀行の4億1,745万円を大きく引き離した。そして，安田銀行は貸付金残高，有価証券保有高でも首位に立った。

　この大合同の狙いは，第1に主要系列銀行の経営統合によって産業資金需要の大規模化に積極的に対応し，第2に株式を公開している系列銀行と安田銀行を対等合併することで，安田銀行の株式公開を実現することにあった。

　結城は「大」安田銀行を誕生させることで，安田財閥の中核事業である銀行経営の基盤を強化すると同時に，その株式を公開することで安田銀行の公共性をアピールし，安田同族による銀行経営の独占的所有・支配に対する批判を緩和させようとしたのである。

② 学卒者の定期採用と海外派遣制度の導入

　安田家では実務訓練重視型の従業員教育・人事政策をとっていた。1907（明治40）年に正式の教育訓練機関として練習生制度が発足した。この制度は安田

銀行および第三銀行在籍の中学校卒業生行員から毎年20名を選抜し，彼らに1年間実務と学術教育を行うというものであった。練習生制度は1921年の善次郎の横死まで存続し，337名の行員が研修を受けた。しかし，この制度は忠実な子飼い行員とミドル・マネジメントスタッフの養成機関としては機能したが，そこからは安田保善社および傘下銀行・会社のトップ・マネジメントに昇進する人材は育たなかった。安田家でも，前述のように，1905年から不定期であったが，高等教育機関出身者の採用を開始した。しかし，彼らの多くは安田同族や番頭経営者と摩擦を引き起こし，早期に退社していった。

結城はこうした実務訓練重視型の教育・人事制度を抜本的に改めるため，1922年から安田保善社による学卒者（大学・専門学校卒業者）の一括選考・採用を行い，彼らを関係銀行・会社に配属することにした。学卒採用者数は1922（大正11）年約30名，23年50名，24年180名と増加し，以後，毎年100名前後の学卒者が定期採用された（表-1）。

学卒者の定期大量採用と並行して，結城は将来トップ・マネジメントに就く人材は国際的視野を持つことが必要であるとして，関係銀行・会社から有能な職員を選抜して海外に派遣する海外視察制度を導入した。この制度によって海外に派遣された職員は1935年までに約50名を数えた。

③ 組織機構の「近代化」

1922年には安田保善社の組織機構の改革に着手し，それまでの庶務部（庶務・文書課），監査部（調査・統計課），管理部（地所・計算課）の3部制から秘書，庶務，理財，銀行，会社，調査の6部編成とした。このうち新設の銀行部と会社部は傘下企業に対する統轄管理機能を強化するために設置された。そして，職員の身分制度である参事制を活性化させ，1921年には4名であった参事を28年までに参事30名，副参事46名とし，彼らの中から保善社各部の部長を選出した。同時に，安田保善社と傘下銀行・会社間の稟議・報告事項の規定を明文化した。

保善社の機構改革の中で，結城が一番力を入れたのは調査部の拡充であった。それまで5，6名のスタッフで関係事業の監督・調査を行っていた調査課

表-1 主要学卒者一覧（1922-1926年入社）

	出身校	1937年時の所属会社及び職名	その後の主要な経歴
三宅 久之助	東大	安田銀行・秘書課長	沖電気取
林 道夫	〃	〃 ・支店長	浅野カーリット取
遠藤 常久	〃	〃 ・ 〃	保善社業務部長
深沢 吉郎	〃	〃 ・ 〃	安田信託常
壮田 次郎	〃	〃 ・ 〃	安田銀行監
井尻 芳郎	〃	〃 ・ 〃	安田銀行（社）
安藤 嘉七	東高商	安田生命・支店長	安田生命常
柳田 勇	京大	帝国海上・課長	安田火災取
上野 孝一	東大	安田銀行・支店長	保善社業務部長
大塚 利雄	〃	〃 ・ 〃	安田銀行常
保坂 時太郎	〃	〃 ・ 〃	〃 監
大津 知	〃	〃 ・ 〃	川南工業取
竹内 拡充	東高商	〃 ・ 〃	安田銀行常
寄藤 亥織	東大	安田貯蓄・支店長	安田興業常
竹村 吉右衛門	東高商	安田銀行・金融課長	安田銀行取，安田生命（社）
西野 武彦	東大	〃 ・支店長	安田銀行（常）
迫 静二	〃	〃 ・ 〃	安田銀行（頭）
金子 鋭	〃	〃 ・ 〃	安田銀行（頭）
牧元 隆雄	京大	日本昼夜銀行・支店長	安田銀行（取）
佐々木 了	東高商	帝国海上・課長	安田火災（取）
千野 健彦	東大	安田信託・次長	安田信託取，（常）
林田 正貫	京大	〃 ・課長	〃 （社）
城田 九萬雄	東大	〃 ・ 〃	〃 （監）
鳥居 清一	〃	〃 ・支店支配人	〃 常
藤本 一男	東高商	東京火災・課長	安田火災取，（副）
檜垣 文市	東大	〃 ・ 〃	〃 取，（社）
坂本 操	東高商	〃 ・ 〃	〃 （常）
宇川 秀一	慶大	安田信託・課長	安田信託（常）
神戸 捨二	東大	安田銀行・支店副長	沖電気（社）
土井 利安	〃	安田信託・課長	安田信託監
岡田 嘉光	〃	安田生命・課長	安田生命（常）
松木 清	〃	〃 ・ 〃	〃 （副）
石川 一	東高商	〃 ・支店長	〃 （取）

注：1．取：取締役，常：常務取締役，副：副社長，社：社長，頭：頭取，監：監査役．
　　2．「その後の主要な経歴」中，（ ）内は戦後に就任した役職である．
出所　由井［1986］．

を部に昇格させ，スタッフを一挙に50名に増員した。結城は調査部を安田財閥の基本戦略策定のための参謀本部と位置づけ，国内外の経済・産業調査や各種の事業調査を広範囲に行う一方，安田系銀行の投融資先企業について丹念な調査・研究を実施した。

④　浅野財閥への支援続行

産業金融機関としての銀行の役割を重要視していた結城は，善次郎時代から関係の深かった浅野財閥系企業への支援活動を継続した。1920年恐慌以後，浅野系企業の多くは業績を悪化させていた。しかし，結城は浅野系企業の社債発行を引き受け，投融資を行った。その結果，昭和恐慌勃発時には安田銀行の浅野系企業に対する貸付残高は5,000万円に達した。とくに結城が強く支援したのは沖電気で，同社への安田系出資比率は1920年の23％から23年の43％に急増し，安田家は浅野家に代わって筆頭株主となった。

さらに，1922年には日本銀行総裁の井上準之助の要請を受けて，浅野昼夜銀行と浅野昼夜貯蓄銀行の経営を引き受け，前者を安田銀行，後者を安田貯蓄銀行に吸収合併した。

⑤　財界活動の推進

従来，安田財閥のトップ・マネジメントは，安田善三郎が日本工業倶楽部の設立に参画して監事に就任したのを例外として，財界活動に参加していなかった。結城は安田財閥のそうした閉鎖的体質を打破するため，安田保善社の専務理事に就任すると，ただちに日本工業倶楽部や日本経済連盟などの財界団体の役員に就任し，活発な財界活動を行った。

（2）　同族との対立と結城の退任

結城豊太郎は安田財閥の改革にあたって，「自分は国家的観点から仕事をする。即ち安田のための仕事をするのではなく，安田の組織を，国家のために役立せるように運用するのだ」と断言していた（小汀［1937］）。そして，結城は旧套墨守型となっていた安田財閥を三井，三菱などの大財閥と同様な近代的な事業体に再編成するため，上記の改革を強行したのである。

安田同族および子飼いの番頭経営者は，12家からなる安田同族の調整役として，前蔵相・勝田主計クラスの知名度の高い人材が推薦させることを期待していた。そのため，結城の安田入りを快く思っていない人も少なくなかった。彼らにとって，結城の積極的な改革策は時期尚早で，善次郎時代の経営手法や伝統を破壊させる，独断専行的な行動であると見なされた。まして上記のような結城の発言は彼らの感情を逆なでした。また，結城の積極的な財界活動も，将来，政界に進出するための足場固めであると見られた。

　結城の改革に反対する安田同族と番頭経営者は結束を固め，昭和期に入ると結城排斥運動を展開した。彼らはとくに結城の独断専行的な意思決定，重役人事，安田保善社の機構改革に不満を表明し，1928（昭和3）年1月，以下の3点を骨子とする申し合せ事項を保善社の役員会に提出した。

（1）結城豊太郎氏は今後安田家の一役員として行動し，独断専行を為さざること。

（2）理事の数を増加し，理事会の決裁は多数決によること。

（3）専務理事は外部に対する名称とし，内部においては其の権限は理事と同じとすること。

　1928年3月，保善社は臨時役員会を開き，①安田善四郎，善助を新たに理事に就任させ，②各理事の権限を平等とし，③かつ理事の席次規定を設けて，安田善次郎以下5人の安田同族を結城豊太郎の上席者とし，同族が専門経営者に優越することを確認した。次いで1928年11月には保善社の業務組織を改編し，結城が安田財閥改革の主柱とした調査部を「あんなものは無駄で経費がかかるとして」廃止し，同スタッフを安田銀行調査部に吸収させた（由井［1986］）。

　安田保善社の役員会は反結城派の申し入れ事項を全面的に認め，結城の安田財閥改革策を否定したのである。そして，竹内悌三郎保善社理事が反結城派を代表して高橋是清と井上準之助を訪問し，結城の退陣を要請した。事態の深刻さを認識した高橋と井上は結城の将来を配慮して，結城を現職のまま外遊させ，1929年3月の帰国後ただちに保善社理事を退任させることにした。

3 安田同族と専門経営者

　安田同族12家の中で,大きな発言力を有していたのは善次郎の三男善五郎であった。善五郎については,次のように言われている。

　「(安田)善五郎は先代(善次郎)の性格の中で積極的,闘争的な部分だけを貰ったような人間で,兄弟中でも一番のきかん坊である。善三郎の離別から結城豊太郎の追い出しに至るまで,すべて安田のお家騒動には,大抵の場合彼が震源地となっている。[中略](安田善五郎)は温厚な長者だった兄善次郎(初代善次郎長男善之助,1920年襲名)氏とは打って変った一代の硬骨漢だけに,その精悍剛腹な負けじ魂には流石心臓の強い結城豊太郎氏も土俵を割った程である。氏が保善社の専務理事放逐の口火を切った時,結城氏を安田に推薦した井上準之助氏は持ち前の傲岸な態度で,一日善五郎氏と会見し,『専務理事を廃し結城君が出て行ったら,保善社は潰れるが,それでもいゝか』と威嚇したところ善五郎は言下に『或は貴下の言ふ通り潰れるかも知れない。しかし,それは他人によって潰されるのではなく,内々の者の手で潰されるのだから,祖父善次郎もその方が喜ぶでしょう』と応酬して井上氏を面喰はせたといふ話が残ってゐる」(安岡[1998],文中の祖父善次郎は父善次郎の誤まり―引用者)。

　結城の退任後,高橋是清と日本銀行総裁土方久徴の推薦で前台湾銀行頭取の森広蔵が安田保善社の理事に就任した。温厚な森は安田家顧問の高橋是清との連絡を緊密にとる一方,安田同族および番頭経営者の意見を尊重するとともに,傘下銀行・会社に対する保善社の統轄権限を緩和した。

　満州事変の勃発と金輸出再禁止措置後の日本経済の回復過程の中で,安田銀行を中核とする安田財閥は拡大を再開した。ただその反面,安田財閥内部の調和を重視する森は,安田同族の意見をまとめることができず,発展が期待される重化学工業分野進出に踏み切ることができなかった。その結果,1937(昭和12)年時点でも安田財閥は資産の70%以上を金融・保険事業に投下する産業基

盤の脆弱な企業集団にとどまっていた。

　トップ・マネジメント面でも安田財閥の保守性は保持された。1936年10月，二代目安田善次郎が急逝し，長男一が安田保善社総長に就任した。安田一は29歳と若かったため，後見役に叔父の安田善五郎が就任した。善五郎は，昭和初期の財閥攻撃の中でも，安田財閥の同族支配体制堅持を強く主張し，それを実行した。1942年1月，太平洋戦争勃発後の事態に対応するため，安田財閥はトップ・マネジメント機構を再編し，最高意思決定権限を保善社総長に一任する総長直裁制を敷いた。そして，総務理事に代えて常勤理事体制を新たに設け，安田善四郎と善五郎の子供・楠雄，彦次郎を常勤理事とした。さらに若いトップ・マネジメントを補佐する顧問として，前総務理事森広蔵と共に安田善五郎が就任した。

　安田保善社傘下の銀行・会社の社長には専門経営者が登用された。しかし同時に主要傘下銀行・会社には新たに会長職が設けられ，安田同族が就任した。戦時経済の進行の中で，安田財閥でも他の財閥にならって合名会社安田保善社の株式会社への改組が検討された。しかし，安田の場合，資金需要旺盛な重化学工業分野に進出していなかったことに加えて，同族間の足並みがそろわず，保善社は合名会社形態のまま敗戦を迎えた。

池田成彬
──三井財閥の改革者──

池田成彬　略年譜
1867（慶応3）　0歳　奥州・米沢藩士の長男として生まれる
1888（明治21）21歳　慶応義塾別科卒業
1890（明治23）23歳　慶応義塾理財科入学，ハーバード大学留学
1895（明治28）28歳　ハーバード大学卒業，『時事新報』論説委員を経て，三井銀行に入行
1901（明治34）34歳　中上川彦次郎の長女と結婚，同年中上川死去
1909（明治42）42歳　三井銀行常務取締役
1919（大正8）52歳　三井銀行筆頭常務となる
1931（昭和6）64歳　三井銀行「ドル買い事件」に対する攻撃の矢面に立つ
1932（昭和7）65歳　団琢磨の暗殺後，三井合名理事に就任
1933（昭和8）66歳　三井合名筆頭理事として三井財閥の「転向」策を指揮
1936（昭和11）69歳　三井合名および直系6社に停年制を敷き，自身も辞任
1937（昭和12）70歳　日本銀行総裁に就任
1938（昭和13）71歳　近衛内閣の大蔵兼商工大臣に就任
1950（昭和25）83歳　死去

（年齢＝満年齢）

1 三井財閥の拡大と苦悩

(1) 三井財閥の拡大

　三井財閥は他の財閥に先駆けて，1909（明治42）年に三井合名会社を頂点とするコンツェルン体制を確立した。そして，第1次世界大戦勃発直後の1914（大正3）年8月に団琢磨を三井合名理事長に就任させた。第1次世界大戦ブームが出現すると，団は三井合名社長三井高棟（三井総領家当主）の全面的信頼の下で積極的な拡大戦略を展開した。その結果，5,000万円で発足した三井合名の資本金は1917年に6,000万円，19年に2億円に増資され，26年には3億円に達した。また，三井財閥の事業基盤を支えた3大直系会社の三井銀行の資金勘定（自己資金＋預金），三井物産の年商高，三井鉱山の資産額は，1915年から20年の大戦ブームの間で，それぞれ3.6倍（1億4,236万円→5億1,165万円），4.4倍（4億3,817万円→15億2,976万円），3.9倍（3,344万円→1億3,117万円）に膨張した。

　拡大戦略は第1次世界大戦後の不況期にも継続された。とくに三井物産，三井鉱山を起点に造船，鉄鋼，石炭化学工業などの重化学工業分野への進出と信託，生命，損害保険などの金融部門の拡充・多様化が進行した。その結果，第1次世界大戦勃発直前，直系・傍系11社，資本金合計額1億6,000万円であった三井財閥の規模は，1930（昭和5）年時点で直系・傍系40社，資本金合計額10億3,700万円を擁するまでに肥大化した。

　この傘下企業の資本金合計額は主要財閥の中で最大であり，1929年時点で三井鉱山は全国石炭産出高の15.3％，三井銀行は全国銀行預金残高の5.3％，三井物産は全国輸出・入高の20.7％を占めていた。こうして，昭和初期には「三井財閥の支配力がピークに達した時代」を迎えたのである（星野［1968］）。

（2） 三井財閥に対する批判・攻撃

　三井財閥は最大財閥であったがゆえに，昭和恐慌期に頂点に達した財閥攻撃の標的とされた。三井財閥攻撃の矛先は三井物産，三井鉱山，三井銀行の3大直系会社の事業活動に向けられた。三井物産については，中小商工業者が長年かけて開拓した国内外の市場を物産が強大な資本力で横取りし，そのうえ，疲弊した農村に進出して「農村の工業化」の名の下に小生産業者を同業組合に組織化し，彼らの利益を搾取していると非難された。さらに満州事変時の張学良軍への塩の売込み，上海事変時の中国・一九路軍への鉄条網用針金の売却は国賊的な利敵行為であり，それらの商行為を指揮，承認した物産筆頭常務の安川雄之助の利益至上主義的な経営姿勢に批判が集中した。また，三井鉱山については，主力の三池炭鑛で労働者に対して一方的に解雇や過酷な労務管理を強行し，同時に大牟田地域の政治，経済権益を独占・私物化していると攻撃された。そして，三井銀行については，1931（昭和6）年6月のイギリスの金本位制離脱直後，国策に反して大量のドル買いを行い，日本の金本位制停止による円貨下落の中で巨利を稼いだと批判・攻撃された。

　三井物産が主導した「農村の工業化」策は在来産業製品の品質と競争力を高め，それら製品の輸出増大を企図していた。ただし，この政策によって物産自身も利益を享受したことは事実であり，安川の積極経営政策は商社行動としては合理性を有していたとしても，反財閥運動が高揚する中では社会に受け入れられなかった。しかし，三井鉱山攻撃は久留米連隊の青年将校が策動したデマゴギーによるものであり，三井銀行のドル買い自体も正当な経済行為であった。1931年9月時点で三井銀行ロンドン支店は8,000万円の円貨を運用していた。イギリスの金本位制離脱によるロンドン支店の円貨凍結を恐れた三井銀行は，自衛措置として横浜正金銀行から2,135万ドル（4,324万円）を購入して，先物約定取引の履行と電力外債利払いの手当を行った。

　イギリスの金本位制停止後，日本内外の商社，銀行は，早晩日本も金輸出再禁止措置をとることを予想して，いっせいに大量のドル為替を買い入れた。各

新聞は，連日，このドル為替買いの事実を私的利益の追求に走る，日本の金本位制堅持の国策に反した国賊的な投機行為であると報道した。三井銀行のドル買い額はナショナル・シティ銀行，住友銀行に次ぐものであった。しかし，三井銀行は「ドル買いの張本人」であると非難され，デモ隊による本店乱入や三井家に対して脅迫が相次いだ。

　そうした状況の中でも，三井銀行筆頭常務の池田成彬は「三井のドル買い」の実情を公表しなかった。イギリスに凍結されている8,000万円の円貨に3割，約2,400万円の為替差損が生じており，その事実を公表すれば，三井銀行が預金取付けにあうだけではなく，当然，他の金融機関にも波及し，金融恐慌の再来が十分予想されたからである。

　1931年12月の日本の金輸出再禁止措置後，ドル為替差益を得た三井銀行への非難と三井財閥に対する攻撃はいっそうエスカレートした。そして翌1932年3月5日，三井合名理事長団琢磨は，白昼，三井本館玄関先で血盟団員・菱沼五郎によって射殺されてしまった。

2　三井財閥の「転向」

(1)　池田成彬の登場

　団琢磨の暗殺後，財閥攻撃の中で三井財閥を防衛し，その改革を託されたのが池田成彬であった。

　池田は1867（慶応3）年に奥州・米沢藩士の長男として生まれた。1890年に慶応義塾別科から理財科に進学し，同年8月，同科の代表としてアメリカのハーバード大学に留学した。1895（明治28）年に5年間の留学生活を終えて帰国した池田は，福沢諭吉の主宰する『時事新報』に論説委員として入社したが，わずか3週間で辞めてしまい，同年12月，中上川彦次郎が改革を断行していた三井銀行に入行し，以後，25年間におよぶ銀行員生活をスタートさせた。

　中上川に実力を認められた池田は入行2年後に足利支店長となり，1898年に

は銀行業務視察のために欧米出張を命じられ，帰国後の1900年に本店営業部次長に抜擢された。1901年に中上川の長女と結婚した池田は，彼の死去後も順調に昇進して09年には常務取締役に就任し，19（大正8）年には筆頭常務となった。

池田のトップ・マネジメントとしての最初の仕事は，三井銀行の増資と株式の公開であった。1919年8月，三井銀行は資本金を2,000万円から1億円に増資した。当時，三井銀行の預金額は3億円を超えており，過少資本金を是正し，預金者に十分な安心を与えることが，増資の目的であった。そして，増資新株式80万株のうち30万株を公募した。前任の筆頭常務早川千吉郎は，「三井家のための」三井銀行を強く主張していた。これに対して，池田は「銀行は，単なる三井家の所有物ではあってはならない」という考えから三井銀行株の公開を計画し，三井高保同行社長，団琢磨三井合名理事長の支持と総領家当主三井高棟の同意を得て，同行株式の公募を実施した（三井銀行 [1976]）。この株式公開は三井財閥の事業として最初であり，これによって三井銀行は一挙に2,000名以上の株主を誕生させた。

1927（昭和2）年の金融恐慌の発生によって，多数の銀行が預金取付けにあい，休業・破綻した。三井銀行でも，1927年4月21日の十五銀行の休業の余波によって，京都支店で預金取付けを受けた。しかし，三井銀行全体としては金融恐慌の影響は軽微で，逆に恐慌発生前後の3ヵ月間で8,491万円の預金増加を見た。三井銀行の絶大な信用力と池田の果断な意思決定が，同行の金融恐慌による打撃を軽減し，回復を容易にしたのである。

三井銀行は金融恐慌で破綻した鈴木商店に巨額の貸付を行っており，休業した台湾銀行に大量のコール資金を出していた。三井銀行にとって鈴木商店は大口取引先であった。しかし，第1次世界大戦後，鈴木商店の業績悪化が明らかになると，池田は同商店への貸出し額を縮小させ，無担保貸付金の回収を図った。そのため，鈴木商店倒産時，三井銀行の前者への貸付残高は担保付の500〜600万円にすぎなかった。また，金融恐慌発生直前に三井銀行は台湾銀行に対して，3,000万円のコール資金を出していた。しかし，台湾銀行の経営悪

化を察知すると，池田は同行休業3週間前に全てのコール資金を強引に引き上げてしまった。その結果，三井銀行は台湾銀行休業による打撃を回避できたが，池田の「台湾銀行コールの引き上げがパニックの端をなした」と批判された（池田［1962］）。

　第1次世界大戦後，三井銀行は電力事業に対する融資と外国為替業務の拡大に力を入れた。池田は，三井銀行のような大手銀行の主要な任務は次世代のリーディング・インダストリーを育成することであり，第1次世界大戦ブームを契機とする貿易事業の拡大にともなって外国為替業務量が増大すると考えていたからである。明治末期以降の都市化の進展と重化学工業の発展をリードした電力業界では第1次世界大戦後，長距離高圧送電が可能となったため，電源開発・設備増強競争が激化した。三井銀行は東京電燈，東邦電力，大同電力，日本電力，宇治川電力の5大電力会社の資金需要に応じて積極的に融資し，社債発行を引き受けた。そして関東大震災後，三井銀行は米国のギャランティ・カンパニーを引き受け会社とする1,500万ドルの東邦電力債を手始めに，日本電力，東京電燈債などの外債を米・英両国で相次いで募集した。

　このように電力外債の発行と外国為替業務の拡大に力を注いでいた三井銀行が，上記のイギリスの金本位制離脱に際して，先物約定取引の履行と電力外債利払いの手当のために，大量のドル為替を購入したのは当然の経済行為であった。しかし，三井銀行はドル買いの元凶と見なされ，池田成彬は国賊視されたのである。池田はドル買い事件騒動の最中，2度辞表を提出した。しかし，その都度慰留された。

（2）「転向」策の断行

　団琢磨の暗殺後，三井合名では有賀長文，福井菊三郎の両常務理事のほか，池田成彬（銀行），米山梅吉（信託），牧田環（鉱山），安川雄之助（物産）の4大直系会社筆頭常務を現職のまま合名会社理事に任命し，この6人による合議制を敷いた。しかし，三井財閥が財閥攻撃の嵐を乗り切り，難局を収拾するためには，三井合名の業務に専念するリーダーシップを持ったトップ・マネジメン

トの存在が必要であった，三井総領家当主三井高棟と最長老の益田孝は相談のうえ，「この難局を救えるものは池田成彬ただ一人」であるとして，池田を推薦した（江戸［1994]）。池田は先輩の有賀，福井の両者を差し置いて三井合名のトップに立つことを躊躇した。しかし，三井総領家の家督を高棟から引き継いだ高公の強い要請を受けて，1933（昭和8）年9月，三井合名の筆頭常務理事に就任した。

池田が，ただちに実施しなければならない課題は2つあった。1つは三井家を財閥攻撃の嵐から守ることであり，もう1つは三井財閥の経営方針，組織機構を転換して，社会との「親和性」を回復させることであった。池田は両課題を遂行するために，三井高公の支持の下で次の5つの施策を自ら立案し，不退転の決意で断行していった。

① 「三井報恩会」による公共・社会事業への寄付

1933（昭和8）年9月，三井家は3,000万円を基本財産とする財団法人三井報恩会を設立し，公共・社会事業に対して寄付を行うことを発表した。その狙いは，三井「財閥は利益をほしいままにしている」という非難を緩和させるためであった（三井銀行［1976]）。報恩会は基本財産を順次補充する方針の下で運営され，1934年から41年までの8年間で，総額1,363万円の寄付を行った（表-1）。

② 傘下企業の株式公開・売出し

三井報恩会の巨額寄付金を三井家といえども即座に調達する余裕はなかった。池田はこの寄付金の捻出と三井財閥による事業独占の印象を弱めるために，三井同族を説得して，傘下企業株式の公開と三井合名所有株式の放出に踏み切った。その結果，1933年から翌34年にかけて，三井合名所有の三井銀行新株式，東京電燈，小野田セメント，台湾電力，北海道炭鑛汽船，北樺太鉱業などの株式が売却され，三井鉱山傘下の三池窒素工業，東洋高圧工業，三井物産傘下の東洋レーヨンなどの株式が公開された。

③ 三井同族の退陣

三井同族は直系会社のトップ・マネジメントに就任していた。池田は，以前

表-1 三井報恩会の収支構成

年　度		1934	1935	1936	1937	1938	1939	1940	1941
収入	資産収入	千円	千円	千円	千円	千円	千円	千円	千円
	株式配当金	888	888	888	888	888	888	888	888
	国際利子	214	320	320	304	274	245	212	193
	銀行預金利子	90	30	21	16	10	5	6	7
	雑収入	—	1	1	14	30	43	24	8
	繰越金	1,000	255	913	660	629	542	835	329
	合計	2,192	2,294	2,143	3,081	2,581	2,722	2,315	1,624
	（備考　繰入金）		800		1,200	750	1,000	350	200
支出	会議・事務費	92	100	108	111	112	114	114	110
	事業費	1,842	1,276	1,372	2,336	1,923	1,769	1,864	1,186
	積立金	3	4	4	4	4	4	8	8
	合計	1,937	1,380	1,484	2,452	2,039	1,887	1,986	1,304
	事業費内訳〔決定額〕	千円　件	千円　件	千円　件	千円　件	千円　件	千円　件	千円　件	千円　件
	社会事業費（件数）	573（381）	770（348）	654（372）	521（348）	718（324）	578（311）	470（313）	560（326）
	文化事業費（〃）	382（93）	411（26）	401（43）	377（48）	443（46）	438（41）	414（46）	372（37）
	特別事業費（〃）	1,000（1）	798（8）	2（1）	1,244（2）	799（1）	958（6）	491（5）	256（2）
	合計（〃）	1,954（475）	1,979（382）	1,058（416）	2,142（398）	1,960（371）	1,974（358）	1,374（364）	1,188（365）

注：1．株式は三井銀行新株式20万株（年8分配当），三井信託株式5万株（年7分配当）。国債は四分利国債。銀行預金は三井銀行通知預金及び当座預金。
　　2．上欄の事業費と下欄（事業費内訳）の合計とが合致しないのは，当該年度に助成決定したものの中で，事業進行の関係上，助成金を翌年度に繰越し交付する場合があるためである。
　　3．積立金は，職員の退職手当積立金。
　　4．事業費内訳の件数は，助成や貸付けを受けた件数である。
　　5．千円未満四捨五入，—は事実なし。
出所：三井文庫編［1994］。

から「経営の才能の無いものが唯財閥の一族だという事だけで，経営の表面に立つというような事」はおかしいと主張していた（池田［1949］）。池田は，この考えに基づいて，三井同族を経営の第一線から引退させ，直系企業の同族色を薄めようとした。この措置に対しては，同族の中から，「こうした危機の時代にこそ三井の主人が第一線に出て働くのが国家のためになる」という強い異論が出た（同上）。池田は反対する同族をねばり強く説得し，1934年1月から2月にかけて，三井銀行社長三井源右衛門，三井物産社長三井守之助，三井鉱山社長三井元之助を退任させ，後任社長に専門経営者を登用した。そして同時に，他の三井同族も三井系各社のトップ・マネジメントから引退させた。

④ 安川雄之助の解任

安川雄之助は有能な商社マンであり，三井物産の筆頭常務として，大正末期から昭和初期にかけての不況時に物産の経営拡大を主導した。ただし，「カミソリ安」の異名を持つ安川の営利第一主義的な経営行動については批判も強く，マスコミから三井財閥攻撃の格好の材料とされていた。池田は三井批判の沈静化を図るためにも，また「転向」を社会にアピールするうえでも安川の引責辞任が必要であると判断し，勇退を迫まった。安川は益田孝，三井物産社長三井守之助の支援を頼んで容易に同意しなかった。しかし，総領家当主の三井高公が池田の判断を強く支持したため，1934年1月，安川は三井物産筆頭常務を辞任した。

⑤ 停年制の実施

池田は三井財閥の「転向」策の総仕上げとして，戦時体制の進展に対応できる経営者を抜擢するために，1936年4月，次の3点の停年制実施を断行した。
（1）筆頭理事と参与理事は満65歳
（2）常務理事および理事は満60歳
（3）使用人は満50歳

この停年制は決定からわずか半月後にいっせいに実施された。そして，すでに70歳となっていた池田は，1936年4月30日，停年制実施の第1号者として，三井合名筆頭理事を退任した。

三井財閥の「転向」策の実施後，日中戦争の勃発を契機に日本経済は戦時体制に移行した。そうした状況の中で，財閥批判と攻撃は次第に沈静化していき，財閥は戦時経済体制の有力な担い手と見なされることになる。

3 三井同族と専門経営者

三井家を始めとする江戸期大商家では，主家に忠誠を尽す番頭経営者に経営を委託していた。そうした経営委託制度は明治期以降も継続した。三井家では明治中期の「中上川の改革」後，高等教育機関出身の専門経営者が雇用され，

彼らが伝統的な教育訓練を受けた番頭経営者と交代し，順次，経営の中枢に進出した。

経営委託制度の下での所有者と雇用経営者の関係は，両者の「力」関係によって変化した。三井家でも，「専門経営者の能力が高いときは，三井同族の発言権は弱くなり，専門経営者の力が相対的に弱いときには，同族の発言権が強くなるという関係にあった」（安岡［1998］）。そして，両者の「力」関係に同族間の対立や利害が影響した。三井家は11家からなる同族集団であり，各家の利害と経営意思がつねに統一されていたわけではなかった。三井財閥の黄金時代をリードした三井高棟と団琢磨は同年齢で互いに信頼し合う間柄であった。しかも高棟は総領家の当主で同族の長老格でもあったから，同族が団の経営活動に干渉することはなかった。しかし，1932（昭和7）年の団の暗殺と高棟の引退によって，38歳の高公が総領家当主となり，池田が三井合名筆頭常務に就任すると，三井同族は発言権を強めていった。同族の中には池田の「転向」策に難色を示す者もあり，池田は彼らの説得と同族間の意思調整に多大の時間と労力を割かなければならなかった。池田はのちに三井合名筆頭理事時代のことを，次のように語っている。

「三井は11家あるのですが，持株の数は違うけれども，その11家には，やかましい人もあり，口を出す人があって，そのまとめ役というものは一通りではない。私は，あとで，『合名に行ってから，私の時間なりエナージーなりの7，8割まではその方に使い，あとの2，3割だけが本当の合名の仕事に向けられた』と述懐しましたが，全くその通りで，甲の人の言う方に決めようと思うと乙が何とかかんとか言う。乙の言うことに決めようとすると丙が何とか言う。朝から晩までそのまとめ役で手一杯です。〔中略〕決めるのに暇がかかって，また決めたことを実行する点においても11家の主人がめいめい勝手なことをいうので，大変でした」（池田［1962］）。

三井財閥における内部昇進の専門経営者である池田成彬は，主家の三井家と事業体としての三井財閥を財閥攻撃の嵐から守るために，三井同族を根気よく説得して反対意見を押え，不退転の決意で三井の「転向」策を断行していった

のである。

　しかし，池田の引退後，総領家当主・高公と三井合名筆頭常務・南條金雄は同族間の意見をまとめることができず，同族の発言力は強まっていった。戦時体制の進展に対応するために，三井財閥は石炭液化事業，自動車工業，飛行機工業などの重化学工業分野へ進出する方針を打ち出した。しかし，そのためには巨額の事業資金を確保する必要があった。

　1937年3月，住友財閥では住友合資会社を株式会社住友本社に，三菱財閥では同年12月，三菱合資会社を株式会社三菱社に改組した。両財閥の本社の株式会社への改組は，節税対策と資金需要の高まりを見越して株式公開と社債発行による資金調達の途を開くことにあった。戦争経済の進行の中で，財閥同族による封鎖的所有・支配体制の本社機構を維持することはもはや困難であった。しかし，三井財閥本社の株式会社化は遅れ，複雑な経路をたどった。まず，1940年8月，三井物産が本社の三井合名会社を吸収合併し，次いで1944年3月，三井物産から「旧三井合名会社」が分離独立する形で株式会社三井本社が設立された。このように三井財閥本社の株式会社化が遅れ，しかも2段階の過程を経て実施されたのは，同族各家の相続税軽減対策もからんでいたが，その最大の原因は三井高公が「三井家全体をまとめ切れず」，三井合名筆頭常務の南條が「温厚，消極的で決しかねて，時間がいたずらに経過していった」からであった（江戸 [1986]）。この点，住友の同族は1家，三菱の同族は2家であり，迅速な意思決定が可能であった。

　三井財閥では本社機構の株式会社改組が遅れ，しかも1940年8月から4年間，三井物産の中に「本社」が存在するという変則的な形態をとったため，コーポレート・ガバナンス機能を発揮することが容易ではなく，戦時下の経営課題であった重化学工業分野への進出・拡充を十分に実施することができなかった。

おわりに

　大正時代後半から昭和初期にかけて，財閥の肥大化と事業経営の封鎖的所有・支配に批判が高まり，その批判は財閥攻撃にエスカレートしていった。そのため，各財閥とも批判や攻撃から身を守るため，財閥の改革・近代化に積極的に取り組まなければならなかった。そうした改革・近代化は財閥の所有者ではなく，財閥に雇用された専門経営者によって推進された。

　本章で論じたように，安田財閥では結城豊太郎，三井財閥では池田成彬が改革を担当した。しかし，両財閥の改革とも，財閥同族による家産管理と事業経営の封鎖性の修正や変更を迫るものであったから，同族側の抵抗は大きかった。とくに安田は12家，三井は11家からなる同族集団であっただけに，同族間の利害調整は容易ではなく，結城と池田は同族を説得し，彼らの同意を取り付けるために多くの時間とエネルギーを費やさなければならなかった。

　財閥批判・攻撃の矢面に立たされていた三井の場合，改革は衆人環視の下で「財閥の転向」策として実施されただけに，同族の抵抗はあったが，具体的な成果をあげることができた。しかし，安田の場合は，結城が日本銀行から移籍した落下傘型の専門経営者であったこともあって，同族と番頭出身の経営者による排斥運動を受け，改革中途で安田を去らねばならなかった。

　結城の退任によって安田財閥の改革は頓挫した。その結果，安田は戦後財閥解体の対象となった10大財閥の中で最も同族支配が強く，専門経営者のトップ・マネジメント進出が遅れた，金融事業に偏重した企業集団のままで敗戦を迎えた。三井の場合も，池田の引退後，同族の経営介入によって改革の速度がにぶり，重化学工業分野進出とコーポレート・ガバナンス改革の両面で三菱，住友に後れをとってしまった。

　こうした財閥改革のプロセスとそこでの財閥同族と専門経営者の関係は，第2次世界大戦後の財閥解体とその後の企業集団への再編成に大きな影響を与えた。解体された財閥系企業が再結集する際，重要な役割を果たした社長会の結

成は，住友が一番早く1951（昭和26）年に白水会を，次いで三菱が1954年に金曜会を成立させた。これに対して，三井の二木会結成は1961年までずれ込んだ。この遅れは，戦前，財閥同族と専門経営者の関係が良好であった住友，三菱系企業の専門経営者は再結集に意欲を示したのに対して，第10章で見るように，三井系企業の専門経営者は三井同族に対する反発が強く，そのことが再結集を遅らせた要因として作用したといわれている。

さらに，同族の支配力が強かった安田の場合は，財閥解体指令を受けると，専門経営者はそれを積極的に受け入れ，安田財閥を自発的に解体した。1952年のサンフランシスコ講和条約の発効によって財閥商号の使用が可能になると，多くの旧財閥系企業はかつて使用していた財閥名の社名に復帰した。しかし，旧安田財閥の中核企業である富士銀行の専門経営者たちは，「安田」の行名に戻すことを拒否した。

■参 考 文 献
○テーマについて
　森川英正　［1980］『財閥の経営史的研究』東洋経済新報社。
　武田晴人　［1995］『財閥の時代』新曜社。
　安岡重明　［1998］『財閥経営の歴史的研究』岩波書店。
　宮本又郎　［1999］『日本の近代11　企業家たちの挑戦』中央公論社。
　橘川武郎　［2002］「財閥のコンツェルン化とインフラストラクチャー機能」石井寛治・
　　原　朗・武田晴人編『日本経済史 3　両大戦間期』東京大学出版会。
○結城豊太郎について
　杉山和雄　［1975］「安田系銀行の大合同を推進した結城豊太郎」『金融ジャーナル』1975
　　年7月号。
　加来耕三　［2004］「崩れかけた財閥を再建した"大番頭"－結城豊太郎－（上・下）」
　　『日経ベンチャー』2004年5月，6月号。
　由井常彦編［1986］『日本財閥経営史　安田財閥』日本経済新聞社。
　小汀利得　［1937］『日本コンツェルン全書Ⅴ　安田コンツェルン読本』春秋社。
　秋田　博　［1996］『銀行ノ生命ハ信用ニ在リ　結城豊太郎の生涯』日本放送出版会。
　八木慶和　［2007］『日本銀行総裁　結城豊太郎』学術出版会。
　「安田保善社とその関係事業史」編修委員会編［1974］『安田保善社とその関係史』安田
　　不動産

富士銀行編・刊［1982］『富士銀行百年史』。
○池田成彬について
　杉山和雄［1978］「池田成彬－転換期における財閥の改革者－」森川英正・中村青志・
　　前田和利・杉山和雄・石川健次郎『日本の企業家（3）昭和編』有斐閣。
　安岡重明編［1982］『日本財閥経営史　三井財閥』日本経済新聞社。
　池田成彬伝記刊行会編［1962］『池田成彬伝』慶応通信。
　池田成彬・柳沢　健［1949］『財界回顧』世界の日本社。
　星野靖之助［1968］『三井百年』鹿島出版会。
　江戸英雄［1986］『私の三井昭和史』東洋経済新報社。
　三井銀行編・刊［1976］『三井銀行100年のあゆみ』。
　三井文庫編・刊［1994］『三井事業史　本篇第三巻中』。

第9章 新興コンツェルンの形成者
―野口遵と森矗昶―

はじめに

　わが国においても，第1次世界大戦の勃発による重化学工業製品の輸入途絶と軍需関連市場の拡大の中で，重化学工業が勃興し，産業構造の高度化が進行した。大戦中の重化学工業の進展をリードした経営主体は，財閥系企業，八幡製鉄所，軍工廠などであり，分野は造船業とその関連産業が中心であった。しかし，1920年代に入ると，造船業は海運不況と軍縮の影響を受けて後退し，それに代わって，20世紀に入って発展した合成硫安，レーヨン，電解ソーダ，アルミ精錬，自動車などの新興重化学工業が台頭し，産業構造高度化のけん引車的役割を果たした。これらの新興重化学工業を積極的に担った経営主体は，財閥系企業よりもそれらの工業の国産化に意欲を燃やす企業家をリーダーとする一群の企業であった。中でも，1930年代に新興コンツェルンを形成する鮎川義介，野口遵，森矗昶，中野友礼，大河内正敏らの企業家は，新興重化学工業分野の開拓活動に果敢に挑戦した。

　新興コンツェルン創業者が，主として1920年代の不況の中でリスクを冒して挑戦した産業開拓活動は，1931（昭和6）年の満州事変の勃発・金輸出再禁止以降の軍需関連市場の拡大と円為替相場の下落による新興重化学工業の発展の中で，開花していった。そして，彼らは国産化一番乗りを果たした工業分野を中心に事業網を拡大し，新興コンツェルン（新興財閥）と呼ばれた企業集団を形成したのである。

　本章の目的は，合成硫安，人絹両工業のパイオニアであった野口遵（のぐち

したがう）と，国産技術・機械を使用して合成硫安とアルミ精錬の国産化に挑戦した森矗昶（もり のぶてる）を取り上げ，両者の産業開拓活動とコンツェルン形成活動を比較・検討することにある。

野 口 　 遵
―日窒コンツェルンの形成者―

野口遵　略年譜
1873（明治6）　0歳　石川県金沢に生まれる
1896（明治29）23歳　帝国大学電気工学科卒業，郡山電燈に入社
1898（明治31）25歳　ジーメンス・シュッケルト日本出張所に勤務
1902（明治35）28歳　宮城県三居沢でカーバイド製造に成功
1906（明治39）32歳　曽木電気設立
1908（明治41）34歳　フランク＝カロー式石灰窒素製造特許の実施権を獲得，曽木電気と日本カーバイド商会を合併して日本窒素肥料を設立
1921（大正10）47歳　カザレー式アンモニア合成法特許権の実施権獲得
1922（大正11）48歳　喜多双蔵と共同で旭絹織を設立
1927（昭和2）54歳　朝鮮窒素肥料設立
1929（昭和4）56歳　朝鮮窒素肥料興南工場完成
1933（昭和8）60歳　旭絹織，日本ベンベルグ，延岡アンモニア工業を合併して，旭ベンベルク絹糸を設立
　　　　　　　　　日本窒素肥料の社長に就任
1937（昭和12）64歳　満州・朝鮮鴨緑江水力発電設立
1941（昭和16）68歳　財産3,000万円を寄付して野口研究所，朝鮮奨学会を設立
1944（昭和19）71歳　死去

（年齢＝満年齢）

1 電気化学工業のパイオニア

(1) 事業遍歴とフランク・カロー法の導入

野口遵は，1896（明治29）年，帝国大学工科大学電気工学科を卒業した。同級生の多くは，官庁や大企業に技師として勤務した。しかし，野口はそうした常識的なコースには見向きもせず，福島県の一地方会社である郡山電燈に入社し，発電所の建設に従事した。だが，野口はこの会社を2年ほどで辞めてしまい，以後，1906年に曽木電気を創立するまでの間，ドイツのジーメンス・シュッケルト日本出張所に勤務して電気機器の売込み・据付けに従事したり，長野県の安曇電気の電源開発や江ノ島電気鉄道，駿豆電気の設立に参画，あるいは宮城県の川内鉱山の経営に参加するなど，手当り次第に職をかえ，夜は紅灯のちまたを飲み歩くという，自由奔放な生活を続けた。

大学卒業後10年間の事業遍歴と奔放な生活は，野口にとって決してむだではなかった。この間に，野口は，のちの事業経営に必要な広範囲の人的ネットワークを築くとともに，進むべき事業方向を見定めたからである。

日清戦争後，水力発電事業が発展し始め，野口もまた電気技師として各地の発電所建設に従事した。しかし，発電所の建設には多額の資金が必要であった。それゆえ，電力料金は，他の照明用燃料や動力源に比べて割高であった。また，河川の季節的水量の変動や昼夜間の電力消費量の差から生じる余剰電力の処理も大きな問題であった。野口は，電気を単に照明用あるいは動力源として使用するだけではなく，それを原料とする化学工業を開発すれば，そうした問題はおのずと解決できるという考えを持っていた。そして，その考えを実践するため，1902年，野口は帝大電気工学科同級生市川誠次，2年後輩の藤山常一らの協力の下に仙台の三居沢で宮城紡績の余剰電力を利用してカーバイド製造に着手し，それに成功した。この成功が，野口の進むべき事業方向を決定づけた。

野口は，1905年暮，"飲み友達"の日野辰治，永里勇八から，彼らの経営する鹿児島県下の牛尾，大口，新牛尾の3鉱山に電力を供給する発電所の建設依頼を受けた。そして，1906年1月，資本金20万円の曽木電気株式会社が設立されると，野口は資本金の半額を友人の下谷銀行支配人千沢平三郎から借りて出資し，同社の社長に就任した。1907年10月，矢楯川曽木滝の水力を利用した800キロワットの出力を持つ発電所が完成した。しかし，3鉱山と近隣の電灯需要だけでは，発生電力の半分しか消費できなかった。

　そこで，野口はこの余剰電力の消費策として，すでに三居沢で成功を見ているカーバイド製造を企図し，さらに石灰窒素・変成硫安などの化学肥料工業への進出を構想した。そして，野口は上記の市川，藤山，千沢，郡山電燈時代の同僚島田鹿三，ジーメンス日本出張所時代の同僚井上熊次郎らを誘って，資本金20万円の日本カーバイド商会を設立し，1908年1月から同社水俣工場でカーバイドの製造を開始した。

　野口の企業家としての出発は，時宜を得ていた。曽木電気の創立の前年，20世紀の化学工業史上の特筆すべき発明とされる，石灰窒素製造法がドイツのアドルフ・フランクとニコデム・カローによって完成され，その工業化にも成功していたからである。新聞でフランク＝カロー法の存在を知った野口は，化学肥料工業進出を成功させるためには同法の特許実施権獲得が不可欠であると考え，1908年4月，藤山を同行してベルリンに向かった。

　フランク＝カロー法の特許には三井，古河両財閥も着目し，それぞれ益田孝，原敬らの大物を派遣し，同法の獲得交渉にあたらせていた。しかし，ここでも，野口は強運を持っていた。フランク＝カロー法の開発はジーメンス社の援助で行われ，同法の特許権を持つイタリアのジュネラーレ・ベル・ラ・シャナミッド社が同社の子会社であったからである。そのうえ好都合なことに，野口がかつて勤務していた当時のジーメンス・シュッケルト日本出張所長のヘルマン・ケスラーがドイツ本社の要職に栄転しており，野口らの特許権買収交渉を側面から支援してくれた。

　その結果，弱冠35歳の野口は，三井，古河両財閥との特許実施権獲得競争に

勝利し，1908年4月，フランク＝カロー式石灰窒素製造法の特許実施権を40万円で入手することに成功した。

（2） 日本窒素肥料の創業と発展

シャナミッド社と野口が交わした契約書には，1909（明治42）年中に工場を建設すること，その建設にあたっては三井財閥の資金を優先的に使用すること，という条項があった。シャナミッド社は，野口らの実力を危ぶんでいたのである。帰国後，野口はただちに三井財閥との交渉を開始した。三井は，フランク＝カロー法の実施会社の株式の半数提供と役員人事の一任を要求した。野口は，資金的事情から株式の半数提供には同意した。しかし，役員人事権の譲渡はとうてい受け入れられず，三井との交渉は決裂してしまった。

しかし，野口らだけで特許権実施会社の設立資金を調達する目途はなかった。そこで，野口は姻戚関係にある日本郵船取締役の堀達に事情を説明し，支援を求めた。堀は同社社長近藤廉平に野口の希望を伝え，近藤が三菱合資会社銀行部長の豊川良平を紹介した。豊川は化学肥料工業の将来性と野口の経営手腕を認め，三菱財閥関係者の出資と三菱合資銀行部の金融的支援を約束するとともに，野口と同郷の大阪商船社長の中橋徳五郎を引き合わせてくれた。中橋も野口に援助を約束した。

こうして，三菱・大阪商船関係者の支援を取り付けると，野口は，1908年8月，曽木電気の資本金を100万円に増資したうえで，日本カーバイド商会と合併させ，社名を日本窒素肥料と改称した。

日本窒素肥料の設立後，野口は産業開拓者として，技術，販路開拓，資金調達面で種々の困難を体験しなければならなかった。同社の水俣工場は，1909年11月に完成した。工場長は藤山常一であった。しかし，工場は順調に稼働しなかった。そのため，水俣工場と並行して大阪府稗島村に建設された変成硫安工場の操業にも支障を来たし，1912年5月，稗島工場は閉鎖を余儀なくされた。この間，野口は外国人技師を雇うことを提案したが，自負の強い藤山は同意せず，しかもフランク＝カロー法の「断続製法」をそのまま使用せず，それを

「連続製法」に改良して実施した。しかし，この技術改良は成功せず，三菱系役員から責任追求の声が上がった。その結果，藤山は水俣工場長を辞任し，1908年2月に日本窒素肥料を退社した。その後，藤山は三井財閥の支援を得て，1915（大正4）年に電気化学工業株式会社を設立し，日本窒素肥料に競争を挑むことになる。

　藤山の退社後，野口は陣頭指揮して水俣工場の操業を軌道に乗せると，販路の拡大を図るため，熊本県八代郡鏡に変成硫安専門工場の建設を計画した。石灰窒素のままでは販路が開けなかったからである。しかし，日本窒素肥料には，同工場を自力で建設する資金的余裕はなかった。そこで，野口は，当時，九州海岸線に沿って電気鉄道の敷設を計画していた鉄道院に水俣工場と曽木発電所を157万円で一括売却し，そのうえで，電気鉄道工事が開始されるまでの間，年5分5厘の利息を支払って同工場・発電所を借り受けるという，苦肉の措置をとった。そして，この売却金を利用して鏡工場の建設に着手したのである。

　日本窒素肥料の命運をかけた鏡工場は，1914年5月に完成し，同社はカーバイド・石灰窒素・変成硫安の一貫生産体制を確立した。鏡工場の操業は，時宜を得たものとなった。その直後に第1次世界大戦が勃発したからである。

　硫安は明治中頃に輸入されて以来，その需要を拡大させていた。しかし，硫安は大正期に入っても，ガス会社の副産物として若干供給されるだけで，ほぼ全面的に輸入に依存していた。それが大戦の勃発によって途絶したため，硫安の価格は大戦前のトン当たり130～150円台から1916年には200円台に上昇し，さらに1917年には400円台に高騰した。

　そうした市場機会の出現の中で，野口は，1916年4月，鉄道院から水俣工場と曽木発電所を買い戻すとともに，大増産計画を立てて鏡工場の拡張，新水俣工場およびそれらの工場に電力を供給する内大臣川，川内川，緑川の3発電所の建設を敢行した。その結果，日本窒素肥料の硫安生産高は増加の一途を続け，1918年には国内硫安生産高の65.0％を占めた。そして，それを高価格で販売し，日本窒素肥料は一挙に経営基盤を確立した。同社の社史は，当時の活況

を次のように伝えている。

　「当社の利益も非常なる額に達し，大正6年には2割5分の配当，7年，8年には3割の配当を続けた上年々200万円以上の鎖却を為し，9年の上期には実に10割4分と云ふ高配当をなした。又大正9年3月には一挙に1千2百万円の増資を行ひ資本金を2千2百万円とし従業員には功労株を分った上に特別賞与金を支出した。当社の古き職員諸氏が一斉に金時計に金鎖をぶらさげたのも此頃の話である」（日本窒素肥料編［1937］，表-1参照）。

（3）　新技術の企業化

　第1次世界大戦ブームの中で，各産業分野で多くの「成金」企業家が輩出した。しかし，そうした「成金」企業家の大半はブームに便乗して無謀な事業拡張に走ったり，また，奢侈な生活がたたって，戦後反動恐慌が到来し，長期不況が続くと，蓄積した利益を吐き出してしまい，事業の縮小・破綻を余儀なくされた。

　そうした状況の中で，野口はブームの後に反動不況が来ることを予想し，大戦中から休戦時にかけての日本窒素肥料の莫大な利益を極力内部留保に回す財務政策をとる一方，彼自身も同社株式以外の持ち株を手放す処置をとった。

　野口は，1920年（大正9）1月，若い技術者をともなって，フランク＝カロー法特許実施権の延長交渉を兼ねてヨーロッパに出掛けた。そこで，野口は2つの新技術に出合う。1つはアンモニア合成技術であり，もう1つは人絹製造技術であった。

　①　合成アンモニア工業

　旅行中に立ちよったローマで，野口はルイギ・カザレーという若い化学者が，水中の水素と空気中の窒素を高圧設備の中で直接合成させてアンモニアをつくる方法に成功したという話を耳にし，早速，カザレーの研究室を訪問した。しかし，その実験施設は日産4分の1トン程度の貧弱なものであった。当時，総合財閥化を目指していた鈴木，久原両財閥もカザレーの発明を注目し，彼の下に技術者を派遣していた。しかし，両財閥の技術者はカザレー法の企業

表-1 日本窒素肥料の経営成績

期 別	利益金	対払込資本金利益率	配当率	期 別	利益金	対払込資本金利益率	配当率
1908年下期	25千円	7.8%	10%	1923下	1,546	23.8	15
09 上	42	10.2	10	24上	1,989	24.9	15
下	53	10.4	10	下	2,963	37.0	15
10 上	74	14.9	10	25上	2,524	28.4	15
下	68	10.9	10	下	2,658	28.0	15
11 上	67	8.9	10	26上	2,813	27.0	15
下	79	9.0	8	下	2,620	23.9	15
12 上	123	12.3	10	27上	2,456	22.3	15
下	163	16.4	10	下	2,618	18.9	15
13 上	197	15.7	10	28上	2,942	21.2	15
下	186	14.9	10	下	2,952	21.3	15
14 上	94	6.3	8	29上	2,954	21.3	15
下	370	23.1	10	下	2,956	21.3	15
15 上	704	41.4	12	30上	2,781	18.8	13
下	905	47.6	15	下	3,178	17.9	13
16 上	1,097	54.9	15	31上	3,370	16.4	12
下	1,354	49.2	20	下	3,333	13.7	10
17 上	1,430	44.7	25	32上	3,103	11.0	8
下	1,950	55.7	25	下	3,106	11.0	8
18 上	2,345	61.7	30	33上	3,106	11.0	8
下	2,684	70.6	30	下	3,324	11.8	8
19 上	2,958	77.8	30	34上	3,327	11.8	8
下	3,031	79.8	30	下	3,848	11.4	8
20 上	5,516	132.5	104	35上	3,849	11.4	8
下	1,519	23.4	20	下	3,848	11.4	8
21 上	1,204	18.5	15	36上	4,650	13.6	10
下	1,187	18.3	15	下	4,651	13.6	10
22 上	1,197	18.4	15	37上	5,271	11.7	10
下	1,569	24.1	15	下	6,920	11.8	10
23 上	2,210	34.0	15	38上	7,433	12.7	10

(出所) 下谷 [1982]。

化に自信がもてず，しかもその特許実施権譲渡価格が1,000万リラ（約100万円）という高額であったこともあって，同法の購入を躊躇していた。

　しかし，野口はカザレー法の将来性を見抜き，「値段は少し高いが勝れた発明である。もしこれを他人が買って実用化したら，わが社は非常な危機に立つ。日窒は100万円を惜しんでつぶれるかも知れない」という内容の電報を日本窒素肥料本社に打ち，カザレー法の導入を決定した（中村 [1978]）。そして，帰国後，野口は水力資源の豊富な宮崎県延岡に年産1万2,500トンの生産能力を持つカザレー式アンモニア合成工場の建設に着手し，1923年9月，わが国最初の合成アンモニアの生産に成功した。

　野口の果断な意思決定は，日本窒素肥料に安定的業績とさらなる発展を保障した。第1次世界大戦後，外国製硫安が再流入すると，硫安工業界は一転して厳しい状況に直面し，市価も崩落した。そうした状況の中で，大戦中に急成長を遂げた藤山常一の率いる電気化学工業は，変成硫安の生産方法に固執したことがたたって，外国製硫安との競争能力を喪失し，昭和初期の恐慌の中で破綻してしまった。これに対して，日本窒素肥料はカザレー法の導入後，すべての硫安生産工程を合成法に転換して外国製硫安に太刀打ちできる大幅なコスト・ダウンを実現し，硫安工業界における地位を確かなものとした。

　②　人絹工業への進出

　野口はイタリアのスニア社を見学し，人絹工業が将来有望な事業になるという認識を深めた。帰国後，野口はやはり人絹工業進出を構想していた日本綿花社長の喜多双蔵に出会った。そして，両者は共同してドイツのグランツシュトッフ社からビスコース人絹技術を導入し，人絹会社を設立する計画を立てた。しかし，日本窒素肥料の重役会は，「世界第一の生糸の産地である此日本に，水に濡れれば切れて仕舞ふ様な人造絹糸の事業を起こすことは無謀」であるとして，野口らの計画に反対した（日本窒素肥料編 [1937]）。そこで，野口は，1922年（大正11）5月，日本綿花傘下の東京人絹を改組改称して，資本金200万円で設立された旭絹織株式会社の経営に個人の資格で参加し，専務取締役に就任した。

旭絹織のビスコース人絹は予想に反して品質がよく，販路を順調に拡大した。そこで，野口は，人絹工業を日本窒素肥料の直営事業に組み入ることを計画した。そして，1929（昭和4）年4月，ドイツのJ．P．ベンベルグ社からベンベルグ絹糸製造特許実施権を購入して資本金1,000万円の日本ベンベルグ絹糸株式会社を設立する一方，喜多と交渉して旭絹織の株式の大半を日本窒素肥料に肩代わりさせた。さらに1931年6月，後述する朝鮮窒素肥料の硫安生産開始によって，原料薬品の供給工場となっていた日本窒素肥料延岡工場を分離独立させ，資本金1,000万円の延岡アンモニア絹糸株式会社とした。そして，1933年5月，上記の3人絹工業会社を合併し，資本金4,600万円の旭ベンベルグ絹糸株式会社（現在の旭化成）を設立した。

2　日窒コンツェルンの形成

（1）　朝鮮への進出

　野口遵の電気化学工業経営の特徴は，電源開発のための発電所建設→その電力を利用する工場の建設・拡張→電力不足→発電所の建設……という具合に，発電所と工場の建設が「シーソー・ゲーム」的展開を見たことにあった。
　そうした展開の中で，当時の2大新興工業である合成硫安工業と人絹工業の開拓に成功した野口が，日本窒素肥料のさらなる発展を求めてとった戦略は朝鮮における興南コンビナートの建設であった。そして，その建設は，野口にとって電気化学工業企業家からコンツェルン形成者への脱皮を意味した。
　第1次世界大戦後，硫安工業界は国産硫安と外国製硫安の間で激しい競争を展開していた。しかし，硫安市場は拡大を続けており，新規メーカーの参入が相次いだ。そこで，野口は日本窒素肥料の業界トップの座を維持するため，新工場の建設を計画し，新たな電源開発地をさがした。しかし，当時，国内の水力発電可能地は大手電力会社によって掌握されており，日本窒素肥料の割り込む余地はなかった。

そうした折，野口の下に2人の男から耳寄りな話が持ち込まれた。野口の帝大工科大学同級生の森田一雄と，友人の久保田豊（1914年，東京帝大土木工学科卒）である。両者は，1924（大正13）年から朝鮮での電源開発を計画し，調査・研究に取り組み，朝鮮北部の鴨緑江支流に有望な地点があることを発見した。そして，彼らはとりあえず赴戦江流域に16万キロワットの電源開発を計画し，朝鮮総督府にその水利権を申請した。総督府は，当時，朝鮮全体で数万キロワットの使用量しかなかったため，電力消化の目途が立てば，許可するという意向を示した。そこで，森田と久保田は電力多費産業である硫安工業に目を付け，業界の代表的な企業家である野口に話を持ち込んだのである。

森田らの話は，安価豊富な電力を求めていた野口にとって魅力であり，「渡りに舟」とも思われた。しかし，ソ連との国境に近い北鮮の未開地での工事であったから，決断の速い野口も今度ばかりは慎重であった。しかし，野口の旺盛な企業家精神は，リスクの回避よりも日本窒素肥料の拡大と次の飛躍の機会を選んだ。

野口は森田らと共同で，赴戦江の水利権の認可を受けると，1925年1月，資本金1,000万円の朝鮮水電株式会社を，翌26年5月，その発生電力を利用する資本金2,000万円の朝鮮窒素肥料株式会社を，日本窒素肥料の全額出資で設立した。

赴戦江の電源開発は，冬季には零下40度を超す海抜1,200メートルの地に一大貯水池を造成して黄海に向かって流れる水をせき止め，それを脊梁山脈を貫いて，一挙に反対側の日本海に落すという，大工事であった。工事は難航を極めたが，1929（昭和4）年11月に第1発電所が竣工し，以後，32年8月までに第2，第3，第4の発電所を完成，合計20万キロワットの発電を可能にした。そして同時に，電源開発工事と並行して，一寒村の興南の地に肥料工場の建設を着工し，1931年までに年産硫安40万トン，硫燐安5万トンの生産能力を持つ世界的規模の朝鮮窒素肥料興南工場を完成させた。

興南工場は，1930年1月から硫安の生産を開始した。当時，昭和恐慌がピークに達し，しかも外国製硫安のダンピング攻勢が最も強い時期であった。しか

し，朝鮮窒素肥料は，日本内地の半分以下の安価な電力と新鋭設備，そして低廉な朝鮮人労働力の利用によって，外国製硫安に十分対抗し得た。それゆえ，朝鮮窒素肥料は創業直後から巨額の利益を計上し，外国製硫安駆逐の先陣を切ることができたのである。

（2） 三菱との訣別

　朝鮮窒素肥料の前途は有望であった。だが，興南工場の操業直後，予期せぬ事態が発生した。赴戦江の開発計画段階で水量を過大に見積ったため，実際には発電所の出力は予定の半分程度しか出ず，興南工場の拡張はおろか，平常の操業にも支障を来たす問題が生じたのである。

　野口は，新たな電源開発地として赴戦江と並行して流れる長津江に着目した。しかし，長津江の水利権は，三菱合資会社が保有していた。三菱は，1923（大正12）年に長津江・赴戦江の電源開発と一大電気化学工業会社の設立を計画し，両河川の水利権を朝鮮総督府に出願した。しかし，上述したように，時を同じくして野口らが赴戦江の水利権を出願したため，総督府は三菱に対しては長津江の水利権を許可したのである。しかし，三菱は第1次世界大戦後の長期不況の中で，長津江開発に着手することができなかった。

　1931（昭和6）年6月，宇垣一成陸軍大将が朝鮮総督に就任した。宇垣は朝鮮の工業化政策に力を入れ，三菱に対して長津江開発を再三督促した。しかし，三菱は開発に踏み切れず，結局，1932年6月，水利権を朝鮮総督府に返却せざるを得なかった。

　野口は，三菱が水利権を返却すると，ただちに総督府に長津江の水利権を申請した。総督府は野口の経営手腕と日本窒素肥料の赴戦江開発の実績を高く評価していた。しかし，その一方で，同社の資金調達能力に懸念を表明した。と言うのも，すでに見たように，日本窒素肥料は発足以来，三菱との関係が深く，資本金の10％前後を同財閥関係者に依存していた。そのうえ，赴戦江開発と興南工場建設のために発行した社債も，その大半が三菱銀行によって引き受けられていた。1933年当時，三菱銀行からの日本窒素肥料の借入金は2,500万

円にも達していた。世間では,日本窒素肥料は三菱系の会社であると見なしていたのである。

当時,三菱銀行内部では野口の拡大戦略に警戒を強め,赴戦江第4発電所建設に際して,建設中止を要請した。しかし,野口はそれを無視して建設を強行した。

そうした状況の中で,今度は三菱の仕事を横取りした形の長津江の電源開発である。その開発には三菱の資金的援助を期待できないばかりか,三菱との訣別が予想された。事実,長津江開発計画は,日本窒素肥料の三菱系役員から大反対を受けた。

ここに至って,野口はこれまで通り三菱の援助をとるか,長津江開発を進めるかの,二者択一を迫られたのである。野口の決断は後者の長津江開発であった。野口の事業意欲を満たすには,もはや三菱の金融枠では狭すぎたのである。野口は三菱銀行に日本窒素肥料の借入金を1年間で返済することを申し出るとともに,宇垣一成に対して自分の全資産（主として日本窒素肥料株式）を提供して当面の長津江開発資金にあてる決意を伝えた。

その結果,1933年10月,長津江の水利権は,発電量の2分の1を一般供給に振り向けることを条件に日本窒素肥料に付与され,同社は,同年5月,資本金2,000万円の長津江水電株式会社を設立した。そして,ただちに長津江開発事業に着手して,1935年11月に第1発電所を完成させ,38年までに4発電所全部を竣工した。これによって,興南工場の電力不足は一挙に解決されたのである。

三菱との訣別後,日本窒素肥料は,日本興業銀行,朝鮮銀行との関係を強めた。また同時に,日本窒素肥料は社債発行・増資・支払手形の振出によって外部資金を調達するとともに,「ドル箱」となっていた朝鮮窒素肥料から預り金・販売手数料（特許使用料）の形で,その他の傘下企業から株式配当の形で資金を吸収して,それらの資金を関係会社に供給し,のちに株式で返済を受けるという,独自のコンツェル金融を展開していった。

また,職制面では,日本窒素肥料は会長制を廃止して野口遵社長・市川誠次

副社長体制を敷くとともに，退社した三菱系役員に代えて内部昇進者を役員に抜擢し，トップ・マネジメントの結束を図った。

（3） 日本・朝鮮にまたがるコンツェルンの形成

朝鮮窒素肥料興南工場は，肥料工場にとどまってはいなかった。興南工場ではアンモニア合成の際に発生する水素ガスと日本海で大量にとれるイワシ資源を利用して油脂事業を開始し，それはさらに火薬事業へと発展した。また，日本窒素肥料は朝鮮各地で鉱山事業を兼営するとともに，それを起点にマグネシウム，アルミニウムなどの金属工業に進出し，さらに永安で石炭低温乾溜事業，阿吾地で石炭液化事業に着手した。また同時に，興南工場と山一つへだてた本宮に工場を建設し，苛性ソーダー，カーバイド，アセチレン，研削材，カーボンなどの生産を開始した。そして，これらの事業の多くは，業容が整うと新会社として独立した。

他方，日本窒素肥料は朝鮮でのコンビナート的事業展開に相応して，コスト高に悩む肥料部門の生産を中止し，より付加価値の高い人絹工業部門に集中する戦略をとり，前述したように，1933（昭和8）年7月，旭ベンベルグ絹糸を設立した。また，これと前後して，日本窒素肥料は，1930年12月，同じ理由で日本窒素火薬を，35年10月には鉱山部門を分離独立させて日窒鉱業を設立した。

こうした日本内地，朝鮮双方での積極的な事業展開の結果，野口は1937年3月までに26社を擁する，電気化学工業中心の日窒コンツェルンを日本と朝鮮にまたがって建設したのである。

森　矗昶
―― 森コンツェルンの形成者 ――

森矗昶　略年譜
1884（明治17）　0歳　千葉県夷隅郡清海村に生まれる
1908（明治41）　23歳　総房水産設立
1919（大正8）　34歳　総房水産，東信電気に合併される
1922（大正11）　38歳　森興業設立
1924（大正13）　39歳　衆議院議員に当選，以後連続4期当選する
1926（大正15）　41歳　日本沃度設立
1928（昭和3）　43歳　昭和肥料設立
1931（昭和6）　46歳　国産技術による合成アンモニアの生産に成功
1934（昭和9）　49歳　アルミニウムの国産化に成功
　　　　　　　　　　昭和鉱業を設立。日本沃度を日本電気工業と改称。昭和肥料社長に就任
1936（昭和11）　52歳　カーバイド組合理事長就任
1937（昭和12）　53歳　硫安肥料製造組合理事長及び硫安販売株式会社社長に就任
1939（昭和14）　54歳　昭和肥料と日本電気工業を合併し昭和電工設立
1940（昭和15）　55歳　帝国アルミニウム統制株式会社理事長に就任
　　　　　　　　　　昭和電工の社長を辞任
1941（昭和16）　56歳　死去

（年齢＝満年齢）

1 不撓不屈の企業家活動

（1） 総房水産の発展と破綻

　森矗昶は，1884（明治17）年10月，千葉県夷隅郡清海村に生まれた。森は高等小学校を卒業すると，ガジメという海藻からヨードを製造する家業に従事した。

　わが国のヨード事業は，1890年代に始まった。ヨードは化学薬品，火薬の原料であった。それゆえ，日清，日露戦争による軍需の拡大を背景に各地にヨード製造業者が輩出し，同事業は急速に発展した。森家も，そうしたヨード事業勃興の中で，1897年に同事業に着手して以来発展を遂げ，日露戦争期には房総半島におけるヨード業界の中心的存在となった。森家は，1908年12月，房総半島のヨード業界を糾合して，資本金5万円の総房水産株式会社を設立した。この時，森は24歳の若さであったが，営業部長として事実上会社を主宰した。

　ところで，「味の素」の企業化に成功する鈴木三郎助もヨード事業に従事していた。鈴木家は，1888年から三浦半島の葉山でヨードの製造を開始し，その後ヨードを原料とする薬品製造事業に手を拡げていった。そして，1906年，事業の拡張を計画した鈴木家はカジメ資源の豊富な房総半島に進出し，館山に合資会社安房沃度製造所を設立した。その結果，森，鈴木両家は，カジメ資源をめぐって房総各地で激しい競争を展開した。しかし，1911年9月，両家の間に次のような業務提携が成立し，競争を収束させた。

①鈴木製薬所が経営する安房沃度製造所の資産を2万5,000円に評価し，それを総房水産に出資する。
②鈴木家の代表者1名を総房水産の役員に就任させる。
③総房水産は粗製ヨード，塩化カリなどの製品を鈴木製薬所に供給する。

　鈴木家は，当時，東京帝国大学池田菊苗教授の発明した「味の素」の企業化とともに，力を入れていた製薬事業の原料を確保するために，名を捨てて実を

取ったのである。一方，森家は強力なライバルを吸収したことで，房総半島におけるヨード事業をほぼ独占した。

第1次世界大戦が勃発すると，外国からのヨード関連製品の輸入は途絶し，ヨード業界はかつてないブームを迎えた。総房水産はブームの中で事業拡張を計画し，資本金を1915（大正4）年に30万円，さらに17年には一気に150万円に増資した。この間，総房水産は九州に進出して九州工場を設置し，原料集荷地域を茨城，石川，九州各県から壱岐，対馬，朝鮮の済州島まで拡大するとともに，ヨード関連製品のほか，硝石，塩酸カリ，黄血塩などの鉱工業薬品の生産・販売を開始した。業績も好調で毎期多額の利益を計上し，1916年上期には131％という株式配当まで行った。

しかし，ブームは長く続かなかった。大戦の終結とともにヨード業界は需要の減少・価格の下落，外国製品の再流入に見舞われ，壊滅的打撃を受けた。総房水産も，1919年上期には資本金の4倍にあたる600万円に近い損失を出し，破産の危機に直面した。

当時，総房水産の常務取締役に就任していた森矗昶は，この経営危機を乗り切るため奔走するが，解決策を見出すことができず，最後の手段として，かつてのライバル鈴木三郎助に援助を申し込んだ。

（2） 東信電気への合併と独立の回復

第1次世界大戦ブームの中で，鈴木三郎助は「味の素」事業を拡大する一方，電気化学工業への進出を計画した。そして，鈴木家は，1917（大正6）年8月，自家電力を確保するため，長野電燈，川崎銀行の協力の下に，資本金300万円の東信電気株式会社を設立した。

東信電気が大量生産を意図した塩素酸カリは，ヨードの副産物である塩化カリを電気分解処理して製造された。そのことに着目した森矗昶は，破綻寸前の総房水産を東信電気に吸収合併させることを考え，鈴木三郎助にその実現を懇請した。森の申し出に対して，鈴木家内部では反対が強く，東信電気の出資者の中にも異議を唱える者が少なくなかった。しかし，森の人柄と経営手腕を認

めていた鈴木は，周囲の反対を押え，森の提案を受け入れた。その結果，1919年9月，総房水産は東信電気に吸収合併され，清海，館山，九州の3工場は新設の水産部に所属した。そして，森は取締役として東信電気に入社し，水産部を所管した。

当時，東信電気は長野県の千曲川水系上流の4カ所で発電所の建設を行っていた。しかし，地元との交渉が難航し，工事は大幅に遅れていた。そこで，鈴木三郎助は森を建設部長に起用し，発電所建設業務を担当させた。森は持ち前の行動力で懸案事項を次つぎに処理し，着任後1年7カ月で総出力1万3,900キロワットの4発電所をすべて完成させ，鈴木の期待に応えた。

発電所の建設に並行して，東信電気は小海工場を建設し，1920年1月から晴海，館山両工場で生産される塩化カリを原料とする塩素酸カリの製造を開始した。小海工場長は森が兼務した。しかし，この塩素酸カリ工業においても，森はまた苦杯をなめなければならなかった。当時，世界のマッチ産業界を席巻していたスウェーデンのマッチ・トラスト＝クローゲルがわが国に進出し，国内マッチ工業の大半を傘下に収めてしまったからである。そのため，マッチの主力原料である塩素酸カリ工業は大打撃を受け，1922年11月，小海工場も閉鎖を余儀なくされた。

電気化学工業会社としての発展を阻止された東信電気は，電力販売会社に転身することで，再起を図った。東信電気は，小海工場の閉鎖に先立って，1921年10月，4発電所全部を東京電燈に売却して事業をいったん整理すると，売却金を利用して長野県下の高瀬川上流と千曲川下流で電源開発に着手し，1925年までに総出力4万7,800キロワットの6発電所を完成させた。これらの発電所建設も森が担当し，その電力はすべて東京電燈に販売した。

この間，東信電気の電力販売会社への移行にともない，同社の水産部，化学部は廃止された。そして，両部の所属工場は，森矗昶の要望と鈴木三郎助の配慮によって森家が譲り受けた。森家はその引き受け機関として，1921年6月，森興業を設置し，さらに26年10月，資本金100万円の日本沃度株式会社を設立してヨード事業を再開した。かつての総房水産の工場は再び森家の手に戻り，

森矗昶も企業家としての独立を回復したのである。

2 森コンツェルンの形成

(1) 余剰電力問題

　電力販売会社となった東信電気は，引き続き電源開発に取り組み，1930（昭和5）年までに17万3,600キロワットの発電能力を持つ，5大電力会社に次ぐ会社に成長した。

　ところで，わが国の電力業界は，第1次世界大戦期から戦後にかけての電力各社の設備投資競争の結果，昭和初期には大量の余剰電力を抱え込んでいた。とくに東京電燈，東邦電力，宇治川電力，大同電力，日本電力の大手5社の余剰電力問題は深刻で，相互に激しい電力売込み合戦を展開した。競争が最も苛烈であったのは東京電燈の供給地区である京浜地帯で，各社ともそこに進出を開始した。そのため，多数の子会社および関係会社と電力購入契約を締結していた東京電燈は大きな打撃を受け，業績を悪化させた。東京電燈の苦境は，発生電力のすべてを同社に供給している東信電気にとっても無関係ではあり得ず，1927年1月から両社の間で余剰電力対策の交渉が開始された。

　東信電気側の担当者は，森矗昶であった。森は東信電気の建設部長として，発電所を次つぎに建設して余剰電力を発生させた当事者であり，しかも1927年4月には専務取締役に就任していた。それゆえ，森は自分にも責任の一端がある，余剰電力問題に真剣に取り組んだ。森はまず日本窒素肥料，電気化学工業などを廻り，余剰電力の売り込みを図った。しかし，それは成功しなかった。そこで，森は自らの責任で余剰電力を消費する決意を固めた。森は，その決意を次のように語っている。

　「私どもは今まで国家の隠れた富源の開発者として自負していたが，それは大間違い，むしろ国家の資材を乱費したというような形となる。早く今までの方針を転じて電力消費者としてこの罪をあがなわなければならぬ，何か

世のため国のために電気を多く使って出来る恰好のものはないか，何が一番この趣旨にかなうかと，彼も調査し，これも研究し，考慮に考慮を重ねたのであります。

これはもっとも，今日急に電気が余ったから電気を使う事業を起こそうという，ただ漠然とした考えからではない。私どもは最初から，電灯や単なる電気事業を，私どもの仕事とは考えていなかったのであります。私どもの東信電気設立の最初の出発点は電気化学工業にあったのであります。すなわち，わが国は国土狭隘で資源に乏しいが，ただ水力電気には恵まれている。わが国の山脈は傾斜多く四時適量の降雨があるから，水力電気は前にも申したごとく全国いたる所に発電せられるのであります。ゆえに世界いずれの国よりも最も豊富に，かつ容易に，また有利に電力が得られるのであります。

私どもは，この天恵の水力電気を利用して工業を起こし，おのれの運命を開拓し，また国運の伸長をはからなければならない。"水力電気の原料化"こそは私どもの使命と信じ，常に世間に向かっても強調してきたところであります。その建前に対してもすみやかに電力消化の具体案を決定して，その実行にかからなければならぬ」(昭和電工編［1977］)。

慎重な調査，研究と熟慮の末，森が電力消費産業として選んだ分野は，合成硫安工業とアルミニウム工業であった。前者は野口遵の日本窒素肥料と金子直吉の率いる鈴木商店傘下の第一窒素工業が生産を開始したばかりの新興産業であり，後者は国産化が待たれる分野であった。

森は，東信電気発足時の創業理念に立ち帰り，電力を原料とする新興工業の国産化課題に挑戦することによって，余剰電力問題を解決しようと考えたのである。

（2） 国産技術による合成硫安生産の成功

1928（昭和3）年に入り，東京電燈と東信電気の間に次のような合意が成立した。

①東京電燈が，東信電気から購入している電力（1キロワット時当たり1銭5

230　第9章　新興コンツェルンの形成者

表-2　アンモニア合成会社一覧表（生産開始順）

会　社　名	生産開始 年　月	合成法	硫安年産能力 （設立時） （トン）
日本窒素肥料	1923.10	カザレー	12,500
クロード式窒素 （第一窒素工業）	24.10	クロード	9,000
日本窒素肥料	26.12	カザレー	60,000
大日本人造肥料	28.3	ファウザー	30,000
昭和肥料	31.3	東工試	150,000
住友肥料製造所	31.4	NEC	30,000
朝鮮窒素肥料	30.1	カザレー	120,000
三池窒素工業	32.1	クロード	36,000
矢作工業	33.12	ウーデ	36,000
宇部窒素工業	34.7	ファウザー	50,000
満州化学工業	35.―	ウーデ	100,000
新潟硫酸	37.4	クロード	10,000
日本タール工業	37.9	イーゲー	80,000
多木製肥所	38.4	イーゲー	50,000
大日本特許肥料	39.2	イーゲー	50,000
日東化学工業	40.2	イーゲー	50,000
帝国高圧工業 （朝日化学工業）	40.5	新ウーデ	50,000
日本水素工業	40.7	新ウーデ	100,000
東洋高圧工業	―	クロード	(75,000)
満州硫安工業	―	イーゲー	(200,000)
宇部油化工業	―	ファウザー	(150,000)

（出所）日本硫安工業会編［1968］。

厘）の大部分をキロワット時当たり3厘で後者に買い戻してもらう。
②東信電気は買い戻した電力の消化方法を考え，それに東京電燈が全面的に協力する。

　森矗昶は，東信電気が買い戻す10万キロワット時の電力の消化策として，まず化学肥料工業を選び，石灰窒素の製造で4万キロワット時，硫安のそれで6万キロワット時を使う計画を立てた。そして，森は，東信電気社長の鈴木三郎助の同意を得ると，1928年10月，東京電燈と東信電気の折半出資による資本金

1,000万円の昭和肥料株式会社を設立し，専務取締役に就任した。そして，川崎と新潟県鹿瀬に工場建設を決定した。

　鹿瀬工場での石灰窒素製造計画は順調に進み，1929年から生産を開始した。しかし，川崎工場での硫安生産はそれほど簡単ではなかった。まず，どのアンモニア合成技術を採用するかが，大きな問題となった。合成硫安工業の先発企業である日本窒素肥料と第一窒素工業は，それぞれカザレー法，クロード法を導入していた。また，昭和肥料と並行して同工業に進出した大日本人造肥料はファウザー法を導入し，両社に次いで同分野に参入を図る住友，三井，三菱財閥系企業も，すでに実用化されている外国技術を使用した（表-2）。

　昭和肥料でも，当初，外国技術の使用を考え，ウーデ法とファウザー法の導入を検討した。しかし，前者の導入には特許実施料150万円のほか，年産10万トンの機械設備購入費800万円が必要であり，昭和肥料の資金力ではそれをまかなうことはできなかった。後者の導入条件は比較的ゆるやかであったが，すでに大日本人造肥料がその導入契約を締結しており，実施に際しては同社の承認が必要であった。そのため，昭和肥料はファウザー法導入の仮契約を結んだが，大日本人造肥料の同意が得られず，断念した。

　そこで，森は，外国技術の導入をあきらめ，東京工業試験所が開発したアンモニア合成技術（以下，東工試法と略記）を採用する決意を固めた。当時，国産技術の評価は極めて低かった。それゆえ，昭和肥料のトップ・マネジメント内部でも東工試法の採用に反対する者も少なくなかった。しかし，森は同法の採用に踏み切った。森は，外国技術導入のために欧米に派遣した技術者たちから東工試法が外国技術に比べて遜色がないという報告を受けており，また，東京工業試験所が同法の工業化に際して，全面的協力を約束していたからである。

　1929年4月，昭和肥料は，同社が10％以上の配当が行える収益をあげた場合，10％配当可能な利益額を超えた分の10分の1にあたる金額を，特許使用期間中支払う，という有利な条件で東工試法を入手した。しかも同法の開発を担当した横山武一，中村健次郎が昭和肥料に入社した。1930年秋から川崎工場の建設が，東京工業試験所の全面的支援の下に開始された。その際，できるだけ

国産機械を使用する方針がとられ，その75％を日立製作所，石川島造船所，戸畑鋳物などのメーカーに代金後払いの「メーカーズ・クレジット」の形で発注した。

このように，昭和肥料，東京工業試験所，各種機械メーカーのいわば「合作」である川崎工場は種々の困難を乗り超えて，1931年6月，わが国最初の国産技術と国産機械設備によるアンモニア合成に成功した。そして，昭和肥料は，この年はやくも朝鮮窒素肥料に次いで，全国硫安生産シェアの16.8％を占める生産を記録したのである。

（3） アルミニウム工業の国産化

昭和肥料の経営が軌道に乗ると，森矗昶は，自分の意思が貫徹できる家業会社の日本沃度において，次の課題であるアルミニウム工業の国産化活動に取り組んだ。同工業はアルミニウム1トンを生産するのに2万キロワット時の電力を使用する電力消費産業であった。

1916（大正5）年に藤田組傘下の日本軽銀製造がアルミ精錬を手がけて以来，数社が同工業の国産化課題に挑戦した。しかし，いずれも成果をあげることができなかった。そこで，政府は，1926年に三井，三菱，住友，古河の各財閥を中心メンバーとする「アルミニウム工業促進に関する協議会」を発足させる一方，同工業確立に必要な電解・アルミナ・電極の研究に補助金を支給する政策をとった。しかし，「協議会」メンバーの各社とも，安価な欧米アルミ地金の流入の中で，しかも政府の国産原料の採用方針に基づいて同工業に進出する自信はなかった。そのため，1927年に「協議会」はなんらの成果をあげることなく解散してしまった。

森がアルミニウム工業に関心を持ったのは，1920年のことであった。当時，森は東信電気の建設部長として長野県大町に常駐し，高瀬川流域の電源開発を指揮していた。このとき，森は日本軽銀製造の信州工場でアルミ精錬事業に取り組んでいた藤森龍磨と知り合い，同工業への関心を強めていった。そして，上記の「協議会」が発足をすると，森は東信電気を代表してそこに出席し，大

町付近にアルミ精錬工場を建設する企業があれば，1キロワット時7厘5毛から1銭で電力を供給したい，と提案した。しかし，その提案に耳を貸す者はいなかった。

その結果，森は，自ら電力消費産業のアルミニウム工業を興す決意を固めた。森はアルミ精錬事業においても，国産技術と国産原料を使用する方針をとった。アルミ原料については，1930（昭和5）年ごろから各地の明礬石，粘土，礬土貝岩資源の調査を開始し，その結果，33年3月，朝鮮全羅南道多島の明礬石鉱山である声山鉱山を買収した。技術面では，1931年12月，理化学研究所から理学博士岡沢鶴治を入社させて，昭和肥料川崎工場の技術者と一緒にアルミナ製法の研究に取り組ませる一方，アルミナ電解の責任者として，上記の藤森龍磨を招聘した。

岡沢らが進めていた明礬石を原料とするアンモニア・ソーダ法が完成すると，森は，1933年3月，長野県大町に電解工場の昭和アルミニウム工業所を，同年4月，横浜にアルミナ工場の日本アルミナ工業所を個人事業として設置した。森が両事業所を個人事業としてスタートさせたのは，アルミニウム工業のリスクを自ら引き受けるためであった。

森のこうしたリスクを冒しての意思決定は，1934年1月，昭和アルミニウム工業所でのアルミナ電解の成功によって報われ，森はアルミ国産化の一番乗りを果たした。そして，その成功を機に，森は昭和アルミニウム工業所と日本アルミナ工業所を日本沃度に合併し，大町工場，横浜工場とした。

日本沃度はヨード事業を本業としていた。しかし，同社は満州事変以後，塩素酸カリ，フェロシリコン，金属珪素などの生産を開始し，さらに今度はアルミニウム工業を加えたことにより，1934年3月，社名を事業内容にふさわしい日本電気工業と改称した。

その後，明礬石の品位低下により，日本電気工業はアルミ生産原料をボーキサイトに転換した。そして，それを機に石原産業海運，安田銀行が日本電気工業への経営介入を深めた。しかし，森が育てた専門経営者，技術者らが結束して，1938年6月，外部勢力を排除し，日本電気工業の経営権を保持した。

森のアルミ精錬の成功は，わが国アルミニウム工業勃興の契機となった。森の成功に刺激されて，1935年から37年の間に，日本アルミニウム，住友アルミニウム製錬，日本曹達，満州軽金属などが同工業に進出し，アルミ精錬を開始したからである。

（4） 垂直統合戦略の展開

　昭和肥料の化学肥料工業，日本電気工業のアルミニウム工業進出動機は，森矗昶の「電気の原料化」理念から発していた。そして，その進出過程は，垂直統合戦略のうちの「前方統合」であった。森は両工業によって経営基盤を確立すると，満州事変・金輸出再禁止後の重化学工業勃興の波に乗って，垂直統合を中心とする拡大戦略を展開した。

　まず，「前方統合」戦略についていえば，森は，1932（昭和7）年4月，東部電力から広田工場を，同年12月，諏訪電気から塩尻工場を借り受け，それらを日本沃度の電解・電炉工場とした（のちに両工場とも買収）。また，1934年9月，秩父電気工業を吸収合併し，さらに35年1月，土橋電気製鋼所を買収して，それらを日本電気工業の電炉，金属精錬工場とした。このほか，森は，1933年10月，照明弾，発煙弾，発火信号弾などを生産する日本火工を傘下に収め，翌年4月には日本電気工業の興津工場の火薬事業部門を分離して昭和火薬を設立した。これらの買収会社・工場はいずれも電気を原料に各種の工業製品を生産していた。森の「電気の原料化」方針は，拡大戦略の中でも一貫していたのである。

　森は，こうした「前方統合」とそれに基づく製品多角化戦略の展開と並行して，「後方統合」による原材料資源獲得戦略も積極的に追求した。満州事変以降の鉱工業生産の活況の中で，電力会社の余剰電力は急減した。そこで，森は昭和肥料，日本電気工業の電力供給方式を買電から自給に切り換える方針をとり，東信電気の電源設備拡張を図る一方，買電契約を結んでいた地方電力会社を次つぎに買収し，それらを日本電気工業の子会社とした。

　他方，昭和肥料においても，電力価格の上昇に対応して，硫安製造工程を電

解法からガス法に転換する工事を進め，1937年までに川崎工場の年産硫安生産能力を電解法15万トン，ガス法17万5,000トンとした。こうした製造工程の転換が昭和肥料の炭鉱業進出の契機となり，同社は1935年から北海道空知の炭鉱区約10万ヘクタールの買収に着手し，開発・採炭を行うために豊里鉱業所を設置した。森は同じ目的で，1934年4月，樺太炭業株式会社を設立した。

この間，日本電気工業のアルミニウムを始めとする非鉄金属事業の拡大に相応して，森は，1934年1月，資本金1,000万円の昭和鉱業株式会社を設立し，非鉄金属資源の自給を図った。そして，1935年前後には，昭和肥料の製品を取り扱っていた日本加里工業との子会社も森の傘下に入った。

こうした垂直統合を中核とする拡大戦略の展開によって，森矗昶が指揮する企業群は1937年上期までに20社を数え，森コンツェルンと呼ばれた。

おわりに

明治維新後のわが国の産業開拓＝国産化活動は，先進工業国にあって日本に存在しない産業を移植・育成して，まず国内市場において外国製品との激しい競争の末それらを駆逐し，次いで国産製品を外国市場に輸出するという，パターンを通じて達成された。産業開拓＝国産化活動に意欲的に取り組んだ企業家や経営者は大別すれば，2つのタイプに分けられる。その1つは国産技術に立脚して新産業の創出を目論んだ人びとであり，他は外国技術を導入し，あるいは外国会社と提携して新産業の移植・育成を図ろうとした人びとである。

本章で考察した森矗昶は前者の，野口遵は後者のタイプの企業家であった。高等小学校しか出ていない森は国産技術を採用するとともに，その開発担当者を入社させ，技術陣の強化を図っていった。一方，帝大出の工学士である野口は最新式の外国技術を見つけ出して，それをいち早く導入し，「パテント買いの名人」と言われた。

ただし，両者の創業動機・理念は共通していた。彼らは「電気を原料」とする新産業分野の開拓＝国産化を実現して，日本の産業自立に貢献し，同時に，

その国産化を誰よりも早く達成することで——とくに三井,三菱,住友などの大財閥よりも先に——,企業家としての社会的名声を博したいという,願望を持っていた。そして,野口は合成硫安工業と人絹工業の開拓者となることで,森は国産技術による合成硫安製造の成功とアルミ精錬国産化の一番乗りを果たすことで,経営基盤を確立し,社会的名声を獲得した。

産業開拓者は,他者との出会いを大切にして,彼らとの間にパーソナルな関係を築き,それを積極的に活用したと言われる。そのことは,野口と森の産業開拓活動についても,妥当した。野口は友人,三菱財閥関係者から,森は味の素本舗の鈴木商店関係者から,多くの支援を受けた。

しかし,その一方で,野口と森は,支援者との間で絶えず意思調整を図る必要があった。また,支援者は,両者の経営行動をしばしば制約した。そのため,野口は日窒コンツェルンの形成過程で三菱関係者との訣別を決断し,日本興業銀行,朝鮮銀行との関係を深める一方,独自のコンツェルン金融を推進した。これに対して,森は電力事業を媒介として成立した鈴木家事業(ただし「味の素」事業を除く)との関係をより強め,両家の複合的企業集団の形成を図る形で,事業経営のコンツェルン化を進めた。

いずれにしても,野口と森が産業開拓活動を成功させ,企業家として世に出るためには,三菱財閥,鈴木家関係者の支援が不可欠であった。そして,両者の人間的魅力と卓越した経営手腕が,支援者からの援助を引き出すことを可能にしたのである。

■参 考 文 献

○テーマについて
　森川英正［1980］『日本型経営の展開——産業開拓者に学ぶ——』東洋経済新報社。
　下谷政弘［1982］『日本化学工業史論』お茶の水書房。
　宇田川勝［1984］『新興財閥』日本経済新聞社。
　宇田川勝［2010］『日本を牽引したコンツェルン』芙蓉書房出版。
○野口遵について
　中村青志［1978］「野口遵——巨大電力化学コンビナートの建設」森川英正,中村青志,前田和利,杉山和雄,石川健次郎『日本の企業家』(3)有斐閣。

大塩　武［1989］『日窒コンツェルンの研究』日本経済評論社。
柴村羊吾［1981］『起業の人　野口遵伝』有斐閣。
日本窒素肥料株式会社編・刊［1937］『日本窒素肥料事業大観』。
鎌田正二編［1978-95］『日本窒素史への証言』第1～第22集，「日本窒素史への証言」編集委員会。
○森矗昶について
長島　修［1990］「森コンツェルンの成立とアルミニウム国産化の意義」市史研究『よこはま』第4号。
麻島昭一・大塩武［1997］『昭和電工成立史の研究』日本経済評論社。
橋本寿朗［1982］「戦間期の化学工業——硫安工業を中心として」『神奈川県史　各論編2　産業・経済』神奈川県。
石川悌次郎［1954］『鈴木三郎助伝・森矗昶伝』東京書館。
昭和電工株式会社編・刊［1977］『昭和電工五十年史』。

第10章

戦後型企業集団の形成活動
―石黒俊夫と江戸英雄―

はじめに

1945（昭和20）年時点で，三井，三菱，住友，安田の4大財閥傘下企業は全国会社払込資本金合計額の24.5％を占めており，これに6財閥（鮎川＝日産，浅野，大倉，古河，中島，野村）を加えると，その比率は35.2％に達した。

連合国総司令部（GHQ）は財閥を日本の軍国主義と封建主義の経済的支柱と見なし，日本政府に財閥解体を命じた。

1946年9月，三井，三菱，住友，安田の本社および富士産業（旧中島飛行機）が持株会社に指定された。以後，4回の追加指定が行われ，1947年9月までに計83社が持株会社の指定を受けた。持株会社は所有株式を持株会社整理委員会に提出し，財閥本社は清算手続に入った。この過程で，三井，三菱両財閥の経済力の中枢と見なされた三井物産と三菱商事は解散命令を受けた。続いて1947年3月，10大財閥の56家族が財閥家族の指定を受け，資産凍結と所有株式の持株会社整理委員会への提出が命じられた。

この間，経営者の追放も実施された。1945年11月，財閥家族の本社役員の辞任が命じられた。次いで1947年1月，大企業283社の常務取締役，常任監査役以上の役員約2,000名が財界追放措置を受けた。さらに1948年1月には財閥同族支配力排除法が制定され，財閥家族の関係会社役員退任が強行された。

しかし，1952年4月にGHQの占領統治が終了すると，いったん解体された三井，三菱，住友の旧3大財閥系企業の再結集の動きが始まり，住友，三菱，三井の順で社長会を結成し，社長会メンバー企業が相互に株式を持合う方式で

企業集団を形成した。そして，1965年前後には，資本の自由化措置への防衛策として，3大企業集団以外の大企業も融資系列のメインバンクである富士，三和，第一勧銀の各行を中心に株式相互持合いを進める一方，社長会を結成した。

　本章の課題は，三菱，三井両グループの再結集プロセスと，その中でリーダー的役割を果たした石黒俊夫（いしぐろ　としお）と江戸英雄（えど　ひでお）の経営行動を比較・検討することにある。

石 黒 俊 夫
──三菱グループのリーダー──

石黒俊夫　略年譜

1892（明治25）　0歳　愛知県知多の素封家の家に生まれる
1917（大正6）　24歳　東京帝国大学法学部卒業，三菱合資入社
1939（昭和14）　46歳　三菱銀行三宮支店長に就任
1942（昭和17）　49歳　三菱社社長秘書役，のち総務部長兼務
1945（昭和20）　52歳　三菱本社常務取締役
1946（昭和21）　53歳　三菱本社の代表清算人（1950年8月まで）
1952（昭和27）　59歳　陽和不動産事件解決に尽力
1953（昭和28）　60歳　三菱地所会長に就任『三菱商標に関する報告書』刊行
1954（昭和29）　61歳　三菱系社長会「金曜会」発足，世話役代表に就任
1964（昭和39）　71歳　死去

（年齢＝満年齢）

1　財閥指定時の三菱

　財閥指定時の三菱財閥は持株会社三菱本社の下に分系会社11社，関係会社16社，傍系会社129社を有していた。これら三菱系会社の払込資本金合計額は27億351万円で，全国会社のそれの8.3%を占めた。三菱本社に対する岩崎同族の持株比率は47.8%であり，三菱本社および岩崎家の分系会社，関係会社に対する持株比率は，それぞれ32.1%と18.4%であった。これらの持株比率は三井，住友両財閥に比べて，低かった。それは三菱が資本集約度の高い重化学工業中心の財閥であり，早い時期から分系会社と本社の株式を公開して社会的資金の導入を図った結果であった。そして，そのことを反映して，三菱本社および分系会社間の株式相互持合い比率も低く，財閥指定時で岩崎家を含めた分系会社の総株式数に占める相互持合い比率は36.4%であった。

　三菱財閥は社会的資金の動員にもかかわらず，財閥指定時まで三菱本社による集権的管理体制を維持した。三菱の分系各社は本社の直営事業から分離独立したという経緯もあって，本社による統轄管理に抵抗が少なかった。それに加えて，三菱は創業以来，財閥所有経営者の陣頭指揮の下で運営されており，とくに4代目社長の岩崎小弥太のリーダーシップに分系各社のトップマネジメントが全幅の信頼を寄せていたからである。事実，1945（昭和20）年時点で，三菱本社社長の岩崎小弥太は分系会社9社の取締役を兼務しており，副社長の岩崎彦弥太も7社を兼務していた。また，この時点で両所有経営者を含む本社役員17名が分系・関係19社の役員のうち，96ポストに就任していた。本社の専門経営者役員15名は分系会社のトップマネジメント出身者や兼任者であった。彼らは三菱合資（1937年株式会社三菱社に改組，43年株式会社三菱本社に社名変更）によって一括採用され，合同研修を経て各分系会社に配属された。そして，彼らの中には分系会社間の人事異動を経験した者も少なくなかった。そのため，彼らには「同じ釜の飯を食った」仲間意識が濃厚であった（平井［1994］）。

　岩崎小弥太はGHQの自発的な三菱の解散要求に強く反対した。しかし，

GHQの方針に抵抗することは許されず，三菱本社は，1945年11月1日，解散を決議し，12月2日，病床の小弥太は死去した。

　三菱では三菱本社以外に，三菱電機，三菱化成工業，三菱鉱業，三菱重工業，三菱商事の5社が持株会社の指定を受けた。このうち，三菱鉱業と三菱重工業は過度経済力集中排除法の適用を受け，前者は石炭部門の三菱鉱業と金属精錬部門の太平鉱業の2社に，後者は地域別に東日本重工業，中日本重工業，西日本重工業の3社に分割された。さらに，三菱商事は三井物産と共にGHQから直接解散命令を受け，約120社に細分割された。

　財閥家族の指定を受けた岩崎家は所有株式1億7,349万円を持株会社整理委員会に提出した。この間，2回にわたって発令された公職追放令と財閥同族支配力排除法によって，1945年9月から11月の時点で役員に就任していた三菱系の分系・関係会社のトップマネジメントはほぼ全員辞任した。

　経営陣のパージ後，三菱系各社の経営を担当した新経営者は支店長，工場長，部長クラスから一気にトップマネジメントに昇格した人たちであった。彼らの主要な任務は自社の再建と労働攻勢から経営権を守り抜くことであった。彼らは日常業務に忙殺され，三菱系企業の再結集を考える余裕はなかった。また，パージされたシニア経営者はGHQの監視もあって表立った行動をとることはできなかった。

　そうした状況の中で，財閥解体時から，三菱グループの再結集を予想し，そのための地ならしに取り組んだ人がいた。石黒俊夫である。石黒は1917（大正7）年に東京帝国大学法学部を卒業後，三菱合資に入社し，銀行部に勤務した。三菱銀行の三宮支店長などを歴任した石黒は岩崎小弥太に見い出されて三菱社に転籍して，1942年から小弥太の秘書役となり，45年には総務部長に就任した。戦後，石黒は三菱本社常務に昇進し，1946年から50年まで本社の代表清算人を務めた。清算業務のかたわら，石黒は自立化と分散化傾向を強める三菱系各社をいかに結束させるかについて腐心した。そして，その手段として，1937（昭和12）年の三菱合資の株式会社三菱社への改組にともない発足した三菱協議会とその下部組織の総務部部課長打合せ会に着目した。しかし，三菱財

閥の「社長会」たる三菱協議会は，1946年6月，解散された。その後，旧分系会社の社長は非公式の「金曜午餐会」を続けたが，GHQに対する配慮と相次ぐ経営者のパージによって，具体的な行動をとることはできなかった。そこで，石黒は，1946年9月，総務部部課長打合せ会を「火曜会」と改称のうえ，自らその幹事役に就任し，同会を三菱系会社間の実質的な連絡・情報交換機関およびGHQと持株会社整理委員会の交渉窓口とした。しかし，財閥時代の統轄組織を継承した「火曜会」に対しては現役経営者の反発もあり，同会は石黒の意図通りには機能しなかった。

2 三菱グループの再結集

(1) 商号・商標保全問題

1949（昭和24）年9月，GHQは旧3大財閥の三井，三菱，住友の商号と商標の使用禁止を指令した。この指令に基づき，日本政府は，翌1950年1月，同年7月以降7年間にわたって旧3大財閥の商号および商標の使用を禁止する政令を公布した。

財閥系企業の多くはGHQの指導や，過度経済力集中排除法による会社分割などを機に社名を変更した。しかし，それでも1950年当時，三井では鉱山など3社，三菱では電機など8社，住友では電工など3社が旧財閥商号と商標を使用していた。「ブランド」「のれん」である商号・商標は貴重な経営資産であり，解体された財閥系企業が再結集を果たすうえで必要不可欠であると考えられた。

後述する三井不動産取締役の江戸英雄は事態を憂慮し，三菱，住友関係者に財閥商号・商標使用禁止に反対する共同戦線の結成を提案した。江戸から提案を受けた石黒俊夫はただちに旧分系会社のトップマネジメントに諮って了解を得ると，同期入社の高杉晋一（当時，三菱電機社長）と連絡を取り合いながら，共同戦線に参加した。

共同戦線は住友電工の顧問弁護士ハッチンソンを通しての対米国政府工作と，吉田茂首相を介してのマッカーサー最高司令官への働きかけの2つのルートを通じて行われた。そして，このうち後者の吉田＝マッカーサールートへの働きかけが奏効して，商号・商標禁止政令は2回の実施延長ののち，1952年4月のサンフランシスコ講和条約の発効と同時に失効した。

石黒は，1952年6月，三菱系各社の「商号・商標に関する会議」を主宰し，その成果を翌53年1月，『三菱商標に関する報告書』にまとめた。この報告書で，石黒は商標管理を各会社に移管する一方，商号については三菱系企業で共同管理することを提示した。そして同時に，今後発生する商号・商標問題に対処するために，三菱系各社の連携と情報交換を緊密にし，あわせて連絡機関設置の必要性を強調した。石黒は「商号・商標の管理保全問題を媒介として」，三菱グループの再結集を促進させようと考えたのである（平井［1997］）。

（2） 陽和不動産事件

財閥コンツェルン組織は，株主安定システムであった。戦時体制に移行するまで財閥本社の資本金は財閥家族（同族）によって，また，直系会社の資本金は本社からほぼ排他的に出資されていた。直系会社の事業計画は本社の承認を得れば，所要資金は財閥内部の資本市場を通じて供給された。それゆえ，財閥本社，直系会社を問わず，財閥の専門経営者は資金調達方法や株主対策について十分な訓練を受けぬままトップマネジメントに就任した。

1949（昭和24）年に入ると，持株会社整理委員会は財閥本社や財閥家族などから提出された財閥系企業株式を順次証券市場に放出し始めた。そして，その前後から，放出された財閥系企業株式が外国人や投機集団によって買い占められるという事件がしばしば発生した。三菱においても，三菱本社解散後の第二会社の1つである陽和不動産の株式が買い占めに遭った。1950年1月，三菱本社は解散に先立ってGHQと交渉し，所有不動産の受け皿会社として，陽和不動産と関東不動産の2社を発足させた。両社とも資本金は3,600万円で，所有する東京・丸ノ内のビジネスセンター街の資産に比べて過少であった。この過

少資本に目を付けた投機集団は，1952年1月から陽和不動産株式の買い占めを開始した。しかし，陽和不動産の経営者は株式に関する知識に乏しく，自社株式の買い占めに有効な対策をとることができなかった。その結果，陽和不動産の株価は1952年1月から8月の間に323円から1,600円台に高騰し，同社株式の15〜16万株（発行株式数の約20%）が投機集団によって買い占められてしまった。そして，投機集団は「1株1,600円で買い取って欲しい」と要求してきた（平井［1994］）。株式買い取りには約2億5,000万円の資金が必要であった。しかし，陽和不動産，関東不動産，そして，両社の親会社である三菱地所の3社ではその資金を調達できなかった。この問題を協議した三菱系各社の「社長懇談会」は，投機集団と闘うべきであると主張する強硬派と，彼らの要求に応じて株式を買い戻し，即時解決を図ろうとする現実派に分かれた。

　三菱系各社の再結集の機会をうかがっていた石黒俊夫は，この陽和不動産事件を再統合のための好機と捉えて，現実派側に立って事態の早期解決を主張し，実力シニア経営者である加藤武男（元三菱銀行頭取）の出馬を求めた。そして，石黒は加藤に「高値のまま買い戻す以外にない。そのかねは三菱銀行が三菱系各社に融資し，各社が買い戻し，保有する形としたい。加藤さんから銀行に頼んでいただけないか」と，懇請した（菊地［2000］）。三菱グループの再結集に強い関心を持っていた加藤は石黒の意見に同意し，三菱銀行のトップマネジメントに協力を要請した。その結果，加藤の指示を受けて三菱系各社を廻って同意を取り付けた石黒の努力もあって，1952年10月までに三菱関係8社が三菱銀行から融資を受けて，投機集団から陽和不動産株式を買い戻し，それを保有した。

　こうして，陽和不動産事件は石黒と加藤の迅速な連携プレーによって早期に解決を見た。この事件は三菱系各社の現役経営者に株主安定の重要性を強く認識させ，三菱系企業の再結集と各社による株式相互持合いの契機となった。

（3）三菱商事の大合同と金曜会の発足

　サンフランシスコ平和条約発効後，財閥の商号・商標が自由に使用されるよ

うになると，旧財閥系企業の多くは旧社名に復帰した。この間，細分割された旧三菱商事の再編も進み，1952（昭和27）年8月までに不二商事，東京貿易，東西交易と旧三菱商事清算後の第2会社・光和実業の4社に集約された。そして，1954年8月，光和実業は「三菱商事」の商号を登記した。当時，三菱系各社から4社合同による総合商社再建が強く求められていた。その理由の第1は戦前から三菱商標（スリーダイヤモンド）の大半は三菱商事が関係会社との共有も含め，所有・管理していたが，同社の解散過程で，商標登録の失効と侵害事件が多発していたからである。理由の第2は「旧三菱商事の細分化によって生じた原材料購入と製品販売の両面での取引コスト増大や取引範囲の縮小を解消しよう」としていたからである（橘川［1996］）。

　上記4社の現役経営者は再統合の進め方や各社の資産評価をめぐって対立したが，田中完三，服部一郎，高垣勝次郎の旧三菱商事社長経験者の強力なバックアップと加藤武男，石黒俊夫らの4社対等合併の主張もあって，1954年7月，三菱商事（旧光和実業）が不二商事，東京貿易，東西交易を吸収合併する形で大合同を実現した。

　三菱商事の再統合は三菱グループの形成に連動し，1954年秋，三菱各社の「社長懇談会」は毎月第2金曜日に開催される社長会・「金曜会」に改組改称された。当初の金曜会メンバー企業は財閥時代の分系会社と"三菱"の商号を冠した12社であり，これらの三菱系企業間の株式相互持合い比率は12.3％，三菱銀行のこれら会社に対する融資比率は平均33.1％であった。

　こうして発足した金曜会は三菱の商号・商標についての最終決定権限を保有し，同会の世話人代表には三菱地所会長の石黒俊夫が就任した。

3　三菱グループの特質

　三菱グループの再結集のプロセスには，三菱独自の特徴が見られた。その第1は，現役経営者とシニア経営者の協力関係と両者による連携プレーである。シニア経営者の公職追放によってトップマネジメントに昇進した現役経営者は

自社の利益を第一義的に目指した。これに対して，三菱財閥時代にトップマネジメントの経験を持つシニア経営者は，グループ全体の利益と結束を志向した。現役経営者は短期間に経営能力を向上させた。しかし，彼らはグループ企業間の調整，グループ全体にかかわる事項の処理，政府交渉などの対外折衝については経験不足であった。そうした仕事は，通常，シニア経営者が中心に，あるいは現役経営者と協力しながら対応した。そして，その際，石黒俊夫が「シニア経営者と現役経営者の両者を結ぶ連結ピン的な」役割を果たした（平井[1996]）。シニア経営者が企業間調整で主導的役割を果たしたケースとしては，先に見た陽和不動産事件の処理や商号・商標保全問題などをあげることができる。また，シニア経営者と現役経営者の協力のケースとしては，1952（昭和27）年10月，石油化学工業進出に際して，三菱系各社の調整機関として設置された三菱石油委員会があげられる。同委員会メンバーは加藤武男，田中完三らのシニア経営者と三菱化成，旭硝子，三菱石油，三菱鉱業，三菱金属鉱業（当時大平鉱業）などの現役経営者から構成されており，旧四日市海軍燃料廠の払下げの対政府折衝，シェル石油との提携交渉，上記企業間の石油精製・化学事業分野調整などを行った。

　シニア経営者と現役経営者の協力関係と両者の連携プレーは，前述したような三菱財閥時代に形成された彼らの仲間意識，同質的キャリア，そして人的ネットワークを基盤としていた（後掲の表-1を参照）。また，三菱において，財閥解体後もかつての財閥所有者である岩崎家と専門経営者の関係は良好であった。石黒は三菱本社清算人代表として，あるいは対GHQ交渉窓口として，絶えず岩崎家と連絡をとっており，また必要に応じて，岩崎家当主岩崎彦弥太，加藤武男，田中完三らのシニア経営者と現役経営者の会合をセットしていた。そして，公職追放解除後，岩崎隆弥（久弥の次男）を三菱製紙の会長，岩崎彦弥太（長男）と岩崎恒弥（三男）をそれぞれ三菱地所，東京海上火災保険の取締役に迎えた。

　第2の特徴は三菱銀行，三菱信託，東京海上火災保険，明治生命保険などの系列内金融機関が大きな役割を果たしたことである。三菱系企業再結集のきっ

かけとなった陽和不動産株式の買い戻しは，前述のように，各社が三菱銀行から融資を受け，前者株式を共同購入したことによって実現した。陽和不動産株式買い戻しと前後して，三菱銀行は，1950年1月，三菱重工業が東日本重工業，中日本重工業，西日本重工業に3分割された際，三菱重工業の大口債権者として分割新会社株式の割当権を行使し，これら3社の株式を大量に取得した。次いで1950年2月から4月にかけて旭硝子が株式公開を行った際，予約売買段階で同社の株価が高騰すると，三菱銀行は証券会社に融資して，同社株式の買い取り・保有工作を行わせた。さらに1958年の「スターリンショック」後の株価下落の中で，三菱海運の増資株式に大量の失権株が出ると，三菱銀行は三菱系各社に融資を行い，共同して三菱海運新株式を取得させた。そして，1957年7月の三菱商事の再統合後の増資にあたって，三菱銀行は東京海上火災保険などの系列内金融機関と協議し，縁故割当方式で三菱商事増資新株式を共同保有した。

こうした三菱銀行による関係会社株式の取得，あるいは同行の融資・仲介による関係各社株式の共同保有に際して，当時，「三菱グループの頂点に立つ存在」であった加藤武男が果たした役割も大きかった（平井[1996]）。加藤は三菱グループの再結集の必要性について次のように語っている。

「今日財閥は解体せられ，長年支配しておった本社はなくなり，その財閥的援助は勿論，支配力も全然なくなってしまった。しかし財閥が永年苦心惨憺して築き上げた事業だけは残っている。この事業の中に残っている莫大な資産，技術，人間，組織力等は二度と出来ない国家的存在である。これを如何にして保存するか。国家のためにも是非これ等を維持育成せねばならぬと思うのである。幸い多年にわたり結集育成した多数の人材があるので，これを離散させずに努力せねばならぬと思っている」（岩井[1995]）。

三菱グループの再結集を先導していた石黒俊夫，高杉晋一を筆頭に，この時期，多くの三菱銀行出身者が関係会社の役員に就任しており，「元頭取の加藤の意見が銀行を通じて（グループ各社）によく浸透する状況にあった」のである（平井[1996]，表-1参照）。

また，加藤が三菱銀行頭取の職にあった1943年から44年にかけて，東京中野銀行，第百銀行を吸収合併した意義も大きかった。第2次世界大戦後，これらの吸収合併銀行から引き継いだ支店網は大衆預金の獲得に大きな力を発揮し，三菱銀行の資金力アップに貢献したからである。

　しかし，もちろん三菱銀行の資金力のみで三菱グループ各社の金融をまかなうことは不可能であった。その結果，グループの拡大の中で，三菱銀行は主として系列融資，三菱信託，明治生命保険，東京海上火災保険は系列企業の株式保有を行うという，金融機関内の役割分担が形成されていった。ちなみに1954年と64年の間で，三菱系会社の株式持合い比率は11.5％から20.2％に上昇したが，その比率の約半分は三菱信託，明治生命，東京海上の株式保有によるものであった（後掲の表-2参照）。

　第3は重化学工業にけん引された高度経済成長の出現が同工業を中核とする三菱グループの拡大に適合的であったことである。社長会の金曜会結成とそのメンバー企業の株式相互持合いの進行によって株主安定化を実現した三菱グループ各社は，高度成長期に取引コストの削減，リスクシェアリング，情報交換など企業集団の形成によって獲得したメリットを享受する行動をとった。まず取引コスト削減のケースとして，三菱銀行と三菱商事の協力と調停によって進められた，1964年の三菱造船（旧西日本重工），三菱日本重工業（旧中日本重工），新三菱重工業（旧東日本重工）の3社合同による三菱重工業の設立があげられる。三菱重工業の大合同によって，三菱銀行は重複投資の回避，三菱商事は取引範囲の拡大とコスト削減を実現したのである。

　後者のリスクシェアリングのケースとしては，1954年の三菱セメントの設立があげられる。石炭産業の先行きを危惧した三菱鉱業はセメント事業進出を計画し，旭硝子との事業調整とグループ各社の共同出資によって三菱セメントを設立した。そして，エネルギー革命の進行によって炭鉱の閉山が相次ぐと，三菱グループ各社は三菱鉱業の従業員を引き受けたのである。また，共同出資によるリスキーな新興産業進出のケースとしては，三菱原子力工業（1958年），三菱レイノルズアルミニウム（1962年），三菱石油開発（1972年）などの設立をあげ

ることができる。

　三菱グループは高度経済成長期に金曜会メンバー企業数を増し，1974年にはその数は27社となった。公正取引委員会の調査によれば，この27社の日本全体の会社に占める比率は資本金，総資産とも4.4％である。そして，この27社が10％以上の株式を所有する企業を加えると，その数字は資本金比で8.3％，総資産比で5.9％となった。

表-1　1959年における主な三菱系企業トップマネジメント層のキャリア

社名	役職	氏名	出身大学	キャリア
三菱金属鉱業	社長	古村　誠一	東京高商	三菱合資―三菱商事―三菱鉱業◆―三菱金属鉱業 T6　　　　T7　　　　T13　　　　S25
	常務	鈴木　　厚	東大法	三菱鉱業―三菱化成―三菱金属鉱業◆ S2　　　S20　　　S26
三菱セメント	社長	山中　正夫	東大工	三菱鉱業◆―三菱セメント T14　　　　S29
三菱造船	副社長	野村　義門	東京高商	三菱合資―三菱銀行◆―三菱造船 T7　　　S22　　　　S25
三菱日本重工業	社長	桜井　俊記	東大工	三菱造船（―旧三菱重工業◆）―三菱日本重工業 T8　　　　　　　　　　　　　S25
	副社長	河野　文彦	東大工	三菱内燃機（―三菱航空機・旧三菱重工業）―三菱日本重工業◆ T10　　　　　　　　　　　　　　　　　　　　S25
	常務	岡田　栄一	東京高商	三菱合資―三菱銀行―三菱日本重工業 T8　　　　S29
新三菱重工業	常務	牧田与一郎	東大経	三菱商事―旧三菱重工業―新三菱重工業◆ T14　　　S13
三菱電機	会長	高杉　晋一	東大法	三菱合資―三菱銀行―三菱電機◆ T6　　　　S18
	社長	関　義長	東大工	三菱合資―三菱造船―三菱電機◆ T4　　　　　　　　T12
三菱化工機	社長	長田清治郎	神戸高商	三菱合資―三菱造船（―旧三菱重工業）―新三菱重工業◆―三菱化工機 T4　　　T7　　　　　　　　　　　　　　　　　　　　　　　　S27
三菱製鋼	会長	李家　　孝	東大工	三菱造船（―旧三菱重工業◆）―三菱日本重工業―三菱製鋼 T8　　　　　　　　　　　　　　　　　　　　S28
	常務	片岡鶴四郎	東大経	三菱銀行―三菱製鋼◆ T13　　　S30
三菱鋼材	常務	高場市太郎	早稲田理工	三菱造船―旧三菱製鋼―三菱鋼材◆ T8　　　　S17
三菱化成工業	社長	柴田　周吉	東北法	三菱合資―三菱鉱業―三菱化成◆ S3　　　S7　　　S25
	副社長	佐藤止戈夫	東大工	旭硝子（―旧三菱化成）―三菱化成◆ S3　　　　　　　　　　S19
旭硝子	社長	森本　貫一	九州大理	旭硝子◆（―旧三菱化成）―旭硝子 T4　　　　　　　　　　　S26
三菱レイヨン	社長	古川　尚彦	東大経	三菱銀行◆―三菱レイヨン T12　　　S31
三菱油化	社長	池田亀三郎	東大工	三菱合資―三菱鉱業◆―日本タール（―旧日本化成・旧三菱化成）―三菱油化 M42　　　　　S9　　　　　　　　　　　　　　　　　　　　　　　S31

252　第10章　戦後型企業集団の形成活動

三菱地所	会長	石黒　俊夫	東大法	三菱合資―三菱銀行―三菱本社◆―三菱本社清算人―三菱地所 T6　　　　T8　　　　S18　　　　S21　　　　　S28
	社長	渡辺武次郎	東京高商	三菱合資―三菱地所◆ T7　　　　S12
三菱商事	副社長	荘　　清彦	東大経	三菱合資―三菱造船―三菱商事◆ T9　　　　　S7
	常務	谷　　清訓	東京高商	三菱製鉄―三菱造船―三菱商事◆ T8　　　　　　　　T12
三菱石油	社長	竹内　俊一	東京高商	三菱合資―三菱商事―三菱石油◆ T6　　　　　　　　S16
三菱海運	社長	谷田　敏夫	東京高商	三菱合資―三菱商事―三菱汽船―三菱海運◆ T7　　　　　　　　　　　　S21
	専務	永島　忠雄	東大法	三菱合資―三菱商事◆―三菱海運 T7　　　　　　　　S24
三菱信託銀行	社長	甘粕　二郎	東大法	三菱商事―三菱合資―三菱銀行―三菱信託◆ T8　　　　T10　　　T15　　　S2
	常務	千頭　暎臣	東大法	日本郵船―三菱信託◆ S3　　　　S4
東京海上火災保険	会長	田中徳次郎	東京高商	三菱合資―三菱海上火災保険―東京海上火災保険◆ T6　　　　　T8　　　　　　S19
麒麟麦酒	社長	川村音次郎	東京高商	三菱合資―三菱商事―麒麟麦酒◆ T4　　　　T7　　　　S18

注：1．1959年12月時における三菱系企業常務以上のトップマネジメント層で，特徴的なキャリアをもつ人を記載した。
　　2．企業名の下のアルファベットは，Mが明治，Tが大正，Sが昭和を示し，数字は上記企業に入社もしくは移籍した年を表す。
　　3．◆は，取締役に就任した時の企業を示す。
　　4．戦後の商号変更した企業については，商号変更後の企業名を使用し，キャリアでの記載を略している。
　　5．学卒職員は1932年まで三菱合資で一括採用されていた。
出所：平井［1994］。

江　戸　英　雄
―――三井グループのリーダー―――

江戸英雄　略年譜		1950（昭和25）	年46歳　三井系企業の「月曜会」結成に尽力
1903（明治36）	年0歳　茨城県筑波郡作岡村の地主の家に生まれる	1952（昭和27）	年48歳　三井不動産常務取締役
1927（昭和2）	年23歳　東京帝国大学法学部卒業，三井合名入社	1955（昭和30）	年51歳　三井不動産社長
1940（昭和15）	年36歳　三井総元方総務部長代理となる	1961（昭和36）	年57歳　三井系社長会「二木会」発足，代表幹事に就任
1945（昭和20）	年41歳　三井本社の清算人となる	1982（昭和57）	年78歳　勲一等瑞宝章受賞
1947（昭和22）	年43歳　三井不動産に転出	1997（平成9）	年93歳　死去

（年齢＝満年齢）

1　財閥指定時の三井

　財閥指定時の三井財閥は持株会社三井本社の下に直系会社10社，準直系会社12社，関係会社209社を擁していた。三井本社を含む三井系企業232社の払込資本金は30億6,113万円で，これは全国会社のそれの9.4%に相当した。三井本社に対する三井同族11家の持株比率は63.6%であり，三井本社および三井同族の直系会社，準直系会社に対する持株比率はそれぞれ63.4%，47.4%であった。

　1945（昭和20）年8月時点で三井同族は，総領家の三井高公が三井本社の社長に就任している以外，誰も本社・直系・準直系会社の役員になっていなかった。これは，1934年以来，「財閥転向」策の一環として進められてきた三井同族の本社・傘下企業役員からの退陣の結果であった。また，三井高公を含む三井本社15名の役員は直系・準直系会社の役員のうち，30ポストしか占めていなかった。本社役員の直系・準直系会社役員兼任件数は1名5社が最高で，以下，1名4社，2名3社，6名2社，3名1社であった。三井本社と直系・準直系会社間および後者会社間の役員兼任件数が少なかったのは，三井財閥では直系・準直系会社の独立性が強く，各社間の人的交流が希薄であったからである。

　三井財閥の中核企業は三井銀行，三井物産，三井鉱山の3社であり，三井の多角的事業経営はこの3社を起点に展開されてきた。そして，この3社は三井家の事業統轄組織の法人化＝三井合名会社設立（1909年）以前に創業された，独自の長い歴史を有する各事業分野のリーダー企業であった。それゆえ，三井合名の設立後も，3社の独立意識は強く，3社間の意見調整は容易ではなかった。

　日本の敗戦を三井財閥では平和経済への転換によるビジネスチャンスの到来と捉えた。三井本社は，1945年9月，資本金1億円の三井復興事業会社を設立して，①3年間で簡易組立住宅20万戸建設，②年産20万トンの食塩を生産する塩田1,000町歩の開拓，③年産100万石の米を収穫する海岸・湖沼35万町歩の干

拓，という3事業計画を立案した。しかし，この復興事業計画はGHQには認められず，三井財閥は，1945年11月6日，自発的解散を決定した。

　三井財閥は最大財閥であっただけに，解体も広範囲にわたって実施された。三井系会社で持株会社の指定を受けたのは三井本社のほか，三井鉱山，北海道炭礦汽船，三井化学工業，三井物産，三井船舶，王子製紙，東京芝浦電気，鐘淵紡績の8社であった。また，過度経済力集中排除法の適用を受けたのは王子製紙，大日本麦酒，東京芝浦電気，三井鉱山の4社であった。このうち三井物産は三菱商事と共にGHQによって解散を命じられた。

　持株会社の指定を受けた83社が持株会社整理委員会に提出した所有株式の合計額は64億5,269万円に達したが，そのうちの8億5,923万円は三井本社の提出分であった。また，三井同族11家は持株会社整理委員会に1億7,821万円の保有株式を提出した。これは，財閥家族の指定を受けた56家族が提出した4億9,341万円の約37％に相当した。三井同族は資産の総有制に基づいて，資産を一括して三井本社に出資していたので，財閥家族の中で最も大きな打撃を受けたのである。

　資本の所有・支配関係を基軸に成立していた三井財閥は財閥解体によって財閥同族・本社の持株所有構造が消滅すると，求心力を急速に失い，直系・準直系会社の自立化と分散化が進んだ。そして，三井同族と専門経営者の関係悪化，同族間の対立も三井系企業の分散化に拍車をかけた。三井合名の設立によってコンツェルン体制を確立した三井財閥は，1914年に三井合名理事長に就任した団琢磨のリーダーシップの下で事業網を拡大し，黄金時代を迎えた。三井総領家当主で三井合名社長でもある三井高棟と団は互いの立場を認め合い，良好な関係を有していた。しかし，1932年に団が暗殺され，翌33年に高棟が引退し，長男三井高公が三井合名社長に就任して以後，三井同族と専門経営者および同族間の意見不一致がしばしば生じた。同族の中には相続問題を抱えている家が数家あり，祖先伝来の三井家の資産総有制に疑問を持つ者も現われた。そのため，団の死後，三井合名筆頭理事に就任した池田成彬は，既述したように，合名会社自体の仕事よりも同族対策に多くの時間とエネルギーを費やさな

ければならなかった。

　三井本社の清算完了後，後述する江戸英雄は三井家に返還される残余財産のうち，三井系各社が秘かに保有していた三井不動産株式を買い戻し，三井家の共同資産とすることを提案した。しかし，この提案に対しても三井家の総有的財産管理復活に反対する同族の中から強い異論が出て，不調に終わった。そこで，次善の策として，江戸は財閥解体関係法令の廃止後，三井同族11家当主を関係会社の役員に迎えることを計画したが，シニア，現役経営者の支持が得られず，結局，総領家当主を三井不動産の名誉相談役に就任させただけに終わった。

2　三井グループの再結集

（1）　商号・商標保全問題

　1949（昭和24）年9月にGHQから発表された三井，三菱，住友旧財閥の商号・商標禁止指令は，分散化傾向を強めていた三井系各社でも深刻に受け止められた。この指令直後，三井不動産の江戸英雄は三井化学総務部長の宮崎基一から，同社の顧問弁護士で，対日占領政策変更検討委員会（通称「5人委員会」）のメンバーであるハッチソンが商号・商標問題について米国政府に救済措置を働きかける用意があると言っているという情報を入手した。江戸は，宮崎，三井不動産総務部長の永室捷爾と手分けして，旧三井の商号を使用している三井鉱山，三井化学，三井造船，三井船舶などのトップマネジメントを説得し，ハッチソン提案の受け入れを決めた。そして同時に，上記会社のトップマネジメント会議で，この商号・商標問題については三菱，住友関係者を誘って共同戦線を組むことと，三井系各社の連絡・情報交換機関を設置することを確認した。

　ハッチソン提案に対しては当初から疑問視する声があった。そこで，江戸はハッチソンによる対米国政府工作を進める一方，吉田茂首相を通じてマッカー

サー最高司令官に直接働きかけることを提案し，三菱，住友関係者の了解を得た。江戸は同郷で水戸高等学校後輩の塚原俊郎衆議院議員に事情を話し，吉田茂首相への取次を依頼した。そして，1950年4月，江戸は山川良一（三井鉱山社長），高杉晋一（三菱電機社長），花崎利善（大阪住友火災海上保険社長）と一緒に吉田首相を訪問し，①財閥解体作業は1949年9月時点で終了しており，新たに商号・商標使用禁止政令を出すことは理解に苦しむこと，②商号・商標変更については総計150億円という巨額の費用が必要であるが，今日，それをただちに調達することは容易でないこと，の2点を中心に反対意見を述べ，善処を求めた。吉田首相は江戸らの要求に理解を示し，マッカーサーと協議することを約束した。

　その結果，前述したように，吉田首相のマッカーサーへの働きかけが解決の糸口となり，商号・商標使用禁止政令は2回の施行延期措置を経て，1952年4月のサンフランシスコ対日平和条約の発効とともに失効した。なお，ハッチソンの対米国政府工作がこの問題の解決にどの程度の効果を持ったのかは明らかではない。

　三井系各社の連絡・情報交換機関については，三井鉱山の山川社長，帝国銀行常務の石河幹武の意を受けて，江戸が各社間を奔走し，1950年2月，三井系19社の常務取締役以上の役員をメンバーとする懇親会組織の「月曜会」を発足させた。

　ここで，三井グループの再結集に主導的役割を果たすことになる江戸英雄の略歴を簡単に紹介しておく。茨城県筑波山麓の地主の家に生まれた江戸は1927年に東京帝国大学法学部を卒業して三井合名会社に入社し，不動産課，文書課に勤務した。そして，1940年に三井合名の株式会社改組の手段として，前者が子会社の三井物産に吸収合併され，「三井総元方」が設置されると，その総務部長代理（文書担当）となった。敗戦後，三井本社（1944年に三井総元方が改組）の清算業務と三井家資産の整理を担当した。そして，1947年に三井家所有の不動産管理を目的として設立された三井不動産（1941年設立）の管理部に転出し，49年には取締役業務部長に昇進した。その後，江戸は1952年に常務，55年に社

長，74年に会長に就任した。

（2） 三井不動産事件

　三井不動産は三井同族11家の納税資金確保と自社の再建整備のため，GHQと持株会社整理委員会の了解の下に，1947（昭和22）年2月に資本金を500万円から5,000万円に10倍増資した。そして，増資新株式90万株のうち，72万株は旧株主である三井同族11家に，6万株は会社役員・従業員・縁故者に額面（50円）で割当てられ，残りの12万株は1株400円で公募した。当時，新たな株式所有を禁じられていた三井同族は，72万株を証券処理調整協議会を通じて1株400円で一般公開した。そして，1949年9月には，持株会社整理委員会に移管してあった三井不動産の旧株式10万株も公募された。

　当時，前述のように，財閥系企業の株式公開に際して，外国人，投機集団らによる買い占め事件が頻発していた。不動産会社の場合，株式買い占めは不動産自体の支配に直結する恐れがあった。そこで，三井不動産では，株式の一般公開にあたって，約30％の株式を9名の役員で留保することにした。株式留保には約1億円の資金が必要であった。当初，帝国銀行（1954年，三井銀行に行名復帰）から資金を借入れる予定であった。しかし，同行の佐藤喜一郎社長はGHQ指令違反になるとして，融資を拒否した。そこで，役員が手分けして資金集めを行い，常陽銀行から3,000万円，千代田銀行（1953年，三菱銀行に商号復帰）から3,000万円，そして，帝国銀行から2,000万円を借入れた。自社株留保はGHQの指令違反になるばかりか，商法の自社株式取得禁止条項にも抵触した。それゆえ，役員間で株式保有形態について慎重な検討が行われ，最終的に代表取締役の山尾忠治，取締役の日下清，三井不動産の子会社三信建物社長の林彦三郎の3名の個人所有という形態をとることにした。そして，1955年以降は3名の和という意味で三和会という匿名組合をつくって，その名義を使用した。

　ところが，3名の中で千代田銀行からの融資を斡旋した林彦三郎の発言力が強まり，そのうえ，留保した株式の会計処理を林の個人会社南邦興業の帳簿を

借りて行っていたという事情もあって，三井不動産株式が林個人の財界活動や政治活動のための借入金の担保として利用されるという，事態が発生した。そのうえ，林は三井不動産の了解を得ないで三信建物の無償増資を行い，同社株式の過半を自分名義としてしまった。林の行動は三井不動産にとって，放置できない問題であった。しかし，自社株式の保有自体が違法行為であり，しかも役員間の足並みがそろわず，解決の糸口は容易に見付からなかった。そのため，三井不動産は1950年代に東京市街地に沢山あった有望な業務用地の確保・開発もままならず，不動産会社としての発展のチャンスをつかむことができなかった。

　1953年に入り，林の行動が雑誌などに出始めた。事態を懸念した江戸英雄は，この際，三井不動産の留保株式の実態を明らかにするよう，山尾社長に求めた。しかし，山尾はそれに応えず，また，林は外部勢力と組んで江戸を威嚇する行動をとった。当初，静観していた社内の若手・中堅社員，そして，労働組合が江戸を支持する姿勢を鮮明にし，三井系各社もスキャンダルの早期解決を要求した。その結果，1955年11月，三井不動産は役員人事を刷新し，三和会メンバーの山尾社長の退任と江戸常務の社長昇格を決めた。江戸は社長権限で事態の早期解決を図る方針を固め，いま一人の三和会メンバーである日下常務を三井建設会長に転出させた。そして，林も1957年末，三信建物社長辞任を発表し，翌58年5月に退任した。

　この間，江戸は腹心の河田為也経理部長（のちの常務）と一緒に三和会保有株式の回収を行う一方，新たな株主安定工作を開始した。三和会関係株式は1957年3月末時点で284万株に膨張していたが，そのうち1959年夏までに151万株を回収した。そして，1959年12月，三和会を解散した。

　他方，三井不動産は，1959年7月，株主割当の半額無償増資と320万株の株式公募を実施した。その際，三和会関係の株式は旧株を新株に代えたうえで，三井物産の48万株所有を筆頭に三井系各社に引き受けてもらった。その結果，三井系各社で三井不動産株式の25％を所有した。

　こうして，1949年以来の懸案事項であった株主安定化問題を解決した三井不

動産は，以後，高度経済成長の波に乗って展開された浚渫埋立事業への進出，住宅事業への参入，そして，超高層ビル建設事業などの経営戦略によって急成長を開始し，1962年には売上高で三菱地所を上回り，不動産業界のトップ企業に躍進した。

（3） 三井物産の大合同と二木会の発足

　1951（昭和26）年に入り，GHQの三井物産，三菱商事の解散指令が事実上失効すると，約170社に細分割された旧物産系各社は合併合同運動を繰り返し，翌52年3月までに第一物産，互洋貿易，第一通商，三信貿易，極東物産，日本機械貿易，国際物産交易，大洋，東邦物産，室町物産の10社に集約された。1952年7月，向井忠晴（三井物産元会長），松本季三志（同元筆頭理事）らのシニア経営者と物産系14社の社長が会合を開き，「現在この名前を承継するにふさわしい会社はまだない」として，旧三井物産の倉庫部門を引き継いだ日本倉庫建物に「三井物産」の商号を預けた（三井物産［1976］）。そして同時に，今後，「三井物産」の社名を名乗る場合は，向井，松本および14社の社長の合議のうえ決定することを確認した。

　ところが，鉄鋼専門商社として急成長を遂げた室町物産は旧物産系各社再統合のイニシアティブをとるため，1953年8月，「三井物産」の商号を持つ日東倉庫建物の社名を「三井物産」に変更させたうえで，同社を合併して「三井物産」を名乗ってしまった。第一物産などの反室町物産各社は約束違反であると強く抗議したが，法律上の瑕疵はなく，後の祭であった。

　1954年7月の三菱商事の再統合後，旧三井物産マンと三井系各社首脳の間で，物産系商社の大合同を求める声が強まった。そうした中，1955年7月，第一物産は第一通商，日本機械貿易を合併して，新社名を「新三井物産」とすると発表した。「三井物産」と「新三井物産」という，類似の2つの商号の出現に困惑した三井系各社は，東洋レーヨンの田代茂樹会長（物産OB），三井造船の加藤五一社長（物産OB），三井金属の佐藤久喜社長を中心に「三井系社長有志会」を発足させ，物産大合同に向けての斡旋活動を開始した。

しかし，斡旋活動は難航した。第一物産と「三井物産」は共に自社が存続会社になることを主張して譲らず，また，第一物産の不良債権処理，「三井物産」の無償増資発表などをめぐって対立し，1956年末には両社の合同交渉は中断を余儀なくされた。これ以後，第一物産は大合同をにらんで，国際物産交易，大洋，東邦物産などの有力会社を次つぎに合併して商権の拡大に努めた。一方，「三井物産」は間近に迫る貿易の自由化後の専門商社経営に限界を感じ始めた。それに加えて，三井系各社間でも次世代の産業たる石油化学，原子力事業，都市開発事業などに共同して取り組むために，オルガナイザー機能を持つ総合商社の成立を望む声が出始めた。

　そうした動きを大合同の好機と捉えた「三井系社長有志会」は再度斡旋に乗り出し，1958年6月，第一物産と「三井物産」に対して，①一対一の対等合併，②第一物産を存続会社とする，③第一物産は合併期日までに半額増資を行う，④合併期日は1959年2月15日とする，⑤第一物産は「三井物産」の全従業員を継承する，⑥代表取締役会長に平島俊朗（「三井物産」社長），社長に新関八州太郎（第一物産会長），副社長に水上達三（第一物産社長）が就任する，という6項目の提案を行い，両社とも了承した。そして，1959年2月15日，三井物産は念願の再統合を実現したのである。

　しかし，合同交渉が難航したこともあって，ゼネラル物産，東京食品，名古屋交易産業などの有力会社が三井物産再統合に参加せず，また，白洋貿易は日商，相互貿易は住友商事と合併する途を選んだ。

　ただいずれにしても，三井物産の再統合は三井系会社の結束気運を高めた。江戸英雄はそうした気運の高まりを三井系各社の社長会結成のチャンスと捉え，「同じ明治26年生まれで作っている『うさぎ会』のメンバーである三井物産社長の水上達三，三井生命社長の井上八三，三井船舶の進藤孝夫，それに東洋高圧副社長の野村東一に呼びかけ，（さらに）長老格の佐藤喜一郎（三井銀行），田代茂樹（東洋レーヨン）の両会長を説得し」，1961年10月，三井系18社による社長会・「二木会」を結成させた（菊地［2000］）。

　二木会の世話役会社は三井銀行，三井物産，三井不動産の3社で，代表幹事

には三井不動産社長の江戸英雄が就任した。「二木会」発足時点での三井系会社の株式相互持合い比率は11.7%であった（月曜会メンバー企業も含む，表-2参照）。

3　三井グループの特質

　三井グループの再結集は三菱，住友両グループに比べて遅れ，再結集自体も「難産」であり，グループとしての地盤沈下も見られた。それは，以下の要因によっていた。第1は三井系各社間の人的結合の弱さである。三井財閥では，本社と直系会社，直系会社とその子会社間の資本的所有・支配関係は強固であった。しかし，その反面，直系・直系子会社間の連携は脆弱であった。それゆえ，財閥解体措置によって，本社，直系会社との資本的所有・支配関係が断絶されると，グループとしての求心力は急速に失われ，各社の自立化が進行した。そして，三井の場合，現役経営者に代わって，グループ全体の結束や各社間の調整機能を担うシニア経営者も独立意識の強い合理主義者が多く，グループの再結集に否定ないし消極的行動をとった。戦後，三井グループ内で最も影響力を行使できる立場にいたのは三井銀行の社長を長く務めた佐藤喜一郎であった。佐藤は1917（大正6）年に東京帝国大学法学部卒業後，三井銀行に入行し，主要ポストを歴任したのち，46（昭和21）年8月，常務に昇進し，同年12月社長となり，59年までその地位にあった。佐藤は三井グループの再結集には一貫して否定的な立場を取り続けた。佐藤は三井不動産の自社株保有や三井系各社の株式相互持合い策に協力的ではなく，また，三井物産の再統合のために「三井系社長有志会」が結成された時も，「銀行は公共性の強い企業だから，そのような運動に参加することは出来ぬ」と，当初，参加を断った（菊地[2000]）。三井系企業の再結集に意欲を燃していた江戸英雄は，佐藤について次のように語っている。

　　「佐藤氏は企業の提携，結集というものを嫌い，徹底した自由競争こそが
　　進歩の途であると考えていた。三井銀行がグループ内のすべての企業の面倒

をみる必要はないし、それぞれの企業が自主的にやればよい、銀行は銀行としての経営の健全性を図るべきであるとの考えであった。私などは機会あるごとに、物産や三井各社の結集の必要性を訴えても『もう財閥は解体されたのだし、いまそんな時代じゃないよ。財閥の復活など考えるのは時代錯誤だ』と常に消極的な発言をしていた。佐藤氏は当時、三井グループの中心的存在であっただけにその発言には重みがあった」(江戸 [1994])。

また、佐藤と並ぶ三井グループのもう一人の「長老」であった向井忠晴も徹底した自由主義者で、出身母体の三井物産の大合同に際して、リーダーシップをとることはなかった。そして、向井は三井物産の再統合後、合同に参加しないゼネラル物産の相談役になってしまった。

第2は系列内金融機関の資金力が弱体であったことである。1975年9月時点で、グループ結成の要に位置する三井銀行の預金量、貸付量は共に都市銀行中第8位であった。三井銀行の預金量が低位であったのは大衆資金を吸収する店舗数が少なかったからである。その原因は2つあった。1つは優良企業を多く有していた戦前の三井財閥において、三井銀行が財閥内企業に出資・融資する度合は少なく、そのため一貫して少店舗主義をとってきたことである。もう1つは1943年4月に三井銀行は店舗数の多い第一銀行と合併し、帝国銀行となったが、戦後、両行の融和に失敗し、1948年3月、旧第一銀行を分離したことにあった。

三井銀行の資金力不足はグループ内企業に対して、メインバンクの座を守っても、第2位融資銀行との差が小さく、資金力豊富な他の銀行に食い込まれる場合も少なくなかった。さらに三井銀行の融資先企業の多くが、戦後、労働争議、体質改善の遅れ、海外投資の失敗などで業績を悪化させていた。そのため、同行の融資金は固定化され、追加融資を求められる状態が長く続いた。三井銀行の場合、系列企業への融資が預金増として跳ね返り、それが新たな融資のための原資となるという、好循環をつくり上げることができなかったのである。そしてさらにいえば、三井生命保険、大正海上火災保険、三井信託などの資金力も十分ではなく、三井系企業の株式相互持合い比率を高めることができ

なかった（表-2）。

　第3は重化学工業分野進出に出遅れたことである。三井財閥は三井銀行，物産，鉱山の3社を事業経営の中核としており，重化学工業分野への進出は三菱，住友両財閥に比べて遅れていた。また，三井財閥の重化学工業経営は化学工業が主力で，三井鉱山を母体として出発した石炭化学工業が中心であった。

　しかし，戦後，石炭産業はエネルギー革命の嵐の中で構造不況業種となり，三井鉱山も相次ぐ労働争議の後始末に追われ，斜陽の一途をたどった。そして，三井系化学会社も石油化学工業への転換が遅れたうえに，独立主義の弊害もあって，三井化学，東洋高圧（この2社は1968年に合併），東洋レーヨン，三井石油化学の4社間の分野調整が容易に進まなかった。さらに三井鉱山の三池炭礦をはじめとして，東京芝浦電気，日本製鋼所，王子製紙などは戦後労働史に残る大争議に見舞われ，復興と多角化活動に遅延を来たしてしまった。

　三井グループにおいても，二木会結成後，各社の協力と共同出資によって衰

表-2　三菱系・住友系・三井系の株式持合い比率（1951～64年）

(単位：％)

年次（上期末）			1951	1952	1952	1953	1954	1955	1956	1957	1958	1959	1960	1961	1962	1963	1964
三菱	株式持合い比率		(2.7)	(8.6)	9.8	10.6	11.5	11.1	11.6	13.2	14.1	19.1	20.2	20.0	17.9	19.5	20.2
	株主内訳	銀行	(0.6)	(0.7)	1.5	1.9	1.8	1.6	2.1	2.3	2.5	2.5	2.6	2.7	2.7	2.9	2.8
		信託	(1.0)	(2.5)	2.7	2.6	3.0	2.1	1.0	2.8	3.7	3.7	4.0	4.0	3.8	4.3	3.9
		生保	(0.3)	(2.0)	2.3	2.2	2.5	2.8	3.4	3.0	3.0	3.2	3.2	3.2	3.0	3.2	3.5
		損保	(0.4)	(2.9)	2.8	3.0	3.4	3.5	3.5	3.4	3.2	3.1	3.2	2.9	2.3	2.4	2.5
		その他	(0.3)	(0.5)	0.6	0.9	0.9	1.1	1.5	1.6	1.8	6.7	7.0	7.3	6.1	6.6	7.5
住友	株式持合い比率		0.3		9.5	11.2	14.0	14.0	14.7	15.5	17.1	21.1	23.7	24.7	26.8	27.6	26.5
	株主内訳	銀行	0.0		2.0	1.8	2.7	2.8	2.9	3.2	3.7	3.6	3.9	4.4	5.5	5.2	5.2
		信託	0.2		3.3	3.6	4.0	3.8	2.1	2.5	3.1	3.2	3.5	4.3	5.5	5.6	5.7
		生保	0.0		1.6	1.5	2.0	2.4	2.7	2.8	3.1	3.1	3.3	3.3	3.5	3.4	3.3
		損保	0.0		1.0	1.0	1.3	1.3	1.4	1.1	1.4	1.3	1.4	1.4	1.5	1.4	0.8
		その他	0.1		1.6	3.3	4.1	3.7	5.6	6.0	5.8	9.9	11.4	11.3	10.8	11.9	11.5
三井	株式持合い比率		1.9		4.0	5.2	5.8	5.2	6.2	6.1	6.7	12.1	11.8	11.7	13.3	12.6	13.3
	株主内訳	銀行	0.2		0.5	0.9	1.0	1.0	1.1	1.3	1.3	2.6	2.5	2.5	2.7	2.5	2.6
		信託	0.3		0.7	0.6	0.5	0.6	0.1	0.4	0.8	0.9	0.9	1.0	1.0	1.3	1.8
		生保	0.0		0.2	0.0	0.0	0.1	1.0	1.1	1.3	1.7	1.7	1.6	1.9	2.0	2.1
		損保	0.5		0.9	1.5	1.5	1.3	1.6	1.1	1.0	1.4	1.3	1.4	1.3	1.2	1.2
		その他	0.9		1.7	2.3	2.8	2.1	2.3	2.2	2.3	5.4	5.4	5.1	6.4	5.6	5.6

注：1951年の三菱系の（　）内は東日本重工、中日本重工、西日本重工の3社を除いた数値。
出所：橘川〔1996〕。

退産業からの撤退と新興産業への進出が図られた（1963年の三井鉱山の主力炭鉱閉山，三井セメント，69年の三井アルミニウム製造，71年の三井石油開発，73年の日本イラン石油化学の設立など）。そして同時に，グループ全体の地盤沈下を阻止するため，1970年代に入ると，三井財閥時代の関係会社である日本製粉，東京芝浦電気，王子製紙，三越，トヨタ自動車などを二木会あるいは月曜会のメンバー企業とした。こうした有力企業の参加によって，三井グループの地盤沈下はとまった。しかし，その一方で，グループとしての共同意識と結束力はいっそう希薄にならざるを得なかった。

1974年の公正取引委員会の調査によれば，二木会メンバー22会社の日本全体の会社に占める比率は，資本金で3.0％，資産で3.3％であった。また，この22社が10％以上の株式を所有する企業を加えた数字は，それぞれ6.6％と4.7％であった。

おわりに

財閥解体後，いったん分散化の方向を歩み始めた三菱，三井両財閥系企業が再結集し，戦後型企業集団形成を目指した契機は，財閥商号・商標保全問題と陽和不動産事件，三井不動産事件に端を発する株主安定化問題であった。両問題とも，単独企業で解決できる問題ではなく，その対応・解決には系列企業が結集してあたらなければならなかった。三菱系，三井系企業とも，その解決方法として，戦前の財閥時代の直系会社とその後継会社を中心に社長会を結成し，社長会メンバー企業が株式を相互に持合う方式での企業集団形成を目指した。第2次世界大戦後，純粋持株会社の設立は禁止されており，しかも各企業が戦後獲得した経営政策の自由度を保障する必要があったからである。

しかし，三菱系企業と三井系企業の間には，企業集団形成に取り組む姿勢・情熱とそのスピードにかなりの「温度差」があった。そして，その差の多くは両者の財閥時代の組織的・制度的遺産に起因していた。その第1は両財閥の形成の相違であった。三菱の場合，各分系企業が三菱合資の直営事業から分離独

立したという経緯もあって，両社間の組織的凝集性は高かった。そして，その特質は「組織の三菱」と評されるように，戦後の三菱系企業に継承された。これに対して三井の場合，直系企業，とくに三井銀行，三井物産，三井鉱山は三井合名設立以前に創業されており，独立意識が強かった。そして，他の直系会社の大半は実質的にはこれら中核3社の子会社，関係会社であった。三井合名は資本的所有・支配に基づいて直系会社を統轄管理した。しかし，戦後，本社が消滅すると，三井系企業は独立化傾向を一段と強めた。第2は両財閥の人事政策の相違であった。三菱の場合，戦後パージされたシニア経営者はほぼ全員三菱合資で一括採用され，その後，本社・分系会社間を人事異動しながらトップマネジメントに昇進した。彼らは同質的キャリアの持ち主であり，「仲間意識」を共有していた。他方，三井の場合，学卒者採用は会社単位で行っており，本社・直系企業間の人事異動はほとんどなかった。とくに三井物産の場合，実績本位の人事政策を採用したこともあって，社員間の競争意識は強烈であった。第3は両財閥の所有者と専門経営者の関係の相違である。三菱の場合，財閥所有者は2家しかなく，両家の当主が交互に陣頭指揮する形態をとっていたこともあって，財閥所有経営者と専門経営者の役割分担は明確で，両者の関係も良好であった。そして，良好な関係は，財閥解体後も続いた。これに対して，三井の場合，財閥所有者は11家あり，所有者間の意思調整が容易でなかったばかりでなく，所有者は専門経営者の経営政策にしばしば介入した。そのため，戦後，専門経営者の中には三井同族との接触を嫌う者も少なくなかった。

以上のような財閥時代に形成された組織的・制度的遺産は，三菱グループの再結集にとっては「プラス」の要因として，三井グループのそれには「マイナス」の要因として作用したのである。

最後に両グループの再結集を先導した石黒俊夫と江戸英雄の経営行動についていえば，石黒はグループ全体の利益を志向するシニア経営者と自社の利益を第一義的に考える現役経営者の間を取り持つ「調停者」としての役割を果たした。他方，江戸は「マイナス」の遺産の中で孤軍奮闘して三井不動産を三井グ

ループの「御三家」の1つに引き上げ，その実績を背景に同グループの再結集をリードしたのであった。

■参 考 文 献
○テーマについて
　E・Mハードレー著，小原敬士・有賀美智子訳［1973］『日本財閥の解体と再編成』東洋経済新報社
　持株会社整理委員会編［1974］『日本財閥とその解体』（復刻版）上・下，原書房。
　奥村　宏［1976］『日本の六大企業集団』ダイヤモンド社。
　橘川武郎［1996］『日本の企業集団』有斐閣。
　安岡重明［1998］「財閥所有者と専門経営者の関係」同『財閥経営の歴史的研究』岩波書店。
　菊地浩之［2000］「六大企業集団の社長会について（上）」『証券経済研究』第23号。
　菊地浩之［2005］『企業集団の形成と解体』日本経済評論社。
○石黒俊夫について
　平井岳哉［1994］「シニア経営者によるグループ企業間調整」『経営史学』第28巻第4号。
　平井岳哉［1997］「三菱財閥から三菱グループへの移行過程」『経営史学』第32巻第2号。
　石黒俊夫［1953］「三菱商標に関する報告書」（未刊行）東京大学経済学部図書館所蔵。
　岩井良太郎［1955］『各務鎌吉伝・加藤武男伝』日本財界人物伝全集第9巻，東洋書館。
　大槻文平［1987］『私の三菱昭和史』東洋経済新報社。
　三菱地所株式会社編・刊［1993］『丸の内百年の歩み　三菱地所社史』上・下。
○江戸英雄について
　安岡重明［1981］「昭和前半期の三井本社―江戸英雄氏との対談」『同志社商学』第33巻第2号。
　橘川武郎［1992］「株主安定化と企業成長―三井不動産の事例」『青山経営論集』第27巻第1号。
　江戸英雄［1994］『三井と歩んだ70年』朝日新聞社。
　三井物産株式会社編・刊［1976］『挑戦と創造―三井物産100年のあゆみ』。
　三井不動産株式会社編・刊［1980］『財閥商号商標護持に関する懇談会記録』。
　三井不動産株式会社編・刊［1985］『三井不動産40年史』。

あ と が き

　私は1972年に法政大学経営学部に研究助手として就任し，定年まであと2年間を残すだけとなった。現在，「光陰矢の如し」という言葉を実感している。この40年間，私なりに教育・研究活動に努力し，学内行政や学会運営にも携わった。しかし，それらを顧みると，いずれの分野でも語るほどの成果や実績を残していない。自分の非力を嘆き，怠惰を恥るのみである。

　私はこれまで「良い研究者は良い教育者であり，その逆もまた真である」という信念を抱いて，仕事に取り組んできた。大学人である以上，出発点が研究活動にあることは言うまでもない。研究業績の乏しい私でも，これまで3冊の単著を刊行している。ただし，それらの単著はいずれも，特定シリーズの1冊として出版されており，私自身が企画したものではない。自らのオリジナルな企画で著書を上梓する機会は何度かあった。しかし，私は過去の研究をとりまとめるよりも，新しい分野を開拓する途を選んだ。そのほうがチャレンジングな仕事であると思ったからである。

　ただ，定年が近づくにつれて，それで研究者として責務を全うしたのか，悔いはないのかという想いが強くなった。そこで，今回，これまでの研究を自分の責任でまとめ，著作として刊行することにした。私の日本経営史研究は，(1) 財閥経営史，(2) 自動車産業経営史，(3) 企業家史の3分野に大別できる。当初の計画では，上記の3分野から主論稿を選んで，1冊の著作にまとめる予定であった。しかし，研究仲間に相談すると，テーマ別に出版した方がまとまりがとれ，読者にも便利で研究史上の意義もあるという，意見が多かった。私の著作が多くの読者を得るとは考えられないが，仲間のアドバイスに従うことにした。

　その結果，1冊目として刊行することになったのが『財閥経営と企業家活動』である。この著作は，初出一覧に示したように，私が代表を務める企業家史研究会の「日本の企業家活動シリーズ」の成果として刊行した著作と私の還

暦を記念して経営史学会の研究仲間が私も共編者に加えていただいて出版した『失敗と再生の経営史』に所収されている論稿をとりまとめたものである。

　本書は 2 部構成をとっている。第 1 部の「財閥の形成と競争」の第 1 章「政商から財閥へ」では財閥の出自と成立に関連づけて，財閥の性格と役割について概説したもので，本書の「はしがき」部分にあたる。第 2 章「財閥間競争とその帰結」では財閥が後進国として出発した日本経済の有力なリスク・テーカーであったという立場にたち，その役割を最も良く果たした明治中期から昭和戦前期にかけて展開された主要14財閥の競争実態とその結果について主として論述している。この 2 章が本書で唯一の学術論稿であると考えている。そして，第 2 部の「財閥経営者の事業活動」では三井，三菱，安田，鈴木，川崎・松方，久原の 6 財閥と日窒，森の 2 新興コンツェルンの経営史を 8 章立で取り上げる。そして，この 6 財閥と 2 コンツェルンの経営史の過程でエポックを画したテーマを設定・解説したうえで，それぞれのテーマを最もよく体現した企業経営者 2 名を選び，両者の事業経営活動の比較・検討を通して，テーマとケースのコラボレーションの視点から財閥・コンツェルン経営史を立体的に解明することを試みた。

　本書の第 2 部は「日本の企業家活動シリーズ」のケース集に基づいているため，カッコ付で引用した箇所のみに「文献名」を記していることと，本書が学術書とケース集の中間的性格を持った著作であるため，「序説」「結論」は付けていないことを予め断っておきたい。

　このような本書でも刊行にあたっては多くの皆さんから協力と支援を受けた。お名前を記すことはしないが，この場を借りて厚くお礼申し上げます。また，初出稿の本書への転載を心よく承諾された有斐閣，文眞堂，そして本書をこのような形で世に出していただいた森山書店に感謝申し上げます。

　　2013年 1 月

　　　　　　　　　　　　　　　　　　　　　　　　宇田川　勝

初　出　一　覧

第1章　新たに書き下ろし。

第2章　「財閥間競争とその帰結」
　　　　宇田川勝＋佐々木聡＋四宮正親編『失敗と再生の経営史』有斐閣，2005年。

第3章　「財閥形成者の企業家活動―岩崎弥太郎と安田善次郎―」
　　　　法政大学産業情報センター　宇田川勝編『ケースブック　日本の企業家活動』有斐閣，1999年。

第4章　「財閥における専門経営者―中上川彦次郎と小平浪平―」
　　　　法政大学産業情報センター　宇田川勝編『ケースブック　日本の企業家活動』有斐閣，1999年。

第5章　「大企業形成時代の企業家活動　武藤山治／藤原銀次郎」
　　　　法政大学産業情報センター　宇田川勝編『ケース・スタディー　日本の企業家史』文眞堂，2002年。

第6章　「財閥オルガナイザーの企業家活動　岩崎小弥太／鮎川義介」
　　　　法政大学産業情報センター　宇田川勝編『ケース・スタディー　日本の企業家史』文眞堂，2002年。

第7章　「破綻した企業家活動―金子直吉と松方幸次郎―」
　　　　法政大学産業情報センター　宇田川勝編『ケースブック　日本の企業家活動』有斐閣，1999年。

第8章　「財閥の改革者―結城豊太郎と池田成彬―」
　　　　法政大学イノベーション・マネジメント研究センター　宇田川勝編『ケース・スタディー　日本の企業家群像』文眞堂，2008年。

第9章　「新興重化学工業の産業開拓者―野口遵と森矗昶―」
　　　　法政大学産業情報センター　宇田川勝編『ケースブック　日本の企業家活動』有斐閣，1999年。

第10章　「戦後型企業集団の形成活動―石黒俊夫／江戸英雄」
　　　　法政大学イノベーション・マネジメント研究センター　宇田川勝編『ケース・スタディー　戦後日本の企業家活動』文眞堂, 2004年。

おわりに　新たに書き下ろし。

※本書への収録にあたって, 語句, 表現の一部を改めている。

事項索引

〔あ行〕

「味の素」事業 ……………………225, 226, 236
インフラストラクチャー機能…………32
ウーデ法 …………………………………231
エネルギー革命 ……………………250, 264
近江商人 ……………………………………5
オーナー経営者 ……8, 67, 93, 120, 133, 178

〔か行〕

科学的管理法 ……………………………105
カザレー法 ……………………216, 218, 231
過度経済力集中排除法 ……243, 244, 255
ガバナンス体制 …………………………242
株式相互持合い…………240, 242, 246, 263
株主安定化問題 …………………259, 265
官営事業の払い下げ………………………37
「機関銀行」…………………………17, 19, 23
ギャランティ・カンパニー …………199
競争的寡占市場……………………………31
義和団事件 …………………………97, 100
「金解禁」＝金本位制復帰………………18
金融恐慌 ………18, 19, 20, 21, 27, 154, 178
金輸出再禁止 ……………20, 145, 192, 209
宮内省金庫…………………………………20
クローゲル ………………………………227
クロード法 …………………………160, 231
経営家族主義 …………………94, 105, 107
経営者企業…28, 31, 67, 68, 88, 93, 101, 119, 120, 121
経営者企業化 ……79, 86, 91, 103, 117, 121

現役経営者 ……244, 247, 248, 256, 262, 266
ゴーイング・コンサーン …………………8
航海奨励法・造船奨励法 ……………126
公開持株会社 …81, 143, 144, 145, 149, 150, 151
甲州財閥 ……………………………………5
江州財閥 ……………………………………5
公職追放 ……………………243, 247, 248
高度経済成長 ……………32, 33, 93, 250
興南コンビナート ……………………219
国産技術開発主義…………………………81
コーポレート・ガバナンス ……6, 11, 14, 28, 30, 123, 124, 133, 134, 143, 144, 146, 150, 151, 204, 205
コールマネー引揚げ……………………29
コンビナート的事業展開………………223

〔さ行〕

財界追放 …………………………………239
財閥解体……5, 137, 206, 239, 243, 248, 255, 256, 262, 265
財閥商号・商標保全問題 ……………265
「財閥転向」策 ……………………205, 254
財閥同族支配力排除法 ……………239, 243
財閥内部の資本市場 ……………………245
産業構造の高度化 ……………………209
サンフランシスコ講和条約 ……245, 246, 257
「事業部」制組織………………………132
資産の総有制 …………………………255
『時事新報』……………………………71, 98

シニア経営者…*243, 246, 247, 248, 256, 262, 266*
資本の自由化 …………………………*240*
商号・商標問題 ………………*244, 256, 257*
商工立国論 ……………………………*72, 121*
自溶製錬法 ……………………………*83*
殖産興業 ………………………………*7, 41, 44*
所有経営者 ……………………………*242, 266*
新興コンツェルン（新興財閥）…*11, 12, 30, 209*
震災手形 ………………………*17, 18, 19, 163*
垂直統合 ………………………*93, 94, 114, 234*
水平統合 ………………………*93, 94, 114, 121*
水力電気の原料化 ……………………*229*
鈴久事件 ………………………………*101, 105*
スターリンショック …………………*249*
ステーク・ホルダー…………………*11*
ストック・ボート ……*134, 169, 170, 171, 172, 175, 176, 177, 179*
政商活動 ………………………………*7, 8, 45, 49*
政商打倒 ………………………………*108*
政商路線 ………………………………*8, 46, 70*
1920（大正9）年恐慌…*11, 14, 15, 16, 27, 28, 84, 143, 153, 161, 162, 164, 175, 181*
専門経営者…*8, 27, 31, 62, 65, 67, 68, 78, 79, 82, 90, 91, 92, 93, 94, 121, 122, 133, 134, 153, 178, 191, 201, 202, 203, 205, 206, 245, 248, 255, 266*
専門経営者チーム ……*86, 93, 121, 133, 134*
専門経営者役員 ………………………*242*
総有的財産管理 ………………………*31, 256*
曽木発電所 ……………………………*215*
組織の三菱 ……………………………*51, 65, 266*

〔た行〕

大正財閥 ………………………………*12, 143*
太政官札 ………………………………*55, 56*

台湾出兵事件 …………………………*43, 44*
地下浪人 ………………………………*40, 49, 64*
長津江開発計画 ………………………*222*
テイク・オーバー・レーダー機能……*32*
帝人事件 ………………………………*108*
天下三分の宣言 ………………………*158, 159*
「電気の原料化」理念 ………………*234, 235*
東工試法 ………………………………*231*
「独立自尊」経営……………………*121*
ドル買い事件 …………………………*196, 199*

〔な行〕

内部資本市場 …………………*30, 134, 135, 146*
内部資本市場の形成＝自己金融体制…*23*
中上川の改革 …………*72, 77, 79, 110, 202*
「成金」企業家 ………………………*216*
日銀特融 ………………………………*19*
日米船鉄交換契約 ……………*160, 161, 172*
「農村の工業化」策 …………………*196*

〔は行〕

八・八艦隊計画 ………………………*176, 177*
番頭経営者 ……*37, 188, 191, 192, 202, 203*
ファウザー法 …………………………*231*
フェビアン社会主義思想 ……………*136*
フランク・カロー法……*212, 213, 214, 216*
分権的「事業部」 ……………*129, 130, 150*
貿易の自由化 …………………………*261*
法人成り ………………………………*27*

〔ま行〕

満州産業開発五カ年計画 ……………*149*
三井銀行のドル買い …………………*196, 197*
三井合名会社 …………………………*195*
三井不動産事件 ………………………*265*
三井財閥の「転向」 …………………*182, 197*
三菱の「事業部」制 …………………*130*

明治十四年の政変 ……………*45, 71*
メインバンク …………*20, 23, 101, 240, 263*
メーカーズ・クレジット ……………*232*
持株会社 ……………………………*5*
モラル・ハザード ………………*134*
森コンツェルン …………………*228*

〔や行〕

要務役員会（現在の常務会）…………*82*

陽和不動産事件 …………*245, 248, 265*

〔ら行〕

リスク・テイカー………*3, 31, 67, 181, 186*
練習生制度 …………………*187, 188*

人名・企業名・組織名索引

〔あ行〕

浅野財閥 …………………………20, 190
浅野セメント …………………………23
浅野昼夜銀行 ……………………17, 190
浅野昼夜貯蓄銀行 ……………………190
浅野同族（株式会社）……………20, 22
浅野物産 ………………………………28
旭硝子 ………………127, 128, 248, 249, 250
旭ベンベルグ絹糸 …………………219, 223
朝吹英二 …………………………73, 96, 111
味の素本舗 …………………………236
足立正 ……………………………110, 112
安積艮斎 ………………………………40
雨宮敬次郎 ……………………………5
鮎川義介 ……21, 81, 86, 90, 91, 124, 149, 209
有賀長文 ……………………………199
アルミニウム工業促進に関する協議会
　……………………………………232
伊臣貞太郎 ……………………………62, 185
池田菊苗 ……………………………225
池田成彬 ………………113, 182, 197, 199, 255
石川七財 ……………………………42, 44
石黒俊夫 ……………………240, 246, 266
市川誠次 ……………………………212, 213, 222
井上馨 …43, 70, 71, 72, 76, 77, 100, 111, 113, 140
井上憲一 ……………………………110, 112
井上準之助 …………………186, 190, 191, 192
井上八三 ……………………………261
岩崎小弥太 …………124, 150, 151, 242, 243
岩崎彦弥太 …………………………242, 248
岩崎久弥 ……………………………51, 127, 129
岩崎弥太郎 ……37, 64, 79, 126, 127, 129, 132
岩崎弥之助 …………………………51, 97, 126
うさぎ会 ……………………………261
宇垣一成 ……………………………221, 222
江戸英雄 ………………240, 244, 262, 266
F・W・テーラー ……………………105
王子製紙 ……………………74, 76, 78, 255, 264
大川平三郎 …………………74, 111, 112, 118, 119
大久保利通 ……………………………43, 45
大隈重信 ……………………43, 45, 70, 71
大倉喜八郎 ……………………………56
大倉商事 ………………………………28
大河内正敏 ……………………………209
大阪株式取引所 ………………………17
大阪商会 ……………………………40, 42
大阪鉄工所 …………………………143
大里製糖所 …………………………157
岡本寧浦 ………………………………40
沖電気 ………………………………190
小平浪平 ………………………………68
小野金六 ………………………………5
小野組 ……………………………43, 111

〔か行〕

貝島家 ……………………………20, 77
貝島太助 ……………………………140
開成館 ……………………………41, 42
加藤五一 ……………………………260
加藤武男 ……………246, 247, 248, 249, 250

人名・会社名索引　277

鐘淵紡績 ……………………73, 76, 78, 255
金子直吉 …………………27, 154, 158, 229
株式会社鈴木 ……………………………20
株式会社住友本社 ………………………204
株式会社三井本社 ………………………204
株式会社三菱社 ……………………135, 204
樺太工業 …………………………118, 119
株仲間組織 ………………………………37
火曜会 …………………………………244
川崎汽船 ………………………………173
川崎正蔵 …………………………168, 169, 173
川崎造船所 ………17, 20, 23, 134, 162, 177
川崎・松方財閥 …………………20, 27, 154
川田小一郎 ……………………42, 44, 46
河田為也 ………………………………259
関東不動産 …………………………245, 246
喜多双蔵 ………………………………218
共済生命保険 ……………………………61
共同運輸 …………………45, 46, 47, 126
共立企業 …………………140, 141, 142, 144
日下清 ……………………………258, 259
金曜会 ……………………206, 247, 250, 251
久保田豊 ………………………………220
グランツシュトッフ社 …………………218
クルップ社 ………………………………99
グルド・カプラー社 ……………………140
月曜会 ……………………………257, 265
合資会社川崎総本店 ……………………27
合資会社松商会 …………………………27
公正取引委員会 …………………251, 265
興南工場 …………………………221, 222
神戸川崎銀行 ………………………17, 173
神戸製鋼所 ……………………………157
合本安田銀行 ……………………………57
合名会社久原本店 ………………………27
合名会社保善社 …………………………60
合名鈴木 …………………………………27

国際汽船 …………………17, 162, 164, 173, 177
小坂鉱山 ……………………82, 83, 87, 88
後藤象二郎 ………………………………41, 47
後藤新平 ………………………………156, 160

〔さ行〕

薩州財閥 ……………………………174, 178
佐藤喜一郎 …………………………261, 262
佐藤久喜 ………………………………260
三信建物 …………………………258, 259
三和会 …………………………………259
GHQ ……4, 6, 12, 24, 32, 138, 242, 243, 244,
　245, 255, 256, 258, 260
ジェネラーレ・ベル・ラ・シャナミッド
　社 ……………………………………213
J. P. ベンベルグ社 ……………………219
時事新報社 …………………………95, 108
実業同志会 …………………95, 107, 108
芝浦製作所 …………73, 74, 76, 78, 81, 140
渋沢栄一 ……………………………56, 74, 111
ジーメンス ………………………………84, 213
ジーメンス・シュッケルト …………212
社長会 ……205, 239, 240, 244, 247, 250, 265
ジャーディン・マセソン社………………47
シャナミッド社 …………………………214
十五銀行…17, 19, 20, 23, 134, 174, 177, 178,
　179, 180, 198
荘田平五郎 ……………………………47, 126
昭和銀行 …………………………………19
昭和電工 ………………………………229
昭和肥料 ……………231, 232, 233, 234, 235
進藤孝夫 ………………………………261
鈴木岩次郎 ……………………………156
鈴木梅四郎 ……………………………111
鈴木合名 …………………………………20
鈴木財閥 ………………………………216
鈴木三郎助 …………………225, 226, 227, 230

鈴木商店 …… 16, 17, 27, 143, 154, 159, 161, 177, 198, 229, 236
鈴木久五郎 …………………… 100, 101
鈴木馬左也 …………………………… 28
(鈴木)よね …………………………… 166
住友銀行 ……………………………… 197
住友合資会社 ………………………… 204
住友財閥 ………………………… 179, 204
住友商事 ……………………………… 261
住友電工 ……………………………… 245
ゼネラル・エレクトリックス社 ……… 78
曽木電気 ………………………… 213, 214

〔た行〕

第一銀行 ………………… 19, 21, 85, 263
第一国立銀行 ………………………… 56
第一窒素工業 …………… 160, 229, 231
第一物産 ………………………… 260, 261
大王子 ………………………………… 117
第三国立銀行 ………… 57, 58, 59, 60, 63
大正海上火災保険 …………………… 263
大日本人造肥料 ……………………… 231
大日本製糖 …………………………… 157
第百十九国立銀行 …………… 47, 48, 126
台湾銀行 … 17, 19, 20, 23, 162, 163, 165, 166, 179, 180, 192, 198, 199
高垣勝次郎 …………………………… 247
高島菊次郎 ……………… 110, 112, 119
高島炭礦 ………………………… 47, 126
高杉晋一 ………………… 244, 249, 257
高橋是清 ………………… 186, 191, 192
高橋義雄 …………………………… 71, 111
高畑誠一 …………………………… 164, 165
竹内維彦 ………… 82, 83, 85, 87, 88, 90
竹内悌三郎 …………………………… 191
田代茂樹 ………………………… 260, 261
田中完三 ………………………… 247, 248

田中久重 ……………………………… 73
谷口房蔵 …………………………… 58, 59
団琢磨 …… 74, 119, 182, 195, 197, 198, 199, 203, 255
朝鮮窒素肥料 ………… 220, 221, 223, 232
千代田銀行 …………………………… 258
塚原俊郎 ……………………………… 257
九十九商会 …………………………… 42
帝国海上火災保険 …………………… 61
帝国銀行 ………………… 257, 258, 262, 263
帝国生命 ……………………………… 19
電気化学工業 ………… 215, 218, 227, 228
東京海上火災保険 …… 19, 48, 248, 249, 250
東京火災保険 ………………………… 61
東京株式取引所 ……………………… 17
東京工業試験所 ………………… 231, 232
東京芝浦電気 ………… 255, 264, 265
東京電燈 …… 82, 199, 200, 227, 228, 229, 230
東京綿商社 …………………………… 73, 96
東信電気 ………… 227, 228, 229, 230, 234
富岡製糸所 …………………………… 110
東洋高圧 ………………………… 200, 264
東洋レーヨン …………………… 200, 264
戸畑鋳物 ……………… 140, 141, 144, 232
トマス・グラバー ……………………… 47
豊川良平 ……………………………… 214

〔な行〕

長崎商会 …………………………… 40, 41
長崎造船所 …………… 47, 126, 127, 128
中野友礼 ……………………………… 209
中上川彦次郎 ………… 67, 72, 96, 197
中橋徳五郎 …………………………… 214
永室捷爾 ……………………………… 256
ナショナル・キャッシュ・レジスター社 …………………………………… 99
ナショナル・シティ銀行 …………… 197

人名・会社名索引 279

南條金雄 …………………………204
新関八州太郎 ……………………261
二木会 ……………206, 261, 262, 264, 265
西川文蔵 …………………………164
西邑虎四郎 ……………………70, 72
日産コンツェルン …21, 90, 124, 142, 144, 145, 148, 149
日産自動車 ………………………146
日産木曜会 …………………147, 148
日商 ………………………………166
日本汽船 ………………………81, 88, 143
日本銀行……17, 19, 29, 57, 70, 97, 100, 163, 186, 187, 190, 192, 205
日本経済連盟 ………………108, 190
日本鉱業 …………………90, 145, 146, 148
日本興業銀行 ……………85, 222, 236
日本工業倶楽部 ……………107, 190
日本国郵便蒸気船会社 …………43, 44
日本産業 ………90, 143, 145, 146, 148, 151
日本水産 ……………………146, 148
日本窒素肥料 ……………………217
日本電気工業 ………………233, 234, 235
日本郵船 …………………47, 126, 176, 214
日本沃度……………227, 232, 233, 234
根津嘉一郎 ………………………5
野口遵 ……………………………209

〔は行〕

パシフィック・メール社（太平洋郵便汽船）………………………………44
ハッチンソン ………………245, 256
服部一郎 …………………………247
早川千吉郎 …………………100, 198
林彦三郎 ……………………258, 259
原敬 ………………………………213
P&O 汽船 ……………………45, 47
久原鉱業 …17, 20, 23, 27, 29, 81, 82, 83, 84, 85, 86, 88, 90, 142, 143, 144
久原財閥……………21, 84, 144, 216
久原商事 ……………17, 27, 28, 84, 143
久原房之助……17, 20, 28, 81, 82, 83, 84, 86, 87, 88, 140, 142, 143
久原本店 …………………………29
日立鉱山 …………………82, 83, 86, 87
日立製作所 ………17, 68, 143, 148, 232
平岡定太郎 ………………………114
平島俊朗 …………………………261
福井菊三郎 ………………………199
福沢諭吉……47, 50, 71, 72, 77, 96, 107, 108, 116, 121, 122, 197
富士製紙 ……………………118, 119
藤田銀行 ……………………16, 18, 19
藤田組 ………………18, 19, 82, 142, 232
藤田家（東京）……………………20
藤田小太郎 ………………………140
藤田伝三郎 ………………………142
藤田平太郎 ………………………19
富士電機製造 ……………………81
藤森龍磨 ……………………232, 233
藤山常一 …………………212, 213, 214, 218
藤山雷太 …………………74, 111, 118
藤原銀次郎 ………………94, 117, 121
藤原工業大学 ………………119, 120
古河銀行 ……………………16, 19, 21
古河鉱業 …………………………19
古河合名 ………………………19, 29
古河商事 …………………………29
ペニンスラー・オリエンタル社（P&O 汽船）…………………………………44
ヘルマン・ケスラー ……………213
保善社 ………………17, 60, 61, 63, 184
北海道炭礦汽船……………74, 78, 200, 255

280 人名・会社名索引

〔ま行〕

牧田環 ……………………………………199
益田孝 …76, 77, 78, 100, 110, 111, 113, 200, 202, 213
マッカーサー ………………………245, 257
松方幸次郎 …………………134, 154, 162
松方正義 …………73, 126, 168, 169, 173
松本季三志 ……………………………260
満州重工業開発 ………………………149
三池炭鉱 …………………………74, 196
三川商会 …………………………………42
水上達三 ………………………………261
三井化学 …………………………255, 256, 264
三井銀行 ……21, 60, 70, 71, 75, 91, 96, 100, 101, 105, 110, 113, 117, 162, 164, 165, 187, 195, 196, 197, 198, 199, 200, 201, 254, 258, 261, 262, 263, 264, 266
三井金属 ………………………………260
三井組 …………………………43, 74, 111
三井系社長有志会 …………260, 261, 262
三井源右衛門 …………………………201
三井鉱山 ……21, 74, 76, 195, 196, 200, 201, 254, 255, 256, 257, 264, 266
三井合名 ……21, 22, 26, 111, 113, 114, 119, 182, 195, 199, 200, 203, 204, 254, 255, 257, 266
三井財閥 …11, 21, 22, 30, 37, 110, 111, 116, 117, 121, 150, 152, 202, 214, 215, 254
三井信託 …………………………16, 263
三井生命 ………………………………261
三井生命保険 …………………………263
三井石油化学 …………………………264
三井船舶 …………………255, 256, 261
三井造船 …………………………256, 260
三井総元方 ……………………………257
三井高公 ……200, 202, 203, 204, 254, 255

三井高棟 …………195, 198, 200, 203, 255
三井高保 ………………………………198
三井復興事業会社 ……………………254
三井物産 …5, 21, 28, 74, 76, 77, 98, 110, 112, 114, 116, 140, 141, 159, 195, 196, 200, 201, 202, 204, 239, 243, 254, 255, 259, 260, 261, 262, 264, 266
三井不動産 ……244, 256, 257, 258, 259, 261, 262, 266
三井報恩会 ……………………………200
三井本社 …………………………255, 256, 257
三井元方 ………………………………110
三井元之助 ………………………201, 202
三井守之助 ……………………………201
三井養之助 ……………………………101
三菱化成 ………………………………248
三菱化成工業 …………………………243
三菱汽船会社 …………………………48
三菱協議会 ……………………………243, 244
三菱銀行 …100, 101, 105, 134, 135, 221, 222, 243, 246, 248, 249, 250, 258
三菱金属鉱業 …………………………248
三菱鉱業 ……128, 134, 137, 243, 248, 250
三菱合資 …57, 127, 128, 129, 130, 131, 132, 134, 135, 136, 150, 151, 204, 214, 221, 243, 266
三菱財閥 ……………………135, 136, 204, 242
三菱地所 …………………………246, 248, 260
三菱社 ……………………51, 126, 127, 243
三菱重工業 ……………………243, 249, 250
三菱商会 …………………………42, 43, 46, 47
三菱蒸気船会社 ……………………42, 44
三菱商事 …134, 239, 243, 247, 249, 250, 255, 260
三菱信託 …………………………135, 248, 250
三菱製鉄 …………………………128, 134
三菱石油 …………………………128, 134, 248

人名・会社名索引　281

三菱造船 ……………………127, 128, 134, 169
三菱電機 ………………81, 127, 134, 243, 244
三菱内燃機 ………………………128, 134
三菱本社 …………………138, 243, 245, 248
三野村利左衛門 ………………………70
三野村利助 ……………………………56, 70
水俣工場 …………………………213, 214, 215
宮崎基一 ……………………………256
向井忠晴 ……………………………260
武藤山治 ……………………94, 108, 121
村井銀行 ……………………………16, 19
村井鉱業 ……………………………17, 19
村井合名 ……………………………17, 19
村井貿易 ………………………………19
明治生命保険 ………………48, 248, 250
持株会社整理委員会 ……5, 239, 243, 244, 245, 255, 258
持株会社三井本社 ……………………254
持株会社三菱本社 ……………………242
森広蔵 ……………………………192, 193
森田一雄 ……………………………220
森矗昶 ……………………209, 210, 228

〔や行〕

安川雄之助 …………………196, 199, 202
安田銀行…20, 60, 62, 101, 184, 187, 190, 192
安田財閥…17, 38, 60, 63, 64, 181, 182, 184, 185, 187, 192, 206
安田商事 ………………59, 184, 185, 186
安田商店 ……………………………55, 56, 57
安田生命保険 …………………………61
安田善五郎 …………………………192, 193
安田善三郎 …………………59, 63, 185, 190

安田善四郎 …………………………191, 193
安田善次郎 …38, 53, 181, 182, 186, 191, 193
安田善助 ……………………………191
安田一 ………………………………193
安田深川製釘所 ………………………59
安田保善社……184, 185, 186, 187, 188, 190, 191, 192, 193
安田屋 ………………………………54
柳田富士松 …………………………156
山内豊信（容堂） ……………………40, 41
山尾忠治 …………………………258, 259
山県有朋 ………………………………71
山川良一 ……………………………257
山路愛山 ………………………………7
八幡製鉄所 …………………………21, 209
郵便汽船三菱会社 ……………44, 46, 126
陽和不動産 …………………245, 246, 249
吉岡銅山 ……………………………46, 126
吉田茂 ………………………245, 256, 257
吉田東洋 ………………………………40, 41
米山梅吉 ……………………………199

〔ら行〕

理化学研究所 …………………………233
ルイギ・カザレー ……………………216
連合国総司令部（GHQ） ………137, 239
ローアンド・S・モリス……………160, 161

〔わ行〕

若尾幾三 ………………………………5
若尾逸平 ………………………………5
若尾璋八 ………………………………5
和田豊治 ………………………………96

著者紹介

宇田川 勝（うだがわ まさる）
　　　1944年　千葉県に生まれる。
　　　1968年　法政大学経営学部卒業。
　　　1975年　法政大学大学院社会科学研究科経済学専攻博士課程
　　　　　　　修了。
　　　現在　　法政大学経営学部教授。経済学博士。

著　書

『新興財閥』日本経済新聞社、1884年。
Foreign Business in Japan before World War 11 (co-ed.).
University of Tokyo Press, 1990.
『日本企業の品質管理』（共著）有斐閣、1995年。
『日本経営史 新版』（共著）有斐閣、1997年。
『日本を牽引したコンツェルン』芙蓉書房出版、2010年。
『企業家に学ぶ 日本経営史』（共編著）有斐閣、2011年。
『企業家活動でたどる 日本の自動車産業史』（共編著）白桃書房、2012年。

財閥経営と企業家活動
ざいばつけいえい　きぎょうかかつどう

2013年4月20日　初版第1刷発行

著　者　©　宇田川　勝
　　　　　　うだがわ　まさる

発行者　　　菅田　直文

発行所　有限会社　森山書店　〒101-0054　東京都千代田区神田錦町1-10林ビル
　　　　TEL 03-3293-7061　FAX 03-3293-7063　振替口座00180-9-32919

落丁・乱丁本はお取りかえ致します　印刷／製本・シナノ書籍印刷

本書の内容の一部あるいは全部を無断で複写複製することは、著作者および出版者の権利の侵害となりますので、その場合は予め小社あて許諾を求めて下さい。

ISBN 978-4-8394-2127-4